一般社団法人
地域デザイン学会 監修

原田　　保
立川　丈夫 編著
西田小百合

地域デザイン学会叢書 4

スピリチュアリティによる地域価値発現戦略

学文社

はしがき

　本書は，(一社)地域デザイン学会理事長である原田らが構築した地域デザインの理論モデルである「ZTCA デザインモデル」を活用したスピリチュアルゾーンの確立を指向したものである。それゆえ，本書の書名は『スピリチュアルゾーンによる地域デザイン―トポスを捉えたコンテクスト転換―』になっている。これからも理解できるように，本書では地域関連の書籍では珍しい理論構築のための研究の成果が示されている。

　その意味では，本書はかの王陽明が主張した「知行合一」的な実践的研究を指向する地域に関わる研究者のために刊行されたものといえよう。つまり，地域創成や地域再生に関わるアクティブな研究者にとって有益な研究が数多く収録されているといっても過言ではない。本書は「地域デザイン学会叢書4」として刊行されたのであるから，学会員においてはぜひ全員に目を通してほしいし，関連する他学会で活躍している研究者にも紹介していただきたい。

　なお，編者の一人である原田の研究の基盤が「コンテクストデザイン」であることもあって，地域に関連する研究も，そのすべてがコンテクストベースで展開されている。つまり，本書においては，すべての価値はコンテンツからではなくコンテクストから発現するという，ある種の反コンテンツ主義から導出されている。

　それゆえ，地域に関わる研究においても，地域価値の発現はコンテクストデザインによって追求しようとする姿勢が貫徹されている。こう考えているために，「ZTCA デザインモデル」はコンテクストデザイン論として展開されることになる。このコンテクストドリブンの理論モデルである「ZTCA デザインモデル」は，Z（ゾーンデザイン），T（トポスデザイン），C（コンステレーションデザイン），A（アクターズネットワークデザイン）という4つのファクターによって機能している。つまり，地域価値は，これら4つのファクターを効果的に機

能させることで現出することになる。

　この4つのファクターに共通するのは，これらがすべてコンテンツではなくコンテクストを捉えた価値発現のために使用されていることである。つまり，著者らは，地域デザインはコンテクストに依拠して展開されるプロデュース指向のデザイン理論として機能すると考えるわけである。そこで，このような考え方を前提にしながら，この理論モデルの4つの要素について簡単な紹介を行っておく。

　第1のゾーンとは，通常使用されるエリアとは異なり，戦略によって自在に対象領域を変更できるフレキシブルな区画を意味している。これは，地域価値の発現は，例えば県や市という行政単位の地域を所与のものとするのではなく，むしろもっとも多大な地域価値の発現が可能な区域を戦略的に特定化することで実現することを意味する。そこで，地域に関わる人材は，まずは地域価値の発現に向けてゾーンデザインに精通することが期待される。

　第2のトポスは，ギリシャ時代に確立した概念であるが，地域デザイン理論においては中村雄一郎の場所に関する研究から導出されている。ここでの場所とは，何らかの価値を保持する特別な意味が見出せる場所であると考えられる。つまり，地域価値は単なる場所から現出するのではなく，そこに意味があるからこそ価値が発現するわけである。なお，このトポスは，一般的には著名な構築物や物語などを想定できるが，これを新たに創造することも期待される。

　第3のコンステレーションとは，文字通り星座をたどることである。しかし，地域デザインにおいては，河合隼雄の社会心理学から導出したものを用いる。つまり，これは，星座によって星が認識できるように，長期記憶を心の奥底に定着させるためのデザインである。地域が人のつながりで成立していると考えれば，人の記憶に残すためのコンテクストデザインでは地域価値の発現が不可欠になる。

　第4のアクターズネットワークとは，地域価値を発現するための主体であり，このファクターの効果的なデザインによって地域価値が増大する。これは誰が担ってもよいのだが，可能な限り価値を地域に還元できるプロデュース能力の

あるアクターをネットワーク化することが期待される。つまり，地域を地域ビジネスの客体としてではなく地域ビジネスの主体として捉えて，地域価値を発現させる手法がアクターズネットワークデザインになる。

このような考え方に立脚した地域デザインの展開が期待されるが，その具体的な活用においては，地域ごとにアプローチを変えていくことが期待されている。例えば，安全を確保することで地域価値が増大する場合もあるし，産業クラスターを構築することで地域価値が増大することもある。また，昨今では，インバウンドが好調ということもあって，観光地化の促進が地域価値を増大させようとする試みも各地で展開されている。さらには，美術や音楽のイベントで過疎の地域に地域価値を発現させた事例も数多く見出される。

そこで，本書においては，わが国に数多くあるパワースポットの中から，特に宗教性が見出される神社などのトポスをスピリチュアルゾーンとして捉えた地域デザイン戦略への挑戦を行うことにした。まず，冒頭のプロローグにおいては，「スピリチュアリティの地域デザインへの活用」が全体を貫く基本思想として提示される。この基本思想を踏まえて，第Ⅰ部の「スピリチュアルゾーンデザインに関する理論形成」では研究の視角と分析のアプローチに関する議論が行われる。そして，これらに続く3つの事例編として，第1のアプローチは「神秘」という概念から，第2のアプローチは「秘教」という概念から，第3のアプローチは「神話」という概念からのアプローチが行われる。

第1の事例グループでは，①「伊勢神宮」と「伊勢市」，②「厳島神社」と「宮島町(旧)」，③「秩父三社」と「秩父市」，④「白山神社」と「白山市」に関する提言が行われる。第2の事例グループでは，①「身延山久遠寺」と「身延町」，②「高尾山」と「八王子市」，③「石鎚山」と「西条市」，④「熊野三山」と「田辺市・那智勝浦町・新宮市」に関する提言が行われる。第3の事例グループでは，①「出雲大社」と「出雲市」，②「天岩戸」と「高千穂町」，③「高天彦神社」と「御所市」，④「宮崎神宮」と「宮崎市」に関する提言が行われる。

これらの事例研究を踏まえて，続いて若干のインプリケーションが行われる。

ここではまずコンテクスト視点からの総括が行われ，これを踏まえた今後の地域課題への対応についての言及が行われる。そして，最後には全体を踏まえて今後の地域デザインの展開に関する課題形成が行われる。

　読者においては，本書を読み通すことで地域デザインにおけるスピリチュアルゾーンの活用方法の理解が可能になるだろう。本学会としては，今後はここでの成果を踏まえた唯一の理論でもある「ZTCA デザインモデル」のさらなる進化と，この理論の展開領域の拡大を図っていくことになる。

　周知のように，近年，わが国においては地域消滅への対応が喫緊の課題になっている。それゆえ，地域デザインに関与する研究者としては，ぜひともこれに対する有効な研究を重ねていきたいと考えている。編者としては，今後において本書の趣旨に賛同する研究者が多数地域デザイン学会に参画することにより，研究の輪が広がり，また新たな理論形成がなされることを期待したい。最後になるが，本学会の叢書の出版を引き受けていただいている株式会社学文社の田中千津子社長に対して多大な感謝の意を表したい。

2016 年 11 月 30 日

(編者)原田　　保
立川　丈夫
西田小百合

目　次

第Ⅱ部　"神秘"による「スピリチュアルゾーンデザイン」

プロローグ

"スピリチュアリティ"の地域デザインへの活用

原田　保
西田小百合

はじめに〜"スピリチュアリティ"から読み解く地域デザイン

　人がスピリチュアリティ(spirituality, 精神性, 霊性)を感じるのは, 多くの場合にはある特定の場所に踏み込んだときであろう。このことは, スピリチュアリティと場所との間に密接な関係があることを意味している。これはすなわち, 人はみなそれぞれに, 特定の場から発信される何らかのスピリチュアルなメッセージによって, その特定の場所に強く引き寄せられることを示している。その意味では, スピリチュアルゾーン(spiritual zone)あるいはスピリチュアルトポス(spiritual topos)は, 日々の暮らしとはいささか距離をおいたものであり, いわばある種の非日常的な体験が可能な日常とは異なる特定の場所や施設, あるいはこれらのストーリー(物語)のようなものである。

　われわれは, 訪れるのがきわめて困難な, 例えばヒマラヤ(山脈)のような峻厳な場所でなく, 個人差はあるにせよ若干の努力をすれば行き着けるような範囲にあるスピリチュアルな場所や施設については, 地域価値の発現に向けた地域デザインを戦略的に活用すべきである。すなわち, 女性や若者, 高齢者などから人気があり, 多大な地域価値を見出せるパワースポットを, 一過性の観光

スポットに終わらせるのではなく，むしろ急速な過疎化現象や地域産業の衰退に喘ぐ多くの地域の活性化のために活用することが望ましい。

　本書では，地域デザインのためのスピリチュアリティの戦略的な活用方法について，多くの個性的な事例を捉えながら分析を行うことにした。そして，このような地域デザイン戦略に依拠した地域価値発現に向けた手法としてのスピリチュアルゾーンやスピリチュアルトポスの可能性についての考察も試みる。本書の主たる目的は，それぞれの地域における，いわゆるパワースポットの最大限の活用を指向する戦略的なゾーンデザイン（zone design）（正確にはゾーニング）と，これに固有価値をもたらすことのできるトポスデザイン（topos design），加えてコンステレーションデザイン（constellation design），アクターズネットワークデザイン（actors network design）に関する読み取り，および新たな提言と実践である（原田，2014）。

　また，それぞれのゾーンにおいて地域価値を最大限に発現するためのアプローチについては，以下のような3点から適宜選択するという方法をとることにした。具体的には，第1が「神秘（mystery）からのアプローチ」，第2が「秘教（esoteric religion）からのアプローチ」，第3が「神話（mythology）からのアプローチ」である。これら3つのアプローチに対して，われわれの見方から事例を振り分けた。多くの事例には複数のアプローチが可能であると考えられるが，本書においてはこれらのなかから最も適合性が高いと思われるアプローチを採用する。

(1)　地域価値発現に不可欠な4要素＝「Z」・「T」・「C」・「A」

　まず，本書を貫く地域価値発現や地域ブランディングのための理論である「ZTCA デザインモデル」の構成要素についての紹介を行っておく。前述のように，ZTCA デザインモデルは，ゾーンデザイン，トポスデザイン，コンステレーションデザイン，そしてアクターズネットワークデザインから構成されている。これらはすべて単独あるいは複合的に機能する要素であるが，ここにおいては他の3要素をゾーンデザインの有効性を強めるための手段として活用す

図表-1　ZTCA デザインモデルの基本概念

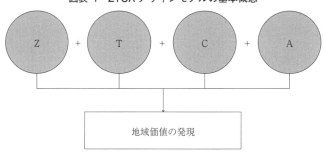

出所）原田（2014），p. 12，図表 1 を一部改変

べきであるという考え方がとられている（図表-1）。

　第 1 のゾーンデザインについては，対象地域の価値が可能な限り多大に発現するように，地域の単位（区域）を戦略的に設定してブランディングすることを目的にしたデザイン行為である。その際，できるだけコンテクスト（文脈または状況）による地域価値の発現を指向すべきであり，とりわけ歴史的・文化的ゾーンデザインやブランディングの効果が大きく発現するよう対応する必要がある。こう考えると，例えば東京都西東京市の場合には，コンテクスト不在の現在の西東京市という人為的なゾーンではなく，コンテクストが見出せる合併前の保谷と田無に分けたゾーンデザインの展開が望ましいことになる[1]。

　第 2 のトポスデザインについては，対象地域の価値発現のために行われる場所や施設に対する戦略的なデザイン行為である。それゆえ，トポスデザインには，地域価値の発現に向けていかに場所や施設に対する付加価値を増大していくのかが強く問われるようになる。これについては，新たな施設や設備を多大な投資や経費をかけてつくるのではなく，むしろ既存の施設や設備をそのまま活用しながら，広く地域外に向けてコンテクストに依拠した地域価値をアピールしていく必要がある。

　第 3 のコンステレーションデザインについては，それぞれの地域に外部から訪れる人々の心の奥底に長期記憶として残すためのデザイン行為である。ここでいうコンステレーションとは，もともとは星座のことであるが，これは人間

が星の記憶を長期的に維持するためのコンテクストとして有効に機能している。それゆえ，あるコンテンツにコンテクストとしてのストーリーであるコンステレーションをセットすることによって，それぞれの地域とそこを訪れる人々との関係をより密度の濃い形態へと発展させていく。

　第4のアクターズネットワークデザインについては，地域に価値を生み出す主体（組織や人）をいかに育成し，またこれらをいかにネットワーキングするかという課題を解決するための行為である。これについては，地域の内部のアクターと外部のアクターに分類できるが，これら2つの効果的なコラボレーションが重要になる。例え他の3要素がいかに優れたものであったとしても，これらを実際に展開する主体が存在しなければ，結果的には地域価値を現出できないからである。

⑵　地域デザインの3つのアプローチ＝「神秘」，「秘教」，「神話」

　地域価値を発現させるためには，トポスとしてのいわゆるパワースポットの持つ求心力をより戦略的に活用すべきゾーンデザインの開発が期待される。これは，地域価値を最大化するゾーンの設定によって地域活性化や地域再生を可能にするコンテクストデザインである。そこで，本書では，「神秘」，「秘教」，「神話」をある種のコンテクストにしたスピリチュアルベースの地域ブランディングや，地域デザインに関する戦略的構想の提言を行っていく。

　これらはともに，科学的な領域というよりは，むしろ情緒や情念などに関わる概念領域に関する考察になる。つまり，どちらかといえば精神的な性格を保持している。第1の「神秘」は「科学」の対抗概念であり，第2の「秘教」は「顕教」の対抗概念であり，第3の「神話」は「実話」の対抗概念である。このようなわれわれ人間を精神的な側面から地域に結び付ける行為は，地域ブランディングや地域デザインに対して有効に機能するだろう（図表-2）。

　第1の神秘は，一般的な認識や理論を超越したものであり，合理的に説明することは困難であるが，それゆえに人間の限界を超えて価値の追求を行う際には有効に機能する。例えば，病める人などに対しては，何らかのポジティブな

図表-2　スピリチュアルゾーンとリアリスティックゾーン

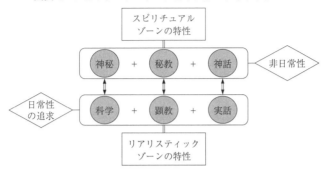

影響力を行使することがある。周知のように，人間の暮らしには科学的思考と神秘的思考の巧みな共存が不可欠である。それゆえ，地域に対する人間の誘引のためには，神秘的な対応がある程度有効となる（寺本編著，2001）。

　第2の秘教は，少数の選ばれた人たちのみに関わりが許される秘儀と深く関わっている宗教である。この秘教体験によって秘儀に参入できる人間は，他者とは異なる特別なスーパーパワーを獲得することができる。言い換えれば，秘教とは神秘的な宗教や思想などに見られる秘密の教義によって教えを説く，きわめて閉鎖的な宗教に存在するシンボリックな教えである。それゆえ，この教義がなければ秘教は存在できないと考えても差し支えない。例えば，神智学においては，かのブラヴァツキー（Blavatsky）[2]が著した『シークレット・ドクトリン』が存在しているからこそ，神秘的な思想団体の神智学協会による思想運動が意味を持っているわけである。そこでは，精神面や意識面の超常的な苦行を伴う霊的体験の獲得が重視されている。例えば，何らかの問題を抱えている人間にとっては，仮に多くの苦行に耐える必要があったとしても，強い吸引力が見出せる。現在のように多くの顕教の活動が不活発な状況のなかにあっては，秘儀を伴う神秘的な宗教や思想運動からの人間に対する求心力はますます強まっていく傾向がある（Blavatsky, 1889）。

　第3の神話は，超自然現象や人間の歴史や文化を反映した空想的で権威的なストーリーともいえるものだが，濃密な空想であるがゆえにひときわ人間に対

して強力な影響力を行使することになる。現実の世界に生きる人間は，ときに実話ではない神話に対して安らぎや親しみを感じることがある。時代が進むにつれて，太古の時代の神話からの人間に対する強力な求心力が期待される。それゆえ，神話を地域デザインに戦略的に活用することによって，多くの人間を他の地域から自らの地域に引き寄せられるわけである（小島，1983）。

⑶　トポスとゾーンの関係＝価値協創関係

　本項では，ある種のスポットとしてのトポスをトリガーにしながら，いかに強い求心力のあるゾーニングが行えるかについて議論する。いかに著名なトポスであろうとも，これが存在する地域全体に対する地域価値の発現につながらなければ意味がないだろう。しかし，このようなトポスは宗教法人の関連施設である場合が多いため，地域と密接な関係が持ちにくい状態で存在している。このような場合には，当然ながら地域の住民に歓迎されることは困難になる。これでは，地域における刑務所やゴミ処分場と同様にネガティブなトポスとなり，地域デザインにおいてブレーキとなってしまう。

　われわれがパワースポットに期待するのは，あくまでもこれらが地域デザインのためのイノベーショントリガー（innovation trigger）としての役割である。トポスは，地域におけるある種のトリガーイノベーションの担い手になることによって，地域デザインにおける重要な要素になりうる。

　また，ゾーンとしての地域の進化とは，トポスとの価値協創を可能にするような，インテグレートされたイノベーションのエンジンになることである。それゆえ，この両者の関係は，相互に主体にも客体にもなるような2つの機能を備えたデュアルなものになる。例えば，トリガーイノベーションの主体としてのトポスは，同時にゾーンのイノベーションによってそこに組み込まれることにより，その価値が増大する。このように，ゾーンとトポスは，相互にトリガーイノベーションの担い手になりうる（図表-3）。

　ここで大事なのは，ゾーンデザインのコンセプトとトポスとの関係の在り様である。これこそが，地域デザインや地域ブランディングにおける最も大事な

図表-3　地域デザインの対象としてのゾーンとトポスの関係性

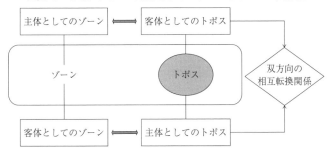

留意点になる。例えば，富士山は自然遺産(世界遺産)のひとつのゾーンと考え
た場合には三保の松原[3]はこのゾーンを構成するトポスには入らなかったが，
富士山[4]を文化遺産(世界遺産)としてのゾーンとすればここはひとつの意味あ
るトポスになりえた。その意味では，ゾーンの戦略的設定方法いかんによって，
それこそゾーンにフィーチャーされるべきトポスの価値は変わってしまうこと
になる。また，ゾーンにおいてどのトポスをフィーチャーするかによって，ゾ
ーンの広がりの程度も大きく変化してしまう。だからこそ，地域デザインや地
域ブランディングを行うにあたっては，「ZTCA デザインモデル」に精通して
いることが大いに望まれることになる。

　また，近年世界遺産に登録された「明治日本の産業革命遺産」についてみる
と，トポスの集合を可能にする意味をもたせるためのコンテクストは，確かに
歴史的，文化的コンテクストではあるが，全体(認定コンテンツ)はある特定の
地域に関連づけられていないため，ゾーンを形成していない。これは，個別の
地域よりは，日本という国全体を捉えて，歴史的，文化的に価値が発現したあ
る特定の時代(この場合は明治時代)を捉えた世界遺産としての認定であった。
それゆえ，これはトポスの集合体が空間軸のゾーンではなく時間軸のゾーンに
なっているという，新しい形態の世界遺産の認定基準に依拠して認定されるこ
とになった特異な世界遺産になる。

　このように，世界遺産に関するゾーンとトポスをめぐる議論は，昨今ではか
なり複雑になっている。今後は，時と場合によっていかなる組み合わせでいく

のかをしっかりと考えることが，個別の地域にとっても国全体にとっても大事な選択になる。このような変化に対応するためには，地域デザインを手掛けるプロフェッショナルが地域デザイン理論に精通した地域プロデューサー的な存在になることが大いに期待される。

(4) スピリチュアリティとスピリチュアルをめぐる議論

　最後に，本書の主題になっている「スピリチュアリティ(spirituality)」と「スピリチュアル(spiritual)」についての概括的な考察を行いたい。両者に見られる差異は，日本語で語るならば前者が「霊性」であり後者が「霊的」であろうが，実際にはさほど明確に区別されることなく使用されているようである。スピリチュアリティもスピリチュアルもともに霊に関わる概念であり，それゆえ霊性や精神性に関係する概念である。専門的にいえば霊と精神は異なる概念であるが，これら2つの概念に共通して人間の精神的，心理的活動の全体を意味することはまちがいない。ここで大事なのは，これらが人間のみに固有に見出される概念であるという点である。

　より詳細に言えば，これらは個人の内面の奥深くに見出されるものであり，われわれのいうところのコンステレーションデザインにかなり密接な関連が見出せる。また，これらに関する研究は多種多様であるが，ここにおいては地域デザインからスピリチュアルやスピリチュアリティに対する考察が行われる。その理由は，本書が地域ブランディングや地域デザインにスピリチュアルを戦略的に活用した著作だからである。その意味では，宗教学，そして神秘学5)や神智学のいうスピリチュアルやスピリチュアリティには忠実には依拠していない。

　本書では，スピリチュアルやスピリチュアリティは，トポスという場所に関わる概念として使用されるが，これらはそれ以外にも多様な領域において活用できる概念である。最も伝統的な使用方法としては，超常的な能力を保持する人間に対する使用があげられる。これは，秘教的な宗教家や神秘主義者に代表されるエソテリックな能力を内包した人間の特異なパワーに関するいささか危

険な感じもする概念になるが，地域デザインの理論フレームでは望ましいアク
ターのイメージと重ねあわせることができる。

　アクターに対してスピリチュアルやスピリチュアリティを使用する場合には，
宗教的な領域のみならず芸術などの他の領域においては，一般的には精神性や
心理性を追究する際に使用される。これは，多様な領域においてスピリチュア
ルな方向を探る際に必要とされるイノベーショントリガーとしての活用である
と考えられる。すぐに想起できる最も直接的な名称としては，例えば1960年
代のフリージャズ界において一世を風靡した，かのアルバート・アイラー6)の
『スピリチュアルユニティ』というアルバム(LP)がある。このような作品やこ
れを創作する組織は，多くの領域において数多く見出すことができる。

　以上のことから，スピリチュアルやスピリチュアリティに関する研究につい
ては若干科学的な考察を行うことが困難である場合もあることが理解できる。
しかし，地域デザイン学においては，地域価値の発現に寄与するのであれば，
それが科学的には若干逸脱していても，ひとつのツールとして活用することが
容認できるであろう。したがって，ここでの議論は，「知の神秘と科学」や「知
の異端と正統7)」の両軸から，それぞれに対抗的なコンテクストの戦略的止揚(ア
ウフヘーベン)が指向されることになる。

おわりに～地域価値発現のための理論構築への挑戦

　ここでは，本書のはじめにあたり，研究のねらいと本書で使用する理論の確
認，そして特に重要なものとしてのゾーンとトポスとの関係についての考察，
さらには主題であるスピリチュアルやスピリチュアリティに関する基礎的考察
が行われた。続いて，第Ⅰ部においてはスピリチュアルゾーンブランディング
とデザインに関わる理論構築が行われ，これを踏まえて第Ⅱ部から第Ⅳ部まで
の事例編ではこの理論を踏まえた各事例の分析とこれらに対する新たな提案が
行われる。

　本書での試みは前例が少ないため，事例編での提案に全体としての整合性を

いかに図るのかが執筆にあたっての課題であった。従来，パワースポットは地域価値を上げるための優れたコンテンツとしてのみ捉えられていたが，トポスという視点からのこれへのアプローチもなされることはまれであったからである。さらに，トポスを活用したゾーンブランディングやデザインを行うことによって，新たな価値を加えた戦略的なゾーンを構築するというアプローチもあまり見出せない。このような困難に挑戦をしようとしたのが本書であり，それゆえ編者3人と執筆者全員との知のコラボレーションの実現に，本書の価値発現がかかっている。

　しかし，このような挑戦を達成するためには，議論を理論と事例との間で何度も行きつ戻りつさせることが不可欠になる。このような試みを行うことにより，わが国に数多く存在するパワースポットへの関心の高まりを単なる一過性の流行現象に終わらせることなく，グローバルな地域価値の長期的発現を指向するような分析と提言が可能となるだろう。その結果として，世界の各地からの顧客誘引が可能となり，われわれ日本人においても自身のアイデンティティを確認できるきっかけになる。そして，本書が，このような研究を通じて現在きわめて悲劇的なシナリオしか描けないわが国の地方において，少しでも明るい未来を描くことに寄与できれば幸いである。

注
1）（一社）地域デザイン学会では，地域という概念については，エリアであるとともに，戦略によって変動するゾーンであると捉えることが多くなっている。
2）本名はヘレナ・ペトロヴナ・ブラヴァッキー（H.P.Blavatsky）である。1831年8月12日に生まれて，1891年5月8日に死去した。彼女は近代神智学を創唱した人物であり，神智学協会の設立者のひとりであることで知られる。
3）三保の松原は，長い間観光地としては低落傾向が続いていた。これが富士山との文化的なレベルでの関係が承認されると，観光客は大幅な増大傾向へと転換した。
4）富士山の世界文化遺産としての正式な名称は，「富士山―信仰の対象と芸術の源泉」である。
5）神秘学は，ルドルフ・シュタイナーが創始者である。
6）彼はイノベイティブなジャズのテナーサキソホン奏者である。オーネット・コールマンによって現出したフリージャズの前衛的後継者の一人として著名である。
7）新評論から刊行された原田保編著（2001）『知の異端と正統』を参照されたい。

参考文献
小島瓔禮（1983）『日本の神話―国生み・神生みの物語』筑摩書房。
寺本義也編著（2001）『知の神秘と科学』新評論。
原田保（2014）「地域デザイン理論のコンテクスト転換―ZTCA デザインモデルの提言―」
　　地域デザイン学会誌『地域デザイン』第 4 号，pp. 11-27。
Blavatsky, H.P.（1889）*The Key to Theosophy,* Congress.（神智学協会ニッポンロッジ
　　（1994）『神智学の鍵』竜王文庫）

第Ⅰ部

スピリチュアルゾーンデザイン
に関する理論形成

第1章

スピリチュアルゾーンデザイン研究の視角

立川　丈夫
原田　保

はじめに〜今なぜスピリチュアルゾーンデザインなのか？

　本章では，今なぜスピリチュアルゾーンデザインを考える必要があるのかについての議論が行われる。周知のように，わが国の多くの地域は衰退を続けており，消滅の危機に瀕している地域も多い(増田，2014)。戦争や災害によって地域が完全に消滅しそうな場合には，誰でも自身の地域の喪失可能性を実感できるだろうが，現在の日本のように地域における人口減少や高齢化により衰退する場合は，緩やかに進行することもあって，地域の人々が多大な危機があることを自覚できない場合も多い。それゆえ，すでに再生が手遅れになってしまった地域がわが国においては数多く見出される。

　このような状況になってしまった地域を救済することは，きわめて困難である。そこで，地域に何らかの価値が見出されるリソース(資源)があり，かつこれを戦略的に活用するならば，そのような地域においてさえもそれなりの地域価値の増大が可能になり，結果として他の地域からの人の流入なども期待できる状態が構築できると考えたわけである。われわれは，そのための1つの価値あるリソースとして，現在一大ブームになっているパワースポットを活用したスピリチュアルゾーンデザインを構想したい。

　本章では，これに続く第2章で言及される理論フレームがいかにして導出されるのかを理解するための前提について，議論が行われる。それは，スピリチュアルゾーンデザインという概念はこれまで存在していないことや，またスピリチュアルゾーンという概念が明確には定義されていないためである。それゆえ，いささか不十分であるかもしれないが，簡単にわれわれの考える理論フレームに関係する事項についての考察を行いたい。具体的には，第1がゾーンデザインの体系化に向けた試み，第2がトポスとゾーンとの関係性の体系化，第3がスピリチュアルゾーンのコアトポスとしての神社についてである。

第1節　ゾーンデザインの体系化に向けた試み

　本節では，戦略的なゾーンデザイン（ゾーニング）に関する理論フレームの紹介と，これから捉えたスピリチュアルゾーンの特徴について概観する。具体的には，第1がゾーンデザインにみる2つの方法，第2が3つ目の方法としての編集域の設定，第3が3つの方法に適合する展開領域の検討である。

(1)　ゾーンデザインにみる2つの方法

　ゾーンデザインとは，何らかのコンセプトを創造することによって特定の意味が生じるゾーンを新たに引き直そうとする方法である。これは，全域からある区域を切り出し，今までにない新たなゾーンを創造する行為である。これにより，既存のゾーンとはまったく比較にならないほど多大な地域価値の発現が可能になる。このゾーンデザインには，2つの方法が考えられる。ひとつが「切り取り」であり，もうひとつが「追加」である（原田，2015）（図表1-1）。

　前者の「切り取り」によるゾーンデザインは，例えば北海道や沖縄が，日本というこれらの2つの地域を包含する広域ゾーンと自らの地域の関係をまったく意識することなく，それぞれの地域が固有のアイデンティティを確立しようとする方法である。これに対して後者の「追加」によるゾーンデザインは，例えば狭域のゾーンである平塚（神奈川県）が，広域ゾーンである湘南[1]という人

図表 1-1　ゾーンデザインのための 2 つのアプローチ

— 第 1 のアプローチ —　　　　　　　　— 第 2 のアプローチ —

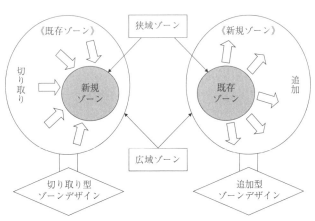

出所）原田(2015)，p.11，図表 1 より引用

為的で曖昧なゾーンを活用することによって，これまでとは異なる新たなアイデンティティを確立するための方法である。

⑵　3つ目の方法としての編集域の設定

　既存の2つの方法については，前者の広域を起点にしたゾーンデザインと後者の狭域を起点にしたゾーンデザインとがある。しかし，ここでは，これらに加えて広域と狭域の双方を起点にしたゾーンデザインを採用したいと考えている。これにより，ゾーンデザインの多様性が拡大し，それに伴い戦略の選択肢も拡大する。これは，広域と狭域という2つのゾーンを起点にしながら，両者の中間に戦略的にゾーンを設定する方法である(原田，2015)(図表 1-2)。

　図表 1-2 において，「中間域」はニュートラルなゾーンであるが，ゾーンとして固有の特徴をもたせるべくコンセプチュアルな編集行為を施したものは「編み上げ」によるゾーンになる。それゆえ，このような中間域を「編集域」という。このように，ゾーンデザインは，用いる手法によって，「切り取り型」，「追

図表 1-2　「中間域」と「編集域」の差違

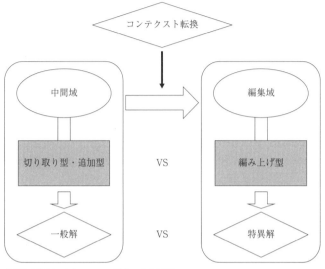

出所）原田(2015)，p.12，図表2より引用

加型」，「編み上げ型」という3つの型に分類できる。ゾーンデザインのアプローチは，それぞれの地域の特性を踏まえてこれら3つの型から選択できる。

⑶　3つの方法に適合する展開領域の検討

　上述した3つのゾーンデザインには，それぞれに適した固有の対象領域が見出せる。これらは，概ね以下のように要約できる(原田，2015)。

　　　☆《切り取り型》………ex) 世界遺産ゾーン(既出版)
　　　☆《追加型》……………ex) スピリチュアルゾーン(本書)
　　　☆《編み上げ型》………ex) アートゾーン(既出版)

　第1の「切り取り型」のゾーンデザインとは，広域に大きな地域価値が見出せない場合に，ある限定された区域のみを何らかのコンセプトによって切り取

ることによって，残りの地域とはまったく異なる次元でその一角に多大な地域
価値を発現させる方法である。これは，静岡県の三保の松原が世界遺産として
の富士山ゾーンに入るかどうかが大問題であったことからも理解することがで
きる。世界遺産の対象ゾーンを静岡県と山梨県から切り出す際に難しいのは，
どの範囲の地域をそのゾーンに含ませるのかというゾーンデザインの問題であ
る（原田，2015）。

　第2の「追加型」によるゾーンデザインとは，狭域が全国的あるいは世界的
に多大な地域価値を発現している際に，そのパワーをどこまで拡大して活用で
きるかを考えながら，ゾーンの広域化を指向してその広域化範囲を探ることで
ある。例えば，強烈な求心力を保持する伊勢神宮の活用範囲をどこまで拡大す
るのかが，伊勢神宮にとってもその所在地である伊勢市やその周辺地域にとっ
ても重要な課題になる。このようなゾーンデザインは，トポスに見出される広
域化に対する影響力の行使をベースにしている。この場合には，現在の三重と
いう県名は地域ブランドとしては使用すべきでない。旧伊賀国を除いた旧伊勢
国の関係が深い旧志摩国の圏域は，思い切って伊勢という名称を活用した地域
ブランディングや地域デザインを展開することが望ましい[2]。もちろん，志摩
サイドが個別のブランディングを行いたいという場合には，志摩を対象地域か
ら外すこともさしつかえない（原田，2015）。

　第3の「編み上げ型」によるゾーンデザインが適用されるのは，広域で捉え
ても狭域で捉えても，大きな地域価値が見出せない場合である。これは，新た
な編集域を設定することで，際立ったゾーンとしての価値発現を指向する方法
である。例えば，いわゆる瀬戸内地方をアートゾーンとして再設定することに
よって，より広域の地域である中国，四国やより狭域の地域である豊島のよう
な地域価値の低迷地域からの決別を図るための戦略的な試みが想定できる。具
体的には，直島，豊島，小豆島などを中心にした瀬戸内海に浮かぶ島々のネッ
トワークを構築するという方法が考えられる（原田，2013）。

第2節　トポスとゾーンとの関係性の体系化

　前節ではゾーンデザインの方法について考察を加えたが，本節ではゾーンの
地域価値に多大な影響を与えるトポスと，これが含まれるゾーンとの関係につ
いて言及を行う。神社に代表されるスピリチュアルなスポットの多くは，それ
ぞれのゾーンのコアトポスであることが多いため，このゾーン全体から多大な
地域価値を引き出すことが必要となる。それゆえ，両者の関係性を最適にデザ
インすることが，その効果の増大に結び付く。本節では，このような問題意識
に立脚しながら，第1にトポスとしてのコアコンテンツの戦略的活用，第2に
トポスのネットワーキングによる新たなゾーン形成，第3に霊場巡りの全国的
なネットワーキングが議論される。

⑴　トポスとしてのコアコンテンツの戦略的活用

　地域デザインや地域ブランディングのためのコアコンテンツは，トポスであ
ると捉えるのが一般的であろう3)。例えば，わが国の神社は，その存在形態は
山に比較すれば規模が小さいこともあり，基本的にはゾーンに含まれるトポス
であると考えられる。後章で取り上げる伊勢神宮の場合も，外宮を含めてトポ
スである。それゆえ，スピリチュアルゾーンデザインにおいては，神社に代表
されるほとんどのパワースポットについて，そのすべてがゾーンではなくトポ
スになる。

　以下では，事例として取り上げる神社などのトポスと，それが位置するゾー
ンとの関係について考えていきたい。例えば，伊勢神宮というトポスのブラン
ド価値の最大活用を行うために，伊勢という地名が付いている地域はすべて伊
勢神宮の影響力を受けていると考えられる。この場合のゾーンは，狭域として
は現在の「伊勢市」が，広域としては「旧伊勢国」が想定できる。現在の三重
県というノンコンセプトな県域は，明治維新後にその地域価値を意図的に削ぎ
落とすために行われた政治的に設定されたゾーンである。それゆえ，旧伊賀国
を除いた部分，つまり概ね旧伊勢国と旧志摩国を捉えたゾーンデザインを行う

ことは意味ある対応になる。

　そうなると，この伊勢という地域ブランドをいかに活用するかという課題が生じてくる。正確に言えば，伊勢神宮とダイレクトに関連付けられるゾーンはかつての宇治山田市の圏域だが，この原型が昭和の市町村合併によって拡大し，現在の伊勢市になった[4]。この合併の際に伊勢市へと名称変更を行ったのは，正しい対応であったと考えられる。現在でも実際に伊勢神宮と強く関係がある地域はかつての宇治町（内宮）と山田町（外宮）のゾーンであることは変わらないが，この合併時の名称変更により伊勢神宮との関連性を名実ともに伊勢ブランドで表現できる地域へとコンテクスト転換できたのである。

　これは，門前町であるかつての宇治山田市が拡大して伊勢市になったことによって，地名と神社がダイレクトに結び付いた事例である。伊勢市は，伊勢神宮がある地域であることによって，伊勢ブランディングの唯一の主体者になった。そこで，この地域ブランドとしての優位性を保持する伊勢ブランドをいかに戦略的に活用するのかが大きな課題になる。

　三重県には，広域に大きな影響力を保持する大都市が存在しない。県庁所在地の津市も工業都市の四日市市も，ともに広域への影響力は限定的である。そうなると，観光立国を進めるわが国においては，インバウンド対応としては伊勢市が伊勢神宮を活用しながら，日本という国の偏狭においてグローバル指向の地域ブランディングを展開することが期待されてくる。また，旧伊勢国のみならず，旧志摩国まで含めた圏域を伊勢という地域ブランドの影響圏として設定することで，三重県全体としての多大なメリットが享受できる。

　このように，デザイン主体の伊勢市としては，伊勢神宮というパワフルなトポスを戦略的に活用しながら，伊勢という地域ブランドの展開によって旧伊賀国を除く三重県の大部分を，伊勢神宮を活用する広域ゾーンとし，地域デザインを行うことが大いに期待される（稲本他，2000）。なお，ここでの主張は後章の論述とは異なるが，ゾーンデザインの方法は複数あることから，特に問題はないと考えられる。

(2)　トポスのネットワーキングによる新たなゾーンの形成

　2015年7月に，明治期の近代化産業遺産が世界文化遺産に登録（正式名称は「明治日本の産業革命遺産　製鉄・製鋼，造船，石炭産業」）されたことは周知であろう。このことは，地域デザイン研究にとって画期的なできごとであった。従来の世界遺産では，広狭の差異はあっても，ある地域との結び付きが強く打ち出されていた。例えば，姫路城は姫路市を想起させるし，富岡製糸場（正式名称は「富岡製糸場と絹産業遺産群」）は富岡市を想起させる。それゆえ，地域の歴史的建造物が世界遺産に認定されると，これに付随して当該地域には膨大な経済効果がもたらされてきた。しかし，明治期の近代化産業遺産は，主たる建造物は北九州に集まっているものの，その対象案件は広く日本全国[5]に広がっている。また，ここにおけるコンテクストは，地域的なものではなく，むしろ歴史的なものであった。全国のトポスを特定の時代コンテクストによってネットワーキングしたことによって，世界文化遺産に含まれるトポス全体の価値を増大させたことが特徴である。こうなると，トポスと地域のかかわり方は必ずしもゾーンを捉えたものではなくなる。

　これは，地域の制約を超え，遠く離れたトポスが特定のコンテクストで結びつくことによって，価値を発現させようという試みである。トポスは，他の地域のトポスとの連携によって新たな価値を現出させる。このように，ゾーンに代わる存在としてトポスのネットワークが浮上してきた。もちろん，ネットワーク自体を新たな形態のゾーンであるといえないことはない。こうなると，これは新たな形態のゾーン概念の提示が必要となる。

　同様のことは，インターネットの世界では頻繁に生じていることだが，リアルな世界でも生起している。これについては，地域の制約を超えて多様なサイトがネットワーク化される場としてのネットワークであるという定義が可能になる。これを，スピリチュアルゾーンデザインに適用すれば，以下のような考え方が浮上してくる（図表1-3）。

　図表1-3は，2つの地域間連携および複数の地域間連携のイメージを示したものである。2つの地域間の連携については，外国にある地域との提携による

図表1-3　地域間連携のイメージ

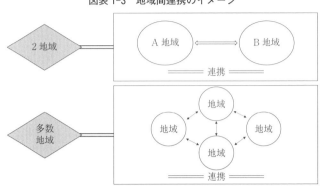

グローバルネットワークの創造などが考えられる。具体的には，提携関係にある宮島（厳島神社がある）とフランスのモン・サン＝ミシェル（Mont Saint-Michel）との連携などが考えられる。また，複数の地域間連携を推進することも可能である。例えば同じ宗派の神社や寺を全国的にネットワーク化することで，単体ではなく，ネットワークとして地域のためのブランディング活動を行うことも有効な手法になる。これらは，ネットワーク化によって地域の地理的な限界を超えるゾーンデザインの推進を可能にする。

(3)　霊場巡りの全国的なネットワーキング

　次に，イベントの投入や集団行動を喚起する企画の構築などの広域なパワースポットネットワークへの投入による全国的な連携によって現出させる，プロモーション指向のネットワーキングの推進について考える。これにより，例えば霊場巡りのコースがセットされている広域の地域ブランドとしてのインパクトは従来よりも強力になる。こうしたネットワークが，広域にわたる多様な連携を指向するネットワーク連携型の広域ネットワークである。時にはライバル霊場との連携になることもあるだろうが，それ以上に共創効果が大きく現出する。

　ここでは，日本人が好む霊場巡りという行為を捉えたネットワーク連携型の

広域ネットワークを取り上げる。例えば，四国には著名な霊場巡りのコースがいくつもある。この空海ゆかりの「四国八十八箇所霊場巡り」は全国的にも著名であり，未来を見据えた世界文化遺産への登録準備も行われている。この他にも，瀬戸内海に浮かぶ小豆島にはいわば元四国といわれる「小豆島八十八箇所巡り」を筆頭にして数多の霊場巡りのコースが設定されている(西田，2013)。

　これに加えて，その他の地域においても多くの霊場巡りのコースがセットされている。例えば関東地方の「秩父三十四箇所霊場巡り」などをはじめ，関西地方など各所に霊場巡りのコースがある。近年では，旅行代理店が滞在型や体験型旅行への戦略転換を指向するにあたって，旅行商品の新機軸として霊場巡りを利用するケースも多い。こうなると，旅行代理店と各地域の霊場が密接に連動しながら，日本全国霊場ネットワークというべき組織化が行われることが期待される。情報発信の方法を外国人向きに構築すれば，日本の霊場巡りはグローバルなレベルのインバウンド企画として期待できる。

第3節　スピリチュアルゾーンのコアトポスとしての神社

　本節では，スピリチュアルゾーンの正否を左右する存在としての神社について考察を行ってみる。周知のように，パワースポットになり得るトポスは，神社以外にも仏閣をはじめとして多様なトポスが見出せる。特に，アニミズムが流れている日本人にとっては，自然も含めてあらゆるものにスピリチュアリティが顕現することになる。とはいえ，地域デザインのために活用できるパワースポットの多くが神社であることは，後章の事例でも明らかである。

　それゆえ，ここでは地域デザインに不可欠な神社に関する基本的な理解のための議論が行われる。具体的には，第1が神社の解釈と地域デザインへの活用視点，第2が聖地一般と神社との差異，第3が神社と神体としての山との関係についての議論である。

(1) 神社の解釈と地域デザインへの活用視点

　かの南方(2015)によれば，神社は敬神思想を強化するとともに，国民の融和を促進する。とりわけ地方を発展させ，国民の慰安にもなる。さらに，地域の治安の維持と利益の獲得にはきわめて有益である。南方(2015)は，この神社は史跡と古典を伝承し，天然風景と天然記念物を保存する「生態的総合文化センター」であると述べている。

　このように，神社は地域デザインにおいてきわめて親和性の強いトポスである。(一社)地域デザイン学会はいわゆる地域創生，とりわけ地方の再生を促進することを目的とした学会であることから，地域に経済効果を及ぼし，安全・安心を提供し，地域の歴史や文化を継続的に保護する神社との親和性はかなり良好である。このように，神社はゾーンにおけるコアトポスとしてポジショニングできることから，神社がトポスとして存在する地域は幸運である(渋谷，2007)。

　神社には多様な形態があるが，格式が高い歴史的な神社はより遠方から人々を引きつけ，地域住民にとっても他の地域に対する自慢になる。だからこそ，多くの神社は地域デザインにおいて大事な要素であるトポスとしての役割を担っている。言い換えれば，地域の外部への求心力は，このトポスとしての神社をいかに戦略的に活用するかに大きく依拠している。

　一方，神社は，仏教の寺院やキリスト教の教会と比較すると，曖昧なトポスであることが大きな特徴である。そこで，日本の神道と強く結び付いた神社を地域デザインの視角から考察し，また地域創生のために活用することを考察する。したがって，本書では，神社の宗教上の定義付けは原則として行われることはない。

(2) 聖地一般と神社との差異

　前述のように，本書では地域デザインの視角からスピリチュアルやスピリチュアリティについて言及している。しかし，今回はその分析対象はほとんど神社になってしまった。スピリチュアルなトポスは，一般的にはパワースポット

であり，両者の間には明確な差異は見出せない。そこで，一般的なスピリチュアルなトポスと，宗教的場所としての価値があるスピリチュアルトポスである神社との差異について考える。

　神社に固有の機能は，「祭る，または祀る」ということである。これは，日本の祭りには神輿が出ることからも理解できるであろう。それでは，なぜ人は神を祀るのか。それは，神に加護を願うためであり，また時に猛威を振るう神を鎮めるためである。しかし，よく考えると，わが国ではこのような機能は神社以外にもいくつも見出せる。実際に，わが国には聖地としてのスピリチュアルなスポットはどこにでも見出せる。例えば，竈や便所も祀る場所になっている(渋谷，2007)。

　どこにでも神を見出すのが日本の神道であるが，コア機能を担う神社があってはじめて，神社以外の多様な場にも神が宿ることの正当性が担保される。神社なくして他所に神が宿ることにはならないという認識こそが，日本の神道の特徴であると考えられる。その意味では，神社は神が宿る多くのトポスの中の元締め的なトポスになっている。ここでは，ひとまず南方(2015)が定義した「神社は生態的総合文化センター」であるとしておく。

　しかし，それでも解決しなければならないことが残っている。スピリチュアルゾーンは，当初「神秘」，「秘儀」，「神話」の3つからアプローチできるものと考えてきた。しかし，本書ではこれを少し修正する必要が生じる。それは，上述のように，神道にはそもそも教儀が存在しないからである(渋谷，2007)。そこで，今回は，「秘教」について「秘儀」という概念に代えたアプローチを行った。

(3)　神社と神体としての山との関係

　わが国では，神はどこにでも宿るというのだが，神が宿る場所として，神社を除いては山を凌駕する神々しいトポスは存在しない。本書においてもほとんどの事例には神社と山がセットになっているように，山と神社は切り離すことはできない。例えば，霊峰富士には浅間神社があり，修験で有名な出羽三山[6]

写真 1-1　大神神社拝殿　　　　　　　　　　写真 1-2　三輪山

にはそれぞれに神社などが存在する。そこで，神社と山との関係という新たな
問題が生じてくる。それは，神社が先なのか，それとも山が先なのかという問
題である。歴史的には自然の山が先であり，その霊性を背景にして神社ができ
たと推察できる。

　例えば，奈良の大神<ruby>大神<rt>おおみわ</rt></ruby>神社の場合は三輪山の霊性が先で，これを捉えて大神神
社が造営された。大神神社には本殿がないことからも，本殿に代わる存在とし
ての三輪山のポジショニングが理解できる。ここでは，三輪山と大神神社が切
り離すことのできないセットの存在になっている（写真 1-1，1-2）。

　上述の富士山の場合にも，まず山があって神社があるということであろう。
世界自然遺産の白神山地のように，山が自然遺産として登録された場合には山
が先であることは明快である。富士山は自然遺産ではなく文化遺産として登録
されたため，この問題は微妙になってしまったが，たとえ富士山は文化遺産と
いっても山そのもののスピリチュアリティ（霊性）が優先されると考えられる。
世界遺産としての文化や宗教は，山としての富士山があってはじめて生まれた
と考えるべきであろう。

　結論としては，ケースバイケースになるとしかいえない。例えば，富士山の
場合には，富士山そのものが広域ゾーンであり，そのゾーンにある三保の松原
という地域や浅間神社などの建造物はトポスである。このように，例えば修験
道で著名な出羽三山においても，ご神体といわれる神聖な山は，県をまたいだ

広域ゾーンになっている。このような広域ゾーンにおいては，まずゾーンありきで地域デザインを考えることが望ましい。これが，山を背景にしないトポスとしての伊勢神宮を活用した地域デザインとの大きな差異になる。

おわりに〜スピリチュアルゾーン研究の今後はどうなるのか？

　以上の議論から，スピリチュアルゾーンデザインをめぐる基本的な考え方が理解できたであろう。このスピリチュアルゾーンは，本書ではもっぱら神社が主体であるが，今後は仏閣など他の宗教に関係する聖地によるゾーンデザインとの比較研究を行うことが必要になる。また，スピリチュアル自体は，元来西洋から生まれた概念であるため，これに対する基礎的な研究ならびに日本への適用方法などの研究も不可欠になる。

　加えて，スピリチュアルやスピリチュアリティの社会における多様な関わりについての研究も残された課題である。さらに，今回取り上げる「神秘」，「秘教」，「神話」についてのさらなる研究，そしてこれらの相互関係についての研究も行わなければならない。さらには，世界のスピリチュアルゾーンに対する包括的な研究も必要になってくる。その上で，日本を含めた世界各地のスピリチュアルゾーンの比較研究にまで発展させることが大いに期待される。

注
1）正式な域名ではなく，それぞれが湘南というゾーンを設定している。例えば，不動産業者は，神奈川県の相模湾沿いの地域の中で，葉山，逗子，鎌倉，藤沢，茅ヶ崎を示すことが多い。これに寒川，平塚を入れることもある。また，県西の大磯から小田原は西湘といわれる。しかし，葉山や鎌倉は湘南でないと考える住民が多い。
2）志摩国は，現在の伊勢市が志摩半島の付け根にあり，古来志摩国と伊勢神宮は密接な関係があるため，伊勢国と志摩国はセットで考えることができる。これに対して，伊賀国は近江国の甲賀地域との関係が深い。
3）例外として，広大なトポスといえる世界自然遺産の富士山は，トポス自体が広域ゾーンであると考えられる。
4）1954年の市町村合併に際して，コア地域の宇治山田ではなく，新たに伊勢市と命名された。

5 ）具体的には，山口県，鹿児島県，静岡県，岩手県，佐賀県，長崎県，福岡県，熊本県
　　　である。
6 ）これらは，月山，羽黒山，湯殿山の三山である。

参考文献
稲本紀昭・駒田利治・勝山清次・飯田良一・上野秀治・西川洋（2000）『三重県の歴史』
　　　山川出版社。
渋谷申博（2008）『おもしろいほどよくわかる日本の神社』キャプス。
西田小百合（2013）「土庄町ではなく瀬戸内・小豆島としての地域ブランディング」原田
　　　保・岡田好平編著『瀬戸内・小豆島 瀬戸内海の霊場リゾート』芙蓉書房出版，
　　　pp. 21-34。
南方熊楠（2015）『神社合祀に関する意見』青空文庫 POD。
原田保（2013）「《瀬戸内海》＝日本最大の内海景観ブランド～霊性体験と芸術体験のコン
　　　テクスト創造」原田保・古賀広志・西田小百合編著『海と島のブランドデザイン』
　　　芙蓉書房出版，pp. 105-124。
原田保（2015）「第 3 のゾーンとしての「リージョナルゾーン」に関する試論―「編集域」
　　　としての「グローバルリージョン」と「ナショナルリージョン」の提言」地域デザ
　　　イン学会学会誌『地域デザイン』第 5 号，地域デザイン学会，pp. 9-29。
増田寛也（2014）『地方消滅―東京一極集中が招く人口急減』中公新書。

第2章
スピリチュアルゾーンデザインの
理論フレーム

原田　　保
宮本　文宏
立川　丈夫

はじめに～スピリチュアルゾーンデザインの特殊性

　本章においては，前述した地域ブランディングや地域デザインのための理論フレームである ZTCA デザインモデル（原田，2014）の活用方法が明示される。特に，スピリチュアルゾーンデザインに対してアプローチする際に固有に見出される特徴を抽出し，これを踏まえた地域デザインに関する戦略的対応についての議論を試みたい。それは，ZTCA デザインモデルを実際のゾーンに積極的に適用するためには，それぞれのゾーンに見出される特性に対して可能な限り現実に即した細分化したフレームの構築が期待されているからである。

　スピリチュアルゾーンに対する地域デザインや地域ブランディングのための理論フレームは，前述した世界遺産ゾーンやアートゾーンに対する理論フレームと異なる部分がある。これは，一般解の導出を指向している ZTCA デザインモデルを踏まえながら，スピリチュアルゾーンという細分化された下位層のゾーンに対する一般解を模索するためである。そこで，本章でフォーカスされるスピリチュアルゾーンデザインを展開するための理論フレームについては，「"S型" ZTCA デザインモデル」としておきたい。

　われわれがまず指向すべきは，スピリチュアルゾーン以外のゾーンに対する

差異性の明確化である。スピリチュアルという概念は，人間の内面，すなわち心あるいは精神に関わる概念として理解される場合が多い。したがって，スピリチュアルゾーンデザインを考察するためには，世界中に数多くある宗教との関係から読み解くことが必要になる。また，特に神秘学に代表されるエソテリック（esoteric, 秘儀の）な思想との諸関係から読み解くことも必要である。言い換えれば，われわれの行為は人間の内面（非肉体あるいは非身体）に関わる地域デザインのための理論フレームの構築を指向することになる。

　このような問題意識から，本章で地域デザインの理論フレームを議論するにあたっては，神秘主義における神秘的なるものの位置づけや，その歴史性を明らかにして，スピリチュアルトポスについて考察を加えていく。さらに，スピリチュアルトポスとゾーンの関係をロジカルに論じることによって，地域におけるスピリチュアルゾーンデザインからのアプローチが行われる。しかし，研究は緒に就いたばかりであることから，本章における議論は中間的な解の模索になる。また，この理論フレームは，前述よりも下位の概念になる3つの系（神秘，秘教，神話）のレベルへと細分化される。後章の事例編においては，それぞれの個別事例にふさわしい個別解としての読み取りと提言が行われる。

第1節　神秘主義に依拠したスピリットの定義づけ

　スピリチュアルゾーンを描くにあたって，最初にスピリットとスピリチュアル，そしてスピリチュアリティとは何なのかという問いに対して，神秘主義的な理論をもとにした考察を行ってみたい。また，これらの特徴と歴史的流れを踏まえ，スピリチュアルトポスとは何なのかを明らかにするために，スピリチュアルなゾーンとの関係を探ることにする。

(1)　スピリットの定義とアプローチ

　スピリットは，本来は息や呼吸や風という意味を持つラテン語の spiritus を語源としている。この語源が示しているのは，人の身体を超えて出入りし偏在

し，人の心や身体を支配する超越的な存在であるということである。このような超越性から，スピリットは，キリスト教においては聖霊を意味しており，父なる神と子なるイエス・キリストとの三位一体(trinity)を形成する。このキリスト教の教義においては，聖霊は神の霊であり，創造する力や生命の与え主であり，自ら啓示し，証し，そして呼び掛ける固有の存在なのである。

　このスピリットを聖霊と捉える見方から，意識の発達史が生まれた。意識の発達史においては，歴史を3段階に分けて捉える。最初の第1の時代は，旧約聖書による父の時代である。この時代は，父なる神の権威と罰により人が指導される時代である。第2の時代は，紀元前7世紀頃から近代を経て現在に至る，新約聖書による子の時代である。子の時代とは理性の時代であり，教えが内面化されていた恩寵と教化の時代である。そして，第3の時代が聖霊の時代である。聖霊の時代とは，霊的な意識としての聖霊を各自が内部に見出すことのできる時代である。この段階に到達すれば，祭壇や儀式も必要なくなり，人は愛と自由により自らの内部において霊的意識を体験できる(高橋，1980，pp. 34-35)。

　この意識の発達史は，12世紀末にシートー派の神秘学者であるヨアキム(Ioachim)[1]によって提示された。この歴史観がもつ終末論的なイメージから，ローマ＝カトリック教会から異端と宣言されることになった。しかし，この歴史観はヨーロッパの精神史観の底流をなしていく[2]。この歴史観の根底にあるのは，三分説である。二分説が肉体と心を分けて捉えるのに対して，三分説では肉体と心に聖霊を加えることで人の思考能力を高位の霊と中位の魂と下位の肉体の3つに分ける。

　前者の二分説では，肉体に対する魂は感情という主観的な働きの中に悟性が含まれており，真理に対する認識能力を持たないとされている。それゆえ，救いのための教会を必要としたのであり，教会は祈りと忠誠への恩恵として聖霊による導きが得られる場所として重視されている。この二分説に対して，神秘主義(mysticism)では魂と聖霊(スピリッツ)を共に独立した固有の存在と見なす。魂は自我の働く場であり思考や情動や欲望を示し，聖霊(スピリッツ)は自我に

目的や方向を与える形而上的思考能力と捉えられている。

　このように，聖霊と心や魂を分けて捉える三分説は神秘主義や神秘学の根本思想になっている。神智学を創設したブラヴァッキー[3]は，この三分説を重視し，全宇宙の根底には肉体や心を超えた至高の神霊が存在しており，これにはスピリチュアリティによって触れることができるとした。神秘主義者や神秘学ではこの三分説を重視しており，スピリッツ＝霊性に至る方法として神秘体験を捉えている。この神秘体験とは，個人の思考能力や感覚，身体性を鍛えることで内的に感性と思考を研ぎ澄まし，感覚を広げていく行為によって，スピリチュアルなものとの合一を果たせるとする（高橋，1980）。

　ローマ＝カトリック教会が教会での祈りを通して神からの啓示が与えられるとするのに対して，神秘主義では個人の内的体験を重視して，祈りへの代替としてではなく神秘的合一を通して聖霊に触れるとしている。つまり，聖霊としてのスピリットは，人の魂を導く存在であり，創造主の息であり，また生命の根源そのものとして捉えられる。

(2)　スピリット，スピリチュアル，スピリチュアリティの起源と関係

　現在，スピリチュアルやスピリチュアリティは，神秘体験や精神世界全般をあらわす言葉として広く定着している。さらに，日本におけるスピリチュアルに関連する商品やサービスを扱うビジネスは毎年市場規模を拡大しており，2010 年頃で 1 兆円を超える成長産業になっていると報告されている（有元，2011）。

　これほどまでに普及していながら，これらの言葉は元々日本語に該当するものが見出せない。さらには，聖書にも用例は見出せない。このスピリチュアリティの起源については，欧米において 19 世紀に流行したスピリチュアリズム（spiritualism，心霊主義）にたどりつく。スピリチュアリズムとは，肉体が消滅した後にも霊魂が存在し，現世の人はその霊とのコミュニケーションができるとする思想である。当時は，霊魂との交信を行う降霊会が数多く開催されており，コナン・ドイル[4]やベルグソン[5]，ブラヴァッキーなどの各界の著名人た

ちが降霊会に参加して，スピリチュアリズムの思想に深く関わっていた（内田・釈，2010）。この思想と活動によって，スピリチュアルやスピリチュアリティは霊的なことを示す言葉になっていった。

　このような水脈が1970年代のニューエイジ運動での興隆を経ることで，スピリチュアリティやスピリチュアルは普遍化していった。これが，ニューエイジ運動とは，アメリカの西海岸を発祥とする，近代合理主義や欧米中心の文化に対する対抗文化（カウンターカルチャー）の潮流である[6]。その特徴は，霊的体験や神秘主義への傾倒をはじめ，死後の世界や超常現象，超能力や禅やヨガ，老荘や瞑想などの東洋思想への着目まで多岐にわたっていることである。これは，ヒッピームーヴメントやフラワーチルドレンの流れとともに，北米やヨーロッパから日本まで広く若者たちからの支持を集めた。

　このような運動が支持を集めた背景には，消費社会の質的な変化がある。この変化には，第二次世界大戦後に実現した大量生産・大量消費型の社会から高度消費社会への移行がある。高度消費社会とは，モノの消費ではなくコトに対する消費によって他者との差異化を図り，自己表現の手段とする社会である（門田，2013）。人と同じモノを所有することではなく，他者との差異や精神性が重視されることになり，癒やしや特別な自己というストーリー性が求められる社会への変化がニューエイジ運動とのコンセプトと合致したため，この運動は世界的なうねりになった。

　こうしたストーリー性が，自己変容や自己実現，そしてスピリチュアリティの覚醒といった特徴にあらわれる。スピリチュアルやスピリチュアリティが支持されたのは，既存の宗教とは異なり，組織や制度に依存せずに，個人を中心とする内面的な行為として捉えられたからである。なお，スピリチュアルやスピリチュアリティには明確な区分はなく，コンテクスト（文脈）の差異によって便宜的に使い分けられている。スピリチュアルが主に精神世界全般を指すのに対して，スピリチュアリティは霊性や精神性を示すことが多い。

　しかし，このようなブームもアメリカではひとつの対抗文化の域を超えられず，社会の変化と共に次第に存在感を失った。これに対して，日本ではブーム

を経て，新しい流れを見せていった。このように，聖地やパワースポット，そしてスピリチュアルスポットが新たに生まれて，本来の宗教的な意味を超えた巡礼が広がりを見せている。

　ここまでは，語源から歴史的な展開までの概観を見てきた。重要な点は，スピリチュアルやスピリチュアリティの普及によって，従来の精神世界や霊性と信仰に関するコンテクストが変化したことである。宗教的な聖地だった場所は，特別な力をえて霊的な世界に触れる場所としてのパワースポットになった。これらの場所をスピリチュアルトポスと捉えてスピリチュアルゾーンをデザインすることが，現在各地域において求められている。

(3)　パワースポットであるスピリチュアルトポスとゾーンとの関係

　パワースポットとスピリチュアルトポスの関係には，3つの形態が考えられる。第1は，既存のゾーン自体が広域で，また全体としてスピリチュアリティが充満している事例である。これには，例えば世界文化遺産の対象ゾーンである静岡県と山梨県にまたがる富士山スピリチュアルゾーンがあげられる。富士山自体を除いたトポスにおいては，それぞれが個別にパワースポットであり，単独で多くの人を誘引するまでの力があるが，それぞれ単独でゾーン全体を牽引するまでのトポスにはなりえない広域のトポスである。例えば，そこに含まれる三保の松原は，羽衣伝説ゆかりの地であるが，世界遺産ゾーンを構成する1つのコンテンツであって，単独のトポスとしてではなく，浅間神社等と共に，富士山に存在することによってスピリチュアルトポスとしてのアイデンティティを形成していると捉えられる。

　第2が，パワースポット自体のスピリチュアリティの外部への発信力が強力であるために，このパワースポットとしてのトポスが含まれる既存のゾーンの存在感が希薄でも，新たに設定するゾーン全体がスピリチュアルなゾーンとしてブランド力を持つケースである。このような事例としては，例えば伊勢神宮があげられる。ここは，日本で最も霊性が強いとされるパワースポットとして，古くからブランドを確立している神社である。この伊勢神宮の存在によって，

市の名称を伊勢市と変えたことも含めて，伊勢神宮がある伊勢市全体あるいは
より広域のゾーンがスピリチュアルゾーンとして認識されている。

　第3は，トポスもゾーンも共にそれぞれが単独でも強烈なスピリチュアリテ
ィを発信している地域である場合である。先にあげた第1の場合がゾーンにより
地域をデザインすることを指向するのに対して，これはゾーンとトポスのど
ちらからでも地域デザインのためのアプローチが可能であり，それゆえ時と場
合によって使い分けができる。これには，例えば天岩戸というトポスと，これ
が含まれる天孫降臨の神話にゆかりのある地名がついている高千穂町（宮崎県）
があげられる。

　問題は，ローカルな行政単位がゾーンにもトポスにもなりえない地域である。
このような地域においては，行政単位とは異なるゾーンデザインやトポスデザ
インが必要になる。例えば，奈良県の御所市では，高天彦神社を捉えたゾーン
デザインを行うのか，それとも御所よりも広域な古代の著名なゾーンであった
葛城ゾーンとしてのゾーンデザインを行うのかという問題が現出することにな
る。

⑷　スピリチュアルゾーンとトポスのコンテクスト

　スピリチュアルトポスは神秘体験をもたらす場所であり，かつては聖地と呼
ばれ，人に救いや癒やしをもたらし，奇跡が生まれる場所として多くの人から
信仰されてきた。例えば，キリスト教においてはイエスの受難の地であるエル
サレムや聖母マリアが出現したとされるルルドの泉など数多くの場所が聖地と
して存在し，そこには過去から現在に至るまで世界中の各所からひっきりなし
に巡礼者が集まってくる。

　このように，多くの宗教では，その信仰の対象になる場所を訪れることが信
者にとって自らの信仰の証になっている。かつては，交通機関や宿泊施設が未
整備のためにその行程はきわめて過酷であり，旅の途中で命を落とすこともし
ばしばであった(Ohler, 1986)。しかし，与えられる苦行が大きければ大きいほ
どに，信者の信仰心は一層強まり，この苦難は特別に祝福された聖なる体験と

して語られ，さらに人を集めた。この旅の体験を実現させる場所としての聖地は，スピリチュアルな聖地への巡礼の旅としてのポジションを確立した[7]。

　日本における最も古い巡礼としては，奈良時代に確立した観音信仰の霊場を回る西国三十三箇所巡礼があげられる。また，弘法大師が開いた八十八箇所の聖地をつなぐ四国巡礼も著名である。さらに，山岳信仰を背景に神道と密教が融合した修験道も修行のために霊山を巡る旅を伴う修行として知られている。時代が進み江戸時代になると，伊勢神宮へのお伊勢参りが広く全国的に普及し，一大ブームになった。

　このような巡礼の目的地である聖地は聖性を持っており，そこは普通の人もスピリチュアルな感覚を体感できる場所として，時代を超えて数多くの人々を引き寄せてきた。このようなスピリチュアルトポスに見られる特徴は，具体的な自然や史跡，あるいはミュージアムといった実際に目に見える通常の観光資産とは異なり，目に見えないある種の感覚によって成立することである。たとえそれらの場所には何も存在せず，単に空間があるだけであっても，そこに霊的なコンテクストが共有されていればその場所はスピリチュアルトポスとなる。

　このように，スピリチュアルトポスとは信仰心などの個人的な感覚に依る場所であり，そのトポスとしての正否は，訪れた人がその場所に立った時にそれぞれが内面において何を感じ取るかにかかってくる。このような場所を中心に地域をデザインするためには，その場所に固有の信仰やスピリチュアルに関連する魅力的なストーリーをコンテクストにした展開が必要になる。そして，具体的なコンテクストが，第1が神秘，第2が秘教，第3が神話になる。これらに着目しながらコンテクストとして展開することによって，スピリチュアルトポスが生まれ，またスピリチュアルゾーンの確立や拡がりが可能になる。

第2節　神秘，秘教，神話のコンテクストとしての活用

　本節では，スピリチュアルゾーンデザインにおいてスピリチュアルトポスに活用する神秘，秘教，神話という3つのコンテクストについて，その起源や歴

史的背景や展開を論述する。それぞれに主なスピリチュアルトポスをあげて，神秘，秘教，神話のコンテクストを地域デザインに活用するためには，いかなるコンテクスト転換が必要かについての考察が行われる。

(1)　神秘の地域デザインへの活用視点

　神秘とは，人の理解を超えたものであり，本来的には語りえないもので，啓示によってもたらされる。具体的に定義でき，説明できることであるならば，それは神秘ではない。また，神秘は，人にとっては時には禍々しいものであり，時には至福をもたらすものである。神秘主義とは，自己の内にこうした神秘を感じ，神の存在や，空や道などというさまざまな名前で呼ばれる真なる実在である究極的な一者に合一する体験を重視する思想である。神秘主義においては，このような合一体験のことを神秘的合一や霊的合一という（井筒，1980）。

　このような霊的体験を，シュタイナーは高次のレベルに至る意識の変容をもたらすものとして捉えた。これによれば，人間はこの世での物質的な生を受ける前は霊的存在として霊界（精神世界）にあって，霊的な向上を求めるために地上の肉体の中にやってきた存在であり，霊的な向上とは，超感覚的世界の認識をえるために，修練を通して思考能力を研ぎ澄ましていくことである（西平，2010）。

　このように，神秘とは非知なるものを感じ，普段聞こえないメッセージを聞き取り，非日常を体験することである。こうした体験が神秘体験であり，この体験を得るには高次な感覚や思考を研ぎ澄まし，また心身の潜在能力の感度を高めることが必要になる。聖地やパワースポットなどのスピリチュアルトポスは，神秘が顕れた場所であると同時に，心身の感度を高める場所でもあると言い伝えられてきた場所である。このスピリチュアルトポスは，意識の変容をもたらす場所であり，それゆえ超感覚的世界の認識がえられる日常と非日常の境界に立つ場所なのである（内田・釈，2014）。

　このような点から，聖地やパワースポットは，アジール（聖域，asyl）として世俗の権力の及ばない場所でもある。それゆえ，スピリチュアルトポスは結界

であり，また神秘的な力で外と区別される特別な場所になる。このような場所としては，古代より皇室の氏神であり三種の神器が祀られてきた伊勢神宮，平清盛により祭祀された嚴島神社，さらには徳川家康を権現として祀る日光東照宮などがあげられる。また，弁天信仰の総本山である宗像大社や日蓮上人が開山し蒙古軍の退散と国土安穏を祈念した身延山久遠寺もそうである。

　これらの場所に共通するのは，信仰を集めてきた特別な場所という点である。この信仰の場所という点こそが，地域デザインや地域ブランディングの重要な要素になる。このように考えると，信仰が伝えられてきた歴史性と信仰の根底にある神秘性に焦点をあてながらスピリチュアルトポスとしてデザインすることが，地域ブランドから地域デザインを展開するための，地域価値の発現を可能にするひとつのアプローチになる。

(2)　秘教の地域デザインへの活用視点

　神秘主義は，宗教と密接な関わりを持ちながらも，時に異端とされ，禁じられ，さらには迫害されてきたという歴史を持っている。パリンダー（Parrinder, 1995, p. 18）によれば，神秘主義という言葉は古代ギリシアの秘教儀式の密儀（mysteries）を起源としており，唇または目を閉じるという動詞のミュエイン（muein）が転じて「密儀に加入したもの」になったということである。この密儀とは秘密の宗教的儀式を示しており，一部の限られた者の間で伝えられ，社会から密かに隠れて行われてきた儀式である[8]。

　この儀式は，公権力に保護され，公的に認められ，正統とされた宗教や宗派に対して，神秘性や霊性を持っていることや隠れて行うことに特徴が見出される。この秘教にみられる秘儀は，通過儀礼（イニシエーション）のかたちをとり，生と死と再生のプロセスを擬似化し，聖霊との合一を果たす独自の儀式を行うことが多い。儀式には禁忌が伴っており，それゆえ秘儀は万人に向けたものではなく，一部の限られたもののみに許される行為になっている。

　日本では，古来の信仰が形を変え，秘儀として伝えられてきた代表的な信仰として修験道が存在している。この修験道は，山自体を神霊の宿る領域として

信仰する山岳信仰を起源としている。これから，山を御神体とする神道が，仏教密教の神秘主義的影響を与えながら修験道として結実させていった。修験道では修行を積む修行者は修験者あるいは山伏と呼ばれており，彼らは山に籠もり苦行を重ねる。それは，彼らが，肉体と精神を研ぎ澄ましながら山の霊力を身に付けて，他界と現世をつなぐ存在になるためである（井上，2006）。

　修行の場所である山とは，現世を超えた秘所であり，また神の住まう土地であり，さらには黄泉や冥府としての常世である。そして，現世と常世の境界として，神体山を祀る神社や鳥居や寺院が設けられてきた。これらの建つ場所は，他界と現世の境界線であった。

　このように，日本の各地には霊場や霊山として信仰を集めてきた場所がいくつかある。こうした山は，時には地上の権力が及ばない場所として，例えば争いに敗れ追われた者が最後に逃げ込む避難地でもあった[9]。修験者は世俗から離れて，霊山に籠もって修行する神秘を全身にまとった存在であり，修験道は秘儀として秘密に包まれてきたのである。この修行の場である霊山が，熊野三山や，白山や立山，出羽三山，高尾山や御嶽山，四国を代表する石鎚山である[10]。かつては，これらの山々には，一般の人は立ち入ることは禁じられてきた。

　しかし，時代とともに修験道は廃れていき，同時に秘儀性は失われていった。現在では，どこの山にも交通網が整備されるようになり，山は観光地や登山の場所として誰もが車や電車で気軽に行くことができる。かつての霊山は，神秘のコンテクストを失くし，地図上の山になった。

　このような状況において，スピリチュアルトポスをリデザインするためには，かつての霊山としての記憶を取り戻す必要がある。それには，記憶を取り戻して霊山を象徴する修験道の秘儀性によってスピリチュアルトポスとしての神社を起点にして霊山と修験道を結びつけることでスピリチュアルゾーンを描くことが必要になる。これはすなわち，物理的な地図上の山から信仰の場所としての霊山へコンテクスト転換させて，かつて修験道が密かに伝えてきた秘儀を象徴する場所として神社などを描くことが，ブランディングを基軸にした地域デ

ザインの有効な方法になる。

(3)　神話の地域デザインへの活用視点

　ローセフ(Losev, 1930)によれば，神話とはシンボルであり，奇跡でもある。神話は現実を比喩した形象的なアレゴリーや寓話ではなく，神話自体が一種の現実を示すものである。それぞれの神話が描く世界はひとつの世界を示しており，世界の原理であると考えられる。こうした神話は，社会のさまざまなルールに縛られることなく，超自然的な現象を明瞭で真性な現実の世界として描き出している。

　また，神話はストーリーの形式をとっており，かつては口伝によって人から人へ伝えられていた。神話のストーリーには，世界の起源や終末が描かれ，神や英雄の盛衰が語られている。神話として語られるストーリーは，その共同体でのできごとが形を変えながら伝えられてきた，いわば生きた現実である。

　このように，神話は各地域に生まれた地域の歴史を伝えてきた。神話とは現実の歴史ではなく，単なるストーリーでもなく，奇跡であり，神秘的存在である。神話を伝えること自体が秘儀の意味を持っており，神話の語り部は霊感を受けた特別な存在と見なされ，時には神がかりとされることもあった。神話を失うことはその神話を伝えてきた共同体そのものが失われることを意味している(Golowin et al., 2002)。

　神話は，このような力を持つがゆえに，時の権力によって重視されてきた。ストーリーの力で権力の正統性を証明することで人々を統治しようとして，神話は集中化された権力に依拠した国家体制を維持するために用いられてきた。統治権力によって，各地に長く伝わってきた神話や伝承は形を変えて正史として編集されていった。日本では，天皇の命によって『古事記』や『日本書紀』が編纂され，これらが律令体制の成立と統治のための基盤を固めていった[11]。

　こうした神話の力を地域のデザインやブランディングに活かすことは，その神話におけるストーリーをその地と結び付けることによって神話の奇跡を想起させることである。これが素戔嗚尊の英雄神話が残る出雲大社，天照大神が

引き籠もった天岩戸の場所とされる高千穂や，高天原の地とされる高天彦神社である。また，天香山命が天孫降臨したとされる弥彦神社，日本武尊の東征中に伊弉諾尊と伊弉冉尊を祭祀した三峰神社をはじめとする秩父三社なども神話によるブランディングが有効である。これらの場所は，神話として伝えられた神秘と奇跡によって古くから霊的な力を持つパワースポットとして信仰されてきた。このようなシンボルとしての神話を持つ場所が，霊的力を獲得して，神話との結び付きを体感する場所になっている。

(4)　3つの視点からの地域デザインへの複合的活用視点

　ここまでは，神秘と秘教と神話という3つの視点から，スピリチュアルゾーンとして地域を捉えながら地域ブランディングやデザインを行う方法を議論してきた。これらの3点に共通して読み取れるのは，近代化によって隠れ見えなくなった人の根底に潜む情動や超日常的なものへの祈りという感情である。

　近代化を代表する産業革命をもたらした科学革命においては理性が重視され，合理性と効率性を中心に社会は発展していった。しかし，その中において，スピリチュアルな力は目に見えない伏流水として社会から隠れて存在し続けてきた。やがて，時代が高度消費社会へ向かう中で，欧米社会において若者を中心にニューエイジ運動がブームになり，霊的な力はスピリチュアルやスピリチュアリティとして再び表舞台に浮かび上がってきた。現在では，自己改革や心を癒やすセラピーなどのように，市場においてサービスとして取り引きされ，巨大な産業へと発展するまでになった。また，時にはこれが暴走し，大きな事件を引き起こすこともある[12]。

　このように，昨今ではパワースポットや聖地が再び注目を集めている。それは，目に見えないスピリチュアリティとして精神世界につながり感覚を，古くからの信仰の場所や神秘的なストーリーがある各地のスピリチュアルトポスに重ね合わせることによって，自らが大きなストーリーの登場人物になったようなイメージが描けるからである。

　これらの場所を訪れることは，単に観光地を訪れて景観などを楽しむのとは

異なる。また，仮に新しく人工的に聖地を創造しようとしても，その土地にスピリチュアルなパワーがなければ，例え一過性の注目を集めたとしても聖地として伝承されない。スピリチュアルな場所とは，合理性や論理性で捉えることはできない祈りが蓄積しながら伝承してきた場所である。スピリチュアルなパワーが神秘や秘儀や神話となることによって，その土地のスピリチュアルトポスを形成していく。

　スピリチュアルなパワーの顕れとして伝わってきた神秘や秘教，そして神話の力でスピリチュアルゾーンを描くことによって，その地域のブランディングが可能になる。つまり，国内のみならず広く海外からもスピリチュアルなパワーに触れようとして多くの人が足を運ぶようになる。そのためには，観光地化を目的とするのではなく，スピリチュアルなコンテクストを起点としたストーリーを描くことが必要である。

　スピリチュアルな世界とは目に見えない世界であり，スピリチュアルトポスはその世界に至る場所であり，回路でもある。それゆえ，スピリチュアルゾーンには過去からの歴史の伝承があり，祈りの集積がある。これは現在の社会において見失われていったものであり，多くの人が潜在的にバランスをとろうと求めている場所である。内的な力を高めようとする欲求によって，スピリチュアルゾーンへ人は足を運ぶ。このように，スピリチュアルゾーンとは，地域のブランディングを超えて，スピリチュアルな体験を通して自己と世界の合一を果たす瞬間をもたらす場所である。

第3節　型レベルのモデルにみる特徴

　本節では，スピリチュアルゾーンにおいてゾーンとして捉えられる地域とは何なのか，ゾーンとして括られる範囲とは何なのか，スピリチュアルトポスを中心とするゾーンの在り様について明らかにしたい。続いて，スピリチュアルゾーンが拡張型のモデルであることを考察していく。拡張型は，時間的な尺度の長さと空間的なネットワークの拡がりを併せ持つことを特徴とする。これら

の特徴を活かしながら，地域をブランディングあるいはデザインするためには，その地域に長く伝わるストーリーの力を起点にして拡げていくことが有効な手法になる（原田，2015）。

(1)　スピリチュアルゾーンにおけるゾーン特性

　スピリチュアルゾーンによる地域デザインにおいて，ゾーンとして捉える地域は現在の都道府県や市区町村のような行政区分とは必ずしも一致しない。現在の都道府県は，近代国家としての成立時に，時の政府が意図的に線を引いて括り直したものであって，古くから信仰を集めてきたスピリチュアルゾーンが持つような時間軸や空間的な広がりとは異なっている。

　それまでの幕藩体制から新たに薩長土肥を中心にした統治体制を確立するためには，既存の体制を変え反対派を抑える必要があった。これは，再び反対勢力が地域で力を結集して反体制運動が生じないようにするための対応策であった。そのため，明治維新では，対立した諸藩を解体することや存在感を消すことに注力した。具体的には，元の地域から強制的に別の場所に移したり，江戸時代までひとつの藩であった地域に新たに境界線を引いて分割したり，地域を象徴していた地名をあえて表に出さずに，新たに人為的に名称を付け替えることなどが行われた。例えば，江戸時代を通じて東北の中心的な存在であった会津は解体されて若松県となり，やがては福島県に組み込まれたが，これには戊辰戦争における敵対感情により徹底した弱体化をはかる意図が読み取れる。このように，さまざまな地域が政治的意図から消されたり作られたりしていった。

　こうした境界線に対して，スピリチュアルゾーンは時代によって変遷する人為的な地図上の区分ではなく，信仰により描かれ，伝えられてきた領域である。このように，精神的な概念区分を踏まえたスピリチュアルゾーンは，長期的に存在してきた場所である。それゆえ，スピリチュアルゾーンをデザインすることは，現在の行政的な都道府県や市区町村の区分を越えて，スピリチュアルトポスのコンテクストに依拠した地域をゾーンとして捉えなおすことである。

⑵　拡張型のスピリチュアルゾーンデザイン

　このように，スピリチュアルゾーンのデザインにおいては，現在の地域に対して，スピリチュアルトポスを中心に捉えなおして拡大したゾーンを描くことが有効である（原田，2015）。それは，現在の行政的な地域区分とスピリチュアルゾーンの時間的な尺度が異なるためであり，またスピリチュアルの持つ特徴として空間的な広がりを影響範囲にするためである。

　時間的な尺度の差異については，前項で述べたように現在の行政の境界自体が近代国家成立の過程において政治的な思惑から引かれており，そのはるか以前から伝えられてきたスピリチュアルな場所の領域とは合わない。つまり，一方の数百年レベルしかない人為的な境界から現出された空間と，他方の日本の歴史が生まれる前から信仰を集めてきた場所や空間では，比較する尺度が異なっている。

　例えば，日本で最も有名な霊場である富士山に対する信仰のはじまりは，太古に遡ることができる。自然崇拝としてのアニミズムに起源を持っており，これが山岳信仰として人々の間で受け継がれてきた。山という存在自体が空間的な広がりを持っており，その雄大さこそが信仰の対象であるために，これを人為的で狭い特定の行政区分（例えば静岡県や山梨県）の中に組み込むべきものではない。現在では，富士山には山梨県と静岡県という県境が設けられ，管轄する主体が2つに分けられている。これではブランディングもそれぞれが別々に行われることになり，場合によっては利害が相反し，時には対立することもありうる。しかし，信仰という点では，富士山はひとつの霊山として信仰の対象になってきたトポスであり，富士山は広域にわたるスピリチュアルゾーンとして捉えられる。これから，必然的に，県の境界を越えたブランディングが有効なことが理解できる。

　同様に，熊野三山といわれる熊野本宮大社，熊野速玉大社，熊野那智大社を中心として展開される熊野信仰は，古来の神道と密教を中心とした仏教と修験道が混在した信仰の場であり，その歴史については現在の神社仏閣が造られる以前の日本書紀に記載される神代にまで遡る。そこに神社仏閣が建てられたの

は，その場所にスピリチュアルなパワーが存在すると感知され，伝えられてきたからである。その場所を発見したのは，日本が未だに国の名前を持っていない時代に黒潮を辿り列島に流れついた人々であったと考えられる。このように，太古からの歴史を持つスピリチュアルゾーンが，近代になって明治政府によって熊野川を境に和歌山県と三重県の県境がつくられ，熊野は分断されることになった。そこには，幕末に新宮藩が官軍に打撃を与えたことに対する政府の意図があったと考えられる(内田・釈，2015)。

　このように，スピリチュアルゾーンのデザインにおいては，所与の地域の境界の中で考えるのではなく，むしろ現在とは違う時間軸から空間をより広く捉え，一体のゾーンとして捉えることが有効的な対応になる。このようなスピリチュアルゾーンにおけるゾーンデザインを追加型のゾーンデザインという。

(3)　スピリチュアルゾーンのネットワーク性

　スピリチュアルゾーンを追加型とするもうひとつの理由は，スピリチュアルが持つ特徴に見出せる。スピリチュアルにおける精神世界の広がりや深さの特徴としては，自己の境界を越えて真なる存在と合一することを志向する。

　こうした特徴から，スピリチュアルに関わるコンテクストは拡大する性質を持つことになる。ストーリーの保持する力によってつながりが生まれ，これによって広がりが生じることになる。例えば神話においては，始祖神や英雄がさまざまな土地を訪れたり，あるいは流転したりするストーリーが展開されている。そのさまざまな土地の多くは，現在ではどこかとは明確に規定できない場所であり，伝承として各地に残っている。

　記紀では，伊弉諾尊と伊弉冉尊の国産み神話において，淡道之穂之狭別島が最初に産まれた島と記されている。これを現在の淡路島とする説が有力ではあるが，この他にも近畿地方の淡路とする説もあり，また各地に自認する場所が存在している。天照大神が隠れた天岩戸についても，岩窟を神体として祀る宮崎県の天岩戸神社のみではなく，京都や滋賀，そして三重や奈良，さらには岡山などの各地に存在している。

　いずれが本当の場所だったか，その真偽を確かめる術はなく，確かめる意味もない。これらの場所は，過去からスピリチュアルな場所として地域の人々からの信仰を集めてきたのであり，それぞれがスピリチュアルゾーンであるということができる。さらに，神話における伝承の広がりとして，これらの地をつなぐことも可能であろう。

　また，スピリチュアルに関する大きな特徴としては，スピリチュアルトポスである聖地への巡礼があげられる。これは各地をつなぐ行為であり，これに伴い旅が生まれてくる。西欧の中世において旅が広がったのは，旅が聖書の聖地を目指すためであったからである(Ohler, 1986)。日本においても，西国三十三箇所や四国八十八箇所巡りなどに見られるように，古来より各地域の霊場をつなぐ巡礼が広く行われてきた。

　こうした巡礼からも見られるように，スピリチュアルについては，スピリチュアルトポスを中心にしたネットワークが展開しやすいという特徴が見出せる。このような特徴から，スピリチュアルゾーンは，追加型のモデルとしてデザインすることが可能になる。

(4)　スピリチュアルゾーンデザインのブランド戦略

　本節において考察した型レベルのモデルとしてのスピリチュアルゾーンの特徴について，ここではその特徴を活かしたスピリチュアルゾーンを地域ブランド化するための戦略に関する考察を試みたい。この地域ブランディングに必要とされる要素として，特にスピリチュアルトポスを成り立たせているストーリーに着目する。スピリチュアルトポスの保持するストーリーとは，その場に目に見えない霊的な力が存在しており，周囲や訪れた人に対して多大な影響を及ぼしている。

　この力は科学的には証明できるものではなく，また近代合理主義的な見方からは捉え切れない。近代以前のはるか古来より存在し，時代によって霊性や神秘性，スピリチュアルというさまざまに異なった呼称で呼ばれてきた。このように時代によって呼称が違っていても，これらに共通するのは，その場所に立

った際，特別な力が内側から喚起されると感じられる点である。この特別な力によって，神の啓示や人と霊的なものとの合一と言われる奇跡が現出することになり，それがストーリーとして語り継がれてきた。そして，このストーリーが磁力となって，その場所を磁場としてのスピリチュアルトポスへと転換させ，このトポスが多くの人を引き寄せることになった。

こうしたストーリーの力は，時間の中において磨かれることによって影響力を強め，次第にその場所が保持する力に触れようとする人を集め，祈りの場所としてトポスを形成していった。土地が保持する力とストーリーが出会い，これに人々の祈りが重なりながら，次第にスピリチュアルトポスとして拡がりを見せるようになった。しかし，このような展開を人為的にコントロールすることはきわめて困難である。そこで，こうした時間の蓄積を活用し，長くスピリチュアルトポスを成り立たせてきたストーリーをいかに戦略的に活かしていくべきかについて構想することがブランド戦略として必要となる。

本書では，このようなストーリーに関するモデルとして，神秘，秘教，神話という3つのコンテクストが提案された。これらの3つの概念はすべて信仰や奇跡などの非日常的でスピリチュアルな力を示しており，これらと関連付けられた特定場所をまさにスピリチュアルトポスとしてブランディングしていくことが可能になる。このようなスピリチュアルなパワーは，不可視の世界が存在するという，ドラマツルギーを現出するようになっている。

第4節　系レベルのモデルの特徴と活用視点

本節では，前節において論じてきた型レベルのモデルに関して，神秘と秘教と神話の3つをスピリチュアルトポスを形成するストーリーとしながら，それぞれのモデルの保持する構造とこれらの活用方法を明らかにしていきたい。第1の神秘系モデルにおいては，過去から信仰として伝わる神秘のストーリーとスピリチュアルトポスを結び付けることが，地域のブランディングにとっての有効な戦略になる。第2の秘教系モデルにおいては，修験道において信仰の対

象であった神体山に対する信仰と共に伝えられてきた不可視で不可触の秘儀を，スピリチュアルトポスとして描くことが戦略になる。第3の神話系モデルにおいては，神話とスピリチュアルトポスを結び付けて，各地にある場所をデザインすることによってストーリーを展開することが期待される。これらのデザインは，近代合理主義の進展に伴ってかつての信仰や精神性が社会から見えなくなったことに対する精神性への回帰として，各地のスピリチュアルトポスへ焦点をあてる行為である。

(1)　神秘系モデルの基本構造

　聖なるものに触れて超越的なビジョンが出現する場所こそが，神秘の場所としてのスピリチュアルトポスである。神の啓示や恩恵，そして宇宙との一体感などの神秘の体験がストーリーとしてその場所に伝わっている(Eliade, 1957)。

　人が神秘に惹かれるのは，神秘に触れることが救いとなり，祈りと結びつくからである。キリスト教においては，キリスト自体が生と死と復活による奇跡を体現している。キリストの受難と復活は神秘を顕し，天上の楽園への昇天が理想とされている。キリスト教における神秘の場所とは，父なる神の子キリストとその御母であるマリアや，聖人たちに関連する場所であり，また彼らを通して神の力が顕れた特別な場所である。その場所に立つことは，スピリット(聖霊)に触れて天上に近づくことを意味している。

　日本においては，キリスト教の強い影響下にある欧米社会と同様の信仰は見出されない。むしろ，さまざまな宗教が渾然化していることが特徴である。この特徴がときには日本教と揶揄され，日本が無宗教の国だと捉えられる所以になっている(小室, 2000)。

　過去の歴史を振り返ると，日本においては，それぞれの時代に海外から仏教や儒教，キリスト教などの宗教が渡来し，これらはそれぞれに反発や弾圧を生むが，やがて形態を変えながら少しずつ受容されていった。このように，元々の形態ではない姿で存在し，しかも複数の宗教が混在し合っていることが，日本の宗教の特徴である。このことは，日本古来の宗教とされる神道についても

同様である。神道自体の定義が解釈によって分かれており，またこれが時代とともに変遷してきた。伊藤（2012）によれば，神道という呼び方自体が古代には存在しておらず，中世あるいは近世に生まれた呼称であり，これは歴史過程の中において次第に見出されてきた呼称である（p. 13）。中世においては，それぞれ各地の共同体に伝わってきた土着的で素朴な信仰と大陸から伝来した仏教が出会うことによって，それまでの天孫降臨を代表する神話的なイデオロギーと仏教の世界観が習合したために今日の神道が生まれたと捉えられる（伊藤，2012）。

このような特徴が，現在でも日本のスピリチュアルトポスを代表する神社や仏閣から見出せる。神道の代表的な神宮とされる伊勢神宮についても，その建造物や雅楽にそれぞれの時代で大陸から伝わった仏教の影響が見出せる。これは他の神社や仏閣でも同様であり，何らかの形態で神道と仏教の習合による信仰の場になっている場合が多く見出される。

このように，日本においては神道と仏教，さらにこれら以前に各地の土地古来の信仰が混在しており，結果として神社仏閣としてスピリチュアルトポスが形成されてきた。これらの場所には神体や聖人が祀られ，神秘を感じさせる特別な場所として古くから信仰を集めてきた。

神秘系モデルにおいては，過去から伝わるさまざまな神秘のストーリーとスピリチュアルトポスを結び，展開することが，地域に対するブランディングやデザインにおける有効な戦略になる。それは，神秘というものが人を場所に集めることを可能とし，そこに集まったそれぞれの体験がストーリーに重なるために，これらに新たなストーリーが付与されていくというサイクルが現出するからである。神秘系モデルの基本構造は，ストーリーの力によって一人ひとりの内面に強く働きかけることによって個人の経験からストーリーを拡張させていく点に見出せる。

⑵　秘教系モデルの基本構造

秘教は，ほとんどの場合においては秘儀の存在によって特徴づけられている。

そこで，ここにおいては秘儀をめぐる議論を行っていく。この秘教を秘教たらしめる秘儀とは，公的でない隠されたものであり，その多くは秘密の通過儀礼を指している。例えば，未開の部族では，成人に達した時には幼年期との断絶を特徴付けることによって共同体に受け入れられるために，誰もが象徴的に死と再生の儀式を体験する（Eliade, 1957）。また，多くの宗教や結社においても，集団の一員として受け入れるための儀式が存在している。

　この儀式とは，新参者がイニシエーション的な死と復活を経験することを契機に精神的再生を果たし，集団の世界観を共有し心身ともに集団の一員であることを認めるために行われるものである。つまり，これらの儀式については，主に外的集団と内的集団を区別するためのものであり，これは限られたメンバーのみに対して秘儀として伝えられ，集団の内部のみに営々として伝承されていくことになる[13]。

　日本では，修験道が秘儀を伝えてきた秘教といえよう。この修験道は，山岳信仰と神道と密教系の仏教が混在化しながら変化してきたという背景があり，修験道に入るということは下界から離れることを意味している。具体的には，修験道においては山に入る修験者である山伏は，いったん死ぬ儀式を経験する。そのため，彼らは白衣を着ることによって自らの死を象徴し，母胎の象徴でもある山へと分け入って，下界を離れて厳しい修行を積むことによって，新たな生を得る。このような死から再生へのプロセスこそが，秘儀におけるイニシエーションを示している。

　修験道は山岳と一体化して存在しており，山岳は時の政権と一定の距離を置いた場として在り続けてきた。山に暮らす人は元々「まつろわぬ人」としてマージナルな存在であった。彼らが依拠する狩猟自体が稲作を中心にする統治国家の祭祀や体制から外れており，里での暮らしとは境界線が引かれてきた。里人からは，修験道の山伏もまた神秘的で特殊な存在として怖れられ，敬われてきた[14]。

　秘教としての修験道が大きく変わったのは，江戸幕府の政策によって修験者の各地への定住化と組織化が進められたことに起因している。さらに，江戸中

期以降には，それまで霊山として一般の人の立ち入りを禁止してきた山々に対して登山道が設けられ，多くの人が登るようになったことも大きく影響している（井上，2006）。こうした政策は，社会から見えなくなっている存在を見えるように統合することによって統治可能にする近代化を指向する力が働いている。

　そして，明治維新以降においては，近代国家化の推進体制の確立がさらに推し進められ，統治の手段として政府は天皇を頂点にした国家神道を国の中心に据えていった。それ以外の信仰は次第にその中に組み込まれていった。こうした廃仏毀釈による仏教弾圧と仏教寺院や仏像の破壊は，国家神道をより純化しようとする意図から行われた。修験道の場合には，存在自体が国家を中心にする体制とは合わずに，かつ土着の信仰と神道と仏教が離れがたく密接化しているために，禁じられ，廃止された。

　こうして，正式には修験道は失われることになり，次第に忘れさられた存在になった。ただし，霊山を象徴し信仰の地であった神社とその周辺の地域の人々の間で修験道は密かに伝えられていた。やがて，日本は第二次世界大戦で敗戦し，国家神道は廃棄されることになった。しかし，かつての信仰が戻ったわけではなく，経済復興と高度経済成長の時代を迎え，次第に神道や仏教などは単に祭事のためのサービス産業となり，かつての信仰は次第に見え難くなった。

　このような状況の現在においては，信仰の場所であった神社や仏閣をスピリチュアルスポットとして展開するためには，古来より伝えられてきた秘儀のストーリーを再び描くことが期待されることになる。この秘儀としての隠された儀式には，自分から脱皮することによってスピリチュアルな復活を遂げ新たな生を獲得するといったストーリーが存在している。このようなストーリーからスピリチュアルトポスを現出させることによって，不可視でありかつ不可触である隠された場所としてのブランディングやデザインのために戦略的に活用することがまさに秘教系モデルのデザイン戦略になっている。

(3)　神話系モデルの基本構造

　神話は，大きなストーリーを示し，シンボルや奇跡としての世界を描く。神

話のストーリーは，現在のわれわれの捉える現実や思考方法とは異なっており，真実の啓示や神の顕現としての宇宙の始まりを示している。現代でもさまざまなストーリーが神話として新たに生成されているが，古来より伝わる神話には長い歴史を経ることによって浄化され伝承されてきたという，信仰としての側面がある。同時に，かつては人の行動を支配する社会的規範や行動原則としても機能してきた。さらに，神話には原型（アーキタイプ）としての人類の記憶が存在しており，それゆえ神話がある種の集団的無意識として作用してきた。こう考えると，各地に点在する神話には型があり，そこから人類共通の繋がりがあると捉えられる (Eliade, 1957)。

　例えば，日本の記紀におけるストーリーは，地中海地方のギリシアに伝わる神話と相似形を示している。地下の冥府へ行った伊弉冉尊を連れ戻そうと黄泉<ruby>泉<rt>よみ</rt></ruby>の国に下りていく伊弉諾尊の神話は，エウリディケを探し地獄に行くオルフェウスの神話に重なっている。いずれのストーリーの結末も，最初の約束を守れずに妻の姿を見たことによって 2 人は引き離され，妻は地下に留まることになる。この神話が示すのは，大地の豊穣と死のストーリーである。

　こうした神話は，多くの人の拠り所として共有されてきたストーリーであり，規範であると同時に宗教的な意味を保持してきた。しかし，現在では共同体の規範としての機能は失われつつある。結果として，神話由来の場所として，各地に残る神社と仏閣は神話との結びつき自体が薄れ，存在の意味も失われつつある。

　スピリチュアルゾーンのデザインにおいては，これらの神話のストーリーと各地に残るスピリチュアルトポスを結びつけることで新たな関係をデザインすることが必要になる。それは，神話という強力なストーリーをコンテクストにしながら，神話とのつながりが薄れてきた各地の場所をデザインし直すことを意味している。このように，神話系モデルにおいては，神話と各土地のスピリチュアルトポスの結びつきを再びデザインすることが重要になる。

(4)　各事例の系モデルにおけるポジショニング

　ここまでは，神秘と秘教と神話を捉えた各モデルについてその展開の特徴と構造を考察してきた。各モデルに共通するのは，ストーリーと場所が結び付き，ストーリーを共有する地域の人たちによって伝えられてきた歴史を持つことであった。この歴史が，各場所を霊場や聖地，そしてパワースポットなどと呼ばれるスピリチュアルトポスとしてきた。

　しかし，近代合理主義の浸透と合理化と効率化の進展によって，かつての信仰は形のないものとして社会から隠れ見えなくなっていった。さらには，グローバル経済はそれまでの伝統的な血縁や地縁の共同体を崩壊させていった。この結果，地域の霊場や信仰の場所は急速に廃れていった。こうした近代化の進展はやがて大量消費の時代から高度消費社会へと変化していき，既存の消費物であるモノに拠らない，個人的な経験や内面性を求める精神性への回帰を示すようになっていった。

　スピリチュアルブームに代表される新たな市場の成長は，こうしたニーズの高まりを明確に示している。このスピリチュアル市場を支えるのは，信仰のストーリーを失い社会との関係性をなくした，いわば孤立した人々の不安感である。このような不安感がスピリチュアルなストーリーを求めている。このストーリーの展開として，新たな聖地や巡礼が生まれブームになっている[15]。現代において，人は自らがどこから来てどこへ帰るのかという根源的な問いの解としてのグランドストーリー（大きなストーリー）を求めている。

　このストーリーのひとつとして，ここにおいては神秘と秘教と神話をコンテクストに，スピリチュアルトポスを起点にした地域のスピリチュアルゾーンを描き出すことが，この問いへの答えになると考えられる。そのデザインは，地域のブランディングを超えて，人の生き方の問題と結び付いている。これはまた，同時に近代化と共に失われてきた人間のスピリチュアルな力を高めていくことでもある。それゆえ，本書においては，日本各地のスピリチュアルトポスを取り上げながら，地域のスピリチュアルゾーンのデザインを ZTCA デザインモデルを踏まえて示すことにした。そして，この考察を通じて，かつての霊

場をスピリチュアルトポスとして，祈りを集める場所へデザインするためのヒントになることを期待したい。

　なお，本書で取り上げる事例については，歴史性のある地域のスピリチュアルトポスを選択しながら，これらを神秘，秘教，神話から考察されることになっている。そして，このようなアプローチから，それぞれのスピリチュアルトポスの事例が，一体いかなるストーリーと深く結び付いており，また一体いかなるスピリチュアルモデルによって展開されるかが確認される。

おわりに〜スピリチュアルゾーンデザインによる地域創生

　スピリチュアルゾーンに対する地域ブランドとしての着目度の高さは，社会変化に伴う精神的不安感の高まりときわめて相似している。わが国では，近代化から敗戦を経て，高度経済成長からグローバル化へと向かう時代の流れの中で，これまでは至上価値として追求してきた経済的繁栄が揺らぎはじめている。近年では，従来の価値が変化し，経済発展がもたらした現在の社会が理想といえるのかという問いが生まれてきている。また，共同体から切り離された個として在ることへの不安が，来世や転生や占いのブームなどとして自らを根拠付けるストーリーへの依存になって現れている。そこに東日本大震災が発生し，不変と思われていた日常がきわめて脆く壊れやすいものであるという事実をあらためて突きつけられた。

　こうした状況は，かつて中世末に地震や気候変動による飢饉が続き，末法思想が流行った時代の状況に類似している。歴史上では，大きな変化に直面した際に，内面的な精神性に目が向き，心の安寧を求める動きが見られてきた。つまり，スピリチュアルがブームとなっているのは，現在が時代の転換点にあって，また混乱に直面している時代だからであろう。

　現在取り組まれている地方創生では，これまでの政策からの転換が掲げられている。これまでは，地方の労働力を都市へ集約しながら都市部を中心に産業を発展させていくことが，共通した近代化以降の国家戦略であった。地方を労

働力の供給地として都市が産業を牽引しながら，そこから獲得した富の再分配を国が行うことによって国全体が豊かになるという戦略であった。この戦略は，実体はともかく，多くの人がみんなが明日は今日より豊かになるというようなストーリーを信じて共有することによって支えられてきた。

　しかし，経済成長は鈍化し，情報通信技術の進展やグローバル化の流れの中において，万人が経済的繁栄を享受できるというようなかつてのストーリーは，格差が拡がるとともに有効性を失いつつある。周りを見渡せば，環境は荒廃するとともに人間の精神的不安も増大し，地方では多くの地域が消滅の危機に陥っている。このような状況に対して，政府は地方創生を掲げ，地方への産業誘致や観光業発展に力を注ごうとしている。観光地化のために地方の神社や仏閣のスピリチュアリティに注目した PR を行い，観光客を増やすことは，確かに地方創生が目指す方向性と一致している。

　とはいえ，このような観光地化による観光業の発展や都心からの産業誘致は，根本的にはこれまでの経済的繁栄と物的豊かさを至上とするストーリーの単なる地方版である。統治機構が上からの政治的圧力によって地方の経済を刺激することで発展させようとすることは，かつて行われてきたことの地方での再生版にすぎない。

　このようなスピリチュアルゾーンは，こうした国による統制の及ばないものとして，人々の間で信仰され，護られてきた歴史をもつ。むしろ各地の霊的なものを分断し，抑圧したのが各時代の統治機構であった。スピリチュアルゾーンのデザインについては，地方創生のひとつの施策である地方観光振興策というコンテクストに収まるものではない。スピリチュアルゾーンが人々から現在求められている理由は，これまでの近代化のストーリーとは異なるストーリーがそこにあるからである。近代化とは異なるコンテクストをもつストーリーとは，近代化以前にそれぞれの地域や人の間で伝えられてきた神秘であり秘教であり，そして神話なのである。

　こうしたスピリチュアルなストーリーを活かすためには，政府が大手のコンサルタントや広告代理店，さらには旅行代理店と組みながら，補助金をもとに

して広告をうち，各地に歴史博物館を設置することと完全に距離をおくことが強く要請されることになる。つまり，統治機構の政治的意図に左右されることなく，地域の人が主体になって，各地で伝えられてきたストーリーと自然環境を護り後世に伝えることである。それは，政治的意図によって引かれた地域の境界を越えて，スピリチュアルトポスを中心に地域のゾーンを描き直すことになる。そのためにも，近代化により見えなくなっていたスピリチュアルな場所の力を，再び活力あるものとすることが必要になる。

注
1）ヨアキム（1135-1202）は，フィオーレのヨアキム（Ioachim Florensis）と呼ばれる中世イタリアの神秘思想家である。その聖書解釈は終末論的色彩が濃いために，著作はキリスト教会から異端の判決を受ける。その思想はヨアキム主義として後世に影響を与えた。
2）それは形を変えて，シェリングやヘーゲルによる近世ドイツ思想に見られ，さらにナチスの第三帝国という呼び名にも表されている。
3）神智学協会の設立者であるブラヴァッキーの思想は，多くの芸術家や作家に影響を与えた。
4）アーサー・コナン・ドイル（A. C. Doyle, 1859-1930）。イギリスの医師，作家であり，シャーロック・ホームズの著者として有名である。心霊主義に没頭したことでも知られる。
5）アンリ・ベルグソン（H. L. Bergson, 1859-1941）。フランスの哲学者。生きた現実の直感的把握を捉えようとする思想から「生の哲学」といわれる。その一方で，神秘主義的側面もあり，英国心霊現象研究協会の会長を務めた。
6）ビートルズ（Beatles）のインド思想への傾倒が若者に影響を与えるなど，世界的ロックミュージシャンがニューエイジ運動の興隆の一翼を担った。
7）西欧社会では，キリストや聖人たちの遺品や遺骸は聖遺物と呼ばれ，それらを納めた場所には人が集まり，現在の各都市の原型を築いた（大澤，2011）。
8）キリスト教がローマ帝国の公教として各地へと布教する過程で，土着の信仰が形を変え吸収され，秘教や秘儀となっていった。これが例えば，古代ギリシアの地母神信仰や，ゲルマン神話や，ヘレニズム地方を起源とするグノーシス主義などである。そうしたさまざまな異教の流入によって，キリスト教では繰り返し何が正統かを定めるための神学論争や公会議が開かれ，その中で正統と異端を定めてきた。それは，教義の求心力を高め，教会としての権力を高めるためでもあった。このようにして異端と認定された教義は，追放や弾圧を受け，その結果秘教や秘儀として社会から隠れ，地下に潜伏していった。
9）隠れ里などの伝説が残る場所が多いようである。

10）こうした霊山への信仰には，神道や仏教として一般に広がった信仰とは異なり，山岳信仰としての古くからの信仰と同時に，仏教の中でも衆生を救う教えというよりも，神秘主義的傾向が強く，師から弟子への伝承を主とする，密教の影響を濃く受けている。その影響から，修行の場である山々は単なる山ではなく，スピリチュアルな体験が得られる他界として捉えられる。

11）記紀に描かれた，伊弉諾尊と伊弉冉尊の国づくり神話には，当時では，淡路島を中心に活躍した海人の間に伝わっていたと思われる海を中心とした世界の創造神話が見られる。また，3 貴神として知られる天照大神，月読命，素戔嗚尊は，農耕における太陽や月への崇拝を表し，大和朝廷が稲作を国家経済の基盤に据えたこととの関連を読み解くことができる。

12）オウム真理教や人民寺院の事件などが想起される。

13）そうした伝承のされ方をしてきたものとして，キリスト教が布教されていく前の前ギリシア時代の土着の宗教や，ヘレニズム地方を起源とするグノーシス主義の宗教など，正統な教義からは隠れた教えや儀式として潜伏し，形を変えて伝わっていったものがある。

14）里で暮らす人からは，このような山人との接触は，神秘的な力を持つ特殊な人や集団との出会いとして，山姥や天狗などの民話や伝説に形を変え，各地で伝承されてきた。このように，修験道は里の人からは，神秘に覆われた儀式や教えと捉えられてきた。

15）ここでの聖地や巡礼は，必ずしもかつての宗教的な意味合いを持たない。例えば，秋葉原はオタクの聖地であり，アニメやマンガに描かれた場所を実在する場所として訪れることが巡礼と呼ばれたりする。

参考文献

有元裕美子（2011）『スピリチュアル市場の研究〜データで読む急拡大マーケットの真実』東洋経済新報社。

磯村健太郎（2007）『〈スピリチュアル〉はなぜ流行るのか』PHP 研究所。

伊藤聡（2012）『神道とは何か〜神と仏の日本史』中公新書。

井筒俊彦（1980）「神秘主義の根本構造」『井筒俊彦全集第 6 巻』慶應義塾大学出版会，pp. 314-377。

井上順孝（2006）『神道入門〜日本人にとって神とは何か』平凡社。

内田樹・釈徹宗（2010）『現代霊性論』講談社。

内田樹・釈徹宗（2013）『聖地巡礼 Beginning』東京書籍。

内田樹・釈徹宗（2014）『日本霊性論』NHK 出版。

内田樹・釈徹宗（2015）『聖地巡礼 Rising』東京書籍。

大澤真幸（2011）『〈世界史〉の哲学　中世篇』講談社。

岡本亮輔（2012）「聖地巡礼とツーリズム」高橋典史・塚田穂高・岡本亮輔編著『宗教と社会のフロンティア〜宗教社会学からみる現代日本』勁草書房，pp. 109-127。

門田岳久（2013）『巡礼ツーリズムの民族誌〜消費される宗教経験』森話社。

小室直樹（2000）『日本人のための宗教原論』徳間書店。

高橋巖（1980）『神秘学講義』角川書店。

武光誠（2003）『日本人なら知っておきたい神道』河出書房新社。

西平直（2010）『魂のライフサイクル～ユング・ウィルバー・シュタイナー』東京大学出版会。

原田保（2014）「地域デザイン理論のコンテクストデザイン―ZTCAデザインモデルの提言」地域デザイン学会誌『地域デザイン』第4号，pp. 11-27。

原田保（2015）「『第3のゾーン』としての『リージョナルゾーン』に関する試論―『編集域』としての『グローバルリージョン』と『ナショナルリージョン』の提言」地域デザイン学会誌『地域デザイン』第5号，pp. 9-29。

平野直子（2012）「拡散・遍在化する宗教」高橋典史・塚田穂高・岡本亮輔編著『宗教と社会のフロンティア～宗教社会学からみる現代日本』勁草書房，pp. 91-108。

吉福伸逸（2005）『トランスパーソナルとは何か～自我の確立から超越へ』新泉社。

Eliade, M.（1957）*Mythes, Réves et Mystères*, Gallimard.（岡三郎訳（1972）『神話と夢想と秘儀』国文社）

Golowin, S., M. Eliade. and J. Campbell（2002）*Die großen Mythen der Menschheit*, Orbis.（上田浩二・渡辺真理訳（2007）『世界の神話文化図鑑』東洋書林）

Leed, E. J.（1991）*The mind of the traveler*, Harper Collins.（伊藤誓訳（1993）『旅の思想史～ギルガメシュ叙事詩から世界観光旅行へ』法政大学出版局）

Losev, A. F.（1930）Диалектике Мифа, М.：Правда.（大須賀史和訳（2006）『神話学序説』成文社）

Ohler, N.（1986）*Reisen im Mittelalter*, Artemis, München.（藤代幸一訳（1989）『中世の旅』法政大学出版局）

Parrinder, G.（1995）*Mysticism in the world's religions*, Oxford.（中川正生訳（2001）『神秘主義』講談社学術文庫）

第Ⅱ部

"神秘" による
「スピリチュアルゾーンデザイン」

第 3 章

事例①＝「伊勢神宮」と「伊勢市」

原田　保
照井　敬子

はじめに～伊勢神宮による伊勢市の地域価値の発現

伊勢神宮（正式には「神宮」）は，わが国では最も格式が高く，別格としてポジショニングされる神社であるにもかかわらず，このことは一般の人々にさほど強くは認識されていない。国家そのものを背景にした，しかも神話の時代からの権威を一身に背負うこの神社は，地域のブランディングにおいて多大な効果を発揮している，最強のパワースポットである。そこで，これを戦略的に活用した地域価値の発現を可能にさせるべく，本章では地域ブランディングの新たな提言が試みられる。

ここではコア地域はひとまず現在の伊勢市に設定するが，併せてこのブランドのさらなる戦略的活用を指向する方法が模索される。その意味では，議論の対象は，検討すべきゾーンとしては第 1 章の論述とは異なり，伊勢市という現

図表 3-1　伊勢市周辺地図

出所）稲本他（2000），巻末地図をもとに筆者作成

写真 3-1　伊勢神宮内宮正宮

写真 3-2　伊勢神宮外宮正宮

在の行政単位でのゾーンということになる。

　ここで注目すべきトポスとしては，伊勢神宮との関連性が強いものに限定し，これらとコアトポスである伊勢神宮が醸成する神秘を捉えたスピリチュアリティを追求する。このような点から，トポスデザインやコンステレーションデザインが考察されることにもなる。併せて，これらとの関係を踏まえ，地域におけるデザイン行為の主体であるアクターたちやアクターズネットワークに関するデザインについても言及が行われる。つまり，地域ブランディングのコアトポスである伊勢神宮ゆかりのトポスとその直接的な影響圏である伊勢(市)ゾーンをめぐって新たな戦略的思想が提示されることになり，またこれを踏まえた展開案についても論述が行われる(図表3-1)(写真3-1，3-2)。

第1節　地域ブランドとしての「伊勢」に見出される特徴

　日本における最強のパワースポットである伊勢神宮は，伊勢市内に存在している。この伊勢神宮をコアトポスにした伊勢というブランドが地域価値の発現のために最大の効果を発揮する地域ブランドこそが，まさにこれから議論する地域ブランドとしての伊勢なのである。

　伊勢という地域ブランドの対象ゾーンとして考えられるのは，旧伊勢国，現在の伊勢市，およびこれらより広域の周辺まで含めた広域伊勢ゾーンという3つのゾーンであろう。実は，これらのいずれのゾーンにおいても，もちろん伊

勢というブランドを活用したブランディングは可能である。しかし，本章では，名称が同じである現在の伊勢市というゾーンを，伊勢を活用した地域ブランディングのための一義的なゾーンに設定する。また，ここにおける主題については，伊勢神宮を戦略的に活用した神秘系スピリチュアルブランディングの構築から地域デザインへのアプローチがなされる。

(1)　わが国最強のパワースポット＝「伊勢神宮」のスピリチュアリティ

　ここで取り上げる伊勢神宮とは，皇室の御祖神である天照大神（天照大御神）[1]を御祭神にする日本最高峰の神宮であり，その正式名称を「神宮」とされるわが国における唯一の存在である。

　この神宮とは，天照大神を祀る皇大神宮（内宮）（図表 3-2），豊受大神宮（外宮）のみを指すのではなく，内宮・外宮の御正宮と別宮，および摂社，末社，所轄社からなる 125 社の総称である。記紀によれば，天照大神が伊勢の地に鎮座したのは垂仁天皇の時代であるといわれている。豊受大神宮に祀られる豊受大神は，第 21 代・雄略天皇の時代に天照大神の食事の世話をする神として丹

図表 3-2　伊勢神宮内宮配置図

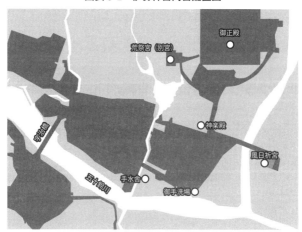

出所）黒田茂夫（2011）『ことりっぷ伊勢志摩』昭文社，
　　　p.25，伊勢神宮内宮配置図をもとに筆者作成

後国から迎えられて，内宮からほど近い度会の地に鎮座したとされている。この神宮では，神への感謝と未来への祈りを込めた祭祀が，年間を通じて1500回も行われている。20年に1度行われる式年遷宮については，光の視点からは最も著名な祭祀であるのだが，神宮における祭祀の原点は外宮の御饌殿にて毎日行われる日別朝夕大御饌祭である。この祭りは，1日に2度，1500年もの間毎日欠かさずに行われてきたものであり，これについては大切な神との時間と空間が存在しているとされている。

(2)　未確立な「別格ブランド＝地域デザインへの伊勢神宮」の活用

　伊勢神宮は，近年におけるスピリチュアルブームや式年遷宮などのトピックスもあり，伊勢・志摩と称される観光地で最も著名な観光スポットになっている。もちろん，このスピリチュアルブームは決して悪影響のみを与えているのではない。実際，2015年の神宮式年遷宮を記念して2012年に外宮敷地内に博物館「せんぐう館」を設立したように，神宮サイド自体も観光の戦略的活用など，一般の人に対する啓発活動の取り組みを行っている。例えば，この博物館における展示やイベントを通じて，神宮においては神道や神宮参拝の理解を促す取り組みなども行われている。しかし，ここを訪れる参拝客の多くは，単に自らの御利益と観光を求めるために，時短コースと言われる内宮とこれに連なるおかげ横丁を闊歩している。加えて，日本人よりもスピリチュアリティの本質的な価値を理解できている主に欧米人に対するインバウンド対応を行っているにもかかわらず，現時点では世界遺産を有する広島県や華やかな京都などの観光地には大きく水をあけられている。

　また，広く外に目を向けると，社会全体の近年におけるストレス社会の増幅，人口減少と超高齢化，地域コミュニティの崩壊，2011年の東日本大震災などの人知を超えるような災害の発生，加えてあまりに行き過ぎたグローバル化による格差の世界的な拡大，そして世界各地における紛争，自然環境の悪化など，われわれは人が生きることに対する多大な不安を抱えている。

　ところで，祭祀や神社参拝などを通じて古来日本人の生活と精神に根付いて

きた神道やスピリチュアリティがカバーすべき領域については，単に知識レベルの満足や娯楽などではなく，生きることへの応援や癒やしであろう。このような問題意識に基づきながら，本章では，伊勢神宮が古代からずっと日本最高の格式を保持する神社であり，また唯一「神宮」と称される特別な存在であること，そして日本人のアイデンティティを見直していのちを謳歌するため有効な価値転換装置になりうることなども論じたい。

第２節　「伊勢」ブランドのコンテクストデザイン＝日本最強のスピリチュアルブランド

　本節においては，ZTCA デザインモデルに依拠しながら，前述した課題を克服するための方法論が提示される。これによって，伊勢市における地域デザインの基本的な方向性が明らかになる。ここでは，日本最強のスピリチュアルゾーンとしてのアイデンティティ形成に向けた構想が披露される。また，これを通じて，多くの人は伊勢神宮というパワースポットを戦略的に活用した地域デザインの必要性を正確に理解できるようになるだろう。

(1) 「伊勢」のゾーンデザインへの活用＝ゾーンとしての「伊勢市」

　伊勢神宮が皇祖神として見なされるようになった律令制度の時代は，地方行政組織の整備がはじまった時代でもある。このような流れのなかにおいて，15世紀中頃までには，伊勢・伊賀・志摩の三国が分立した形態のままでそれぞれに国が発展していった。こうして生まれた伊勢国は，現在では桑名市，いなべ市，四日市市，鈴鹿市，亀山市，津市，松阪市，伊勢市の８つの市と度会郡，多気郡の２つの郡に分割された形態で存在している(図表 3-1, 3-3)。

　伊勢神宮については，単なる三重県観光のフックの１つとしてではなく，世界中のスピリチュアルトポスとも互角に戦える，日本屈指のスピリチュアルゾーンを捉えた地域ブランドを形成するトポスとして期待される。それゆえ，伊勢のゾーンデザインについては，旧伊勢国という地域の範囲内で，加えて歴史

的にかつ現在の伊勢市の市政の影響力が行使できる地域にするため，現在の伊勢市の範囲のみがゾーンとされた（図表3-4）。

　このゾーンにおいては，伊勢神宮を徹底的に活用すべく，伊勢神宮ゾーンという，すべてが伊勢神宮との関連を徹底して活用したブランディングが期待される。まず，東海道新幹線における基幹駅の1つである名古屋駅や海外旅行客がアクセスしやすい中部国際空港セントレアは，伊勢神宮に至る経由地として大事なトポスになる。特に広域からの吸引力を増大させるためには，伊勢神宮のこれらのトポスとの連携戦略の効果的な推進を急ぐべきである。さらに，空港付近の船着き場から松阪までの高速船やバスなどの利便性をさらに向上させ

ることによって，神宮参拝に対する交通面の障壁を低くしていく必要がある。これに伴い，現在すでに伊勢で展開されているバリアフリー観光を，名古屋にまで波及させていくことなども急務の課題である。

　通称が「伊勢神宮」である「神宮」とは，皇大神宮（内宮），豊受大神宮（外宮）のほか，14の別宮，43の摂社，24の末社，42の所管社，合計125社の総称である。この所在地は，伊勢市を中心に伊勢に隣接する度会郡，多気郡，志摩市，鳥羽市の一部にも及んでいる。ここでは，伊勢神宮との関係の濃淡を捉えて，伊勢神宮のトポスとしての価値が多大であると推察できる

図表 3-3　15世紀中頃の伊勢国

出所）稲本他（2000），p.132，地図「文明年間（1469〜87）の警固」をもとに筆者作成

図表 3-4　伊勢神宮によるスピリチュアルゾーン

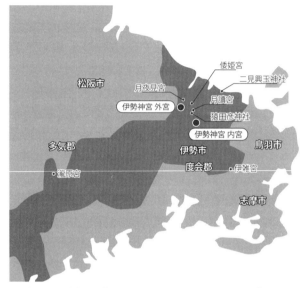

出所）黒田茂夫(2011)『ことりっぷ伊勢志摩』昭文社，付録②伊勢志摩
全体 MAP をもとに筆者作成

地域に限定し，トポスの影響圏として伊勢市とは別途の関連ゾーンを戦略的に
設定した。当然ながらこれは１つの仮説であり，科学的な合理性がある絶対的
なゾーニングではない。ここで設定したスピリチュアルゾーンとしての伊勢ゾ
ーンは，伊勢市，度会郡大紀町，志摩市磯部町という限定的な３つの地域であ
る。

⑵　「伊勢」のトポスデザイン＝「伊勢神宮」との連携トポス化

　伊勢神宮 125 社の中で特に聖地と呼ぶにふさわしいトポスについては，正宮
である皇大神宮(内宮)，豊受大神宮(外宮)，内宮の別宮である荒祭宮，月讀宮，
倭姫宮，伊雑宮，および外宮の別宮(わけみや)である多賀宮，土宮，風宮，
月夜見宮があげられる。また，伊勢神宮創祀にまつわる神話に関連の深いサブ
的なトポスとしては，猿田彦神社，二見興玉神社などがあげられる。

　記紀に記された神話に男女の神として登場するのが，伊弉諾尊と伊弉冉尊の2神である。これらの神は，最初に出現した神のいのちによって日本の国土（大八島）と海，風，水，山，火などの八百万の神々を生み出した。そして最後に，火の神を生んだ際に伊弉冉尊はミホト（女陰）を焼かれて死に，黄泉の国（死の国）に赴く。そして，妻の死を悲しんだ伊弉諾尊は黄泉の国へ向かうのだが，変わり果てた妻の姿に驚いて逃げ出してしまった。黄泉の国から逃げ帰り阿波岐原の河原で禊祓2)をしたところ，左目を洗った際に天照大神，右目を洗った際に月読尊，鼻を洗った際に素戔嗚尊を生んだとされる。

　さて，禊祓という行為から神が生まれた神話には大きな意味が読み取れる。これは，自らの身と心を清める行為であるとともに，法令順守の枠を超えて神の心に照らしても恥ずかしくない心構えや行いを大切にする恥を知る精神を表していると理解できる。

　天照大神の子孫である邇邇芸命（瓊瓊杵尊）が地上を治めるため降臨した際に，天照大神から授けられた三種の神器のうち，八咫鏡と天叢雲剣を祀るのにふさわしい地を探すために，垂仁天皇の命を受けた皇女である倭姫命が紀国（三重県南部），大和国，尾張国，伊勢国などを巡歴して，やっと巡り会ったのが現在の地であった，とされている。このように，伊勢神宮には日本の国生み，八百万の神の誕生，皇大神宮（内宮）創祀にまつわる神々が祀られており，ここはアニミズムに立脚した日本人のアイデンティティの原点であり聖地でもあると言える。

(3) 「伊勢」のコンステレーションデザイン＝日本人のアイデンティティのシンボルである「伊勢神宮」

　生きることと稲作が強く結び付いていた古代においては，日の神である天照大神は，多くの民衆にとっては厚い信仰の対象であった。記紀から読み取ることができる日の神のみならず，自然のいたるところに八百万の神が存在するという思想が見出されることは，人間が自然界を構成するほんの一部にすぎないことを知っていたあるいは感じていたという明確な証であろう。これについて

は，スピリチュアリティを縁起物のように捉えるようになった現代とはまった
く対極に位置する捉え方である。

　このように，われわれ日本人は自然を八百万の神として崇拝してきた歴史を
持っており，自然や地域社会とともに生きてきた。しかし，近年においては，
人間と人間を取り巻くさまざまな環境や生態系の健康が損なわれてしまった。
それゆえ，われわれは健康を身体のみではなく地域社会や人類，自然環境とい
う枠組みから捉え，これらが調和してこそ真に健康な状態であるという考えに
基づいて考察を行う。われわれ日本人にもともと備わっている自然崇拝や想像
力に満ち溢れた相互扶助の精神をベースとし，自己を超えて社会や環境のこと
までも考慮した生き方の追求，つまりゆっくり・じっくりとした関係性に基づ
いた日本人としてのアイデンティティを再構築することが，急務の課題になる。

　武光（2003）によれば，古来の神道ではすべての生き物が楽しく過ごす在り様が，
「産霊[3]」とよばれる最高の境地である。また，神は生命のないところから萌
え出ることで生き物を生み出すことをつかさどるものとされたことから，生命
力を神格化したものが尊い神であるとしたのである（武光，2003，pp. 3-14,
p. 35）。

　ここでいうところの神とは，自然界に存在する八百万の神のことである。岡
田（2010，p. 329）においては，これに関連して，神道とはまっさらな心で神前に
向かうことで自身の生き方を見極め正すあるいは取り戻す心の浄化装置である
と述べている。また，これらの神道の解釈に立脚しながら，伊勢神宮のコンス
テレーションを，日本人のアイデンティティ再構築のための装置として捉える
スピリチュアルケアであるとしている。

⑷ 「伊勢」のアクターズネットワークデザイン＝「スピリチュア ルケア」のための全国ネットワーキング

　スピリチュアルケアが世界で注目され始めたのは，1998 年に WHO（世界保
健機関）で行われた憲章前文の健康の定義に関する改訂議論が大きなきっかけ
であった。この改訂案のポイントは，新たに「スピリチュアル」「ダイナミック」

という2つの語が入ったことである。これによって，健康の定義に対して，「健康とは，完全な肉体的，精神的，スピリチュアル及び社会的福祉の動的状態であり，単に疾病又は病弱の存在しないことではない」(高木，2014，p.48)という提案がなされた。残念ながら現時点でこの改訂案は採択されていないものの，終末医療においては，この議論を通じて従来の儀礼・儀式としてのパストラルケアが，死にゆく者へ魂を寄り添わせるスピリチュアルケアへと広がっている。さらに，鎌田編(2014a)によると，東日本大震災の被災者には「心のケア」という言葉や方法では対処することができないほどの深い喪失や絶望や悲観があることを踏まえて，一歩踏み込んだ対人援助が求められ，このことがグリーフケアやスピリチュアルケア，寄り添い，傾聴ボランティアというようなケアの在り様として現れている(鎌田編，2014a，pp.4-5)。

　このスピリチュアルケアの解釈はさまざまであるが，ここでは高木(2014)による以下の仮説を採用していきたい。もしスピリチュアルケアがいのちをケアすることだと考えるなら，死に直面した際に既存の宗教の枠組みを超えた，おおいなるものの存在に導かれてこれからの恵みを受け取ることができたときに，いのちが永遠に続くと信じることができてきていのちが平安を取り戻すことになる(高木，2014，p.57)。このようなことが八百万の神とこれらが生み出した産霊なのであり，これこそ伊勢神宮そのものなのである。それゆえ，スピリチュアルケアによるアクターズネットワークは，単に伊勢に特定するのではなく，むしろ日本中の終末医療に携わるプロフェッショナルや大切な人を亡くした遺族によるネットワークこそがふさわしいだろう。

第3節　地域ブランドとしての「伊勢」ブランドの展開方向

　スピリチュアリティがカバーする領域は，人の健康に限定されることなく，人が生活を営む地域社会や国際社会，そして地球環境までを包括的に捉えていることは，現在のWHOの健康の定義を鑑みれば明らかである。前節において示した死生観の中で，いのちのケアはもちろんのこと，日々の生活のなかにお

図表 3-5　全人の 4 つの側面

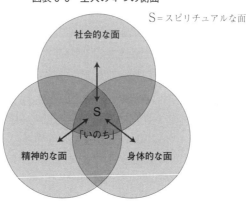

出所）高木(2014)，p. 66，図 4「スピリチュアリティとおお
　　　いなるものの関係」を筆者加筆修正

いていかに「おおいなるもの」を感じながらいのちを謳歌するのかという問い
かけに対しても，古代から続く神との接点を顧みることによって解を導くこと
が可能であろう（図表 3-5）。

　さらには，ここで紹介したスピリチュアルケアを例えば平和や地球環境保全
の視点から読み解くことによって，伊勢神宮を平和や地球環境保全を象徴する
グローバルブランドとしての展開が可能になると思われる。

(1)　「身近な神」からのコンテクスト転換＝「スピリチュアルケア」
　　の社会的象徴

　前節において述べたスピリチュアルケアの効果は，死に直面した場面のみで
発揮されるものではない。このスピリチュアルケアは，健康に問題がない場合，
つまり普通の日常生活においてさえも有効である。

　古来，日本人にとっては，神は生活のあらゆる場面に存在していた。例えば，
農作物や狩りの獲物などの自然からの恵みは，神からの授かりものであると考
えられてきた。それゆえ，地域で行われている春祭りと秋祭りは，それぞれに
豊作を祈る神事と収穫に感謝する祭祀として古くから続いている。また，お宮

参りや子どもの成長の節目を祝う七五三についても，近代以前から続くしきたりを守りながら現在も行われている神事である。これらは，単に伝統を守るという意識から受け継がれてきたものではなく，神様に子どもの健康を祈願する習慣として現在にまで受け入れられてきたと考えるべきである。このように，神とのつながりは地域のみならず，例えば個人や家族というような単位においても多様に見出すことができる。これらの行事によって，人は季節の節目やそれぞれのライフステージの節目に，それぞれが関わる各地域においてゆるやかではあるものの確固たる絆を結んでいる。

　例えば，前述した神への感謝や祈りについては，現在も人間にとって自身や自身を取り巻く小さな社会において何らかのつながりを見出すためのひとつの契機になっている。また，もし人がもっと大きな枠組みの中で生きていることを感じられるならば，感謝や祈りの対象はより広い世界へと拡大することになろう。こうして，自身や周りで生きる他の生物のいのちを慈しむこころが現出するようになる。

　こう考えると，自身の身近な地域の祭りの主催者が，氏神のプロフィールや祭りにおける地域ごとの特徴あるしきたりを氏子である地域住民に継続していく際の担い手になるようにすべきである。こうすることで，地域におけるつながりの形成に向けた活動が，次第に地域のアクターの中に生まれてくる。

　そのためには，例えささやかであっても，始めの一歩としての何らかのアクションが必要となる。例えば，地域の祭りでは，そこに暮らす地域住民に対してさまざまな慣習やこれに依拠した作業を周知させることなどがきわめて大事になってくる。具体的には，前日からの禊ぎや精進潔斎[4]（しょうじんけっさい），神迎え，さらには宵宮[5]（よいみや），そして当日の神楽奉納や神輿の練り歩き，神送りなどを，神社のみならず地域住民が自身で運営していくことが，地域におけるコミュニティ形成のためには大事な試みになる。

⑵ 「伊勢」ブランドの未来展望＝伊勢神宮を価値転換装置とした グローバルスピリチュアルケア活動の推進

　神の前で身を正すことやいのちを慈しむという精神性は，決して日本人のみ の特性ではない。自然災害や紛争が絶えない，そして不均衡を生むグローバル 化が加速する国際社会においては，他者を含めたいのちを慈しみ，感謝や祈り を捧げることが必要不可欠である。そのためには，神道との親和性が高い海外 の人々，例えばエシカルを自らの規範として行動する人々などに対して，伊勢 神宮をスピリチュアルケアの聖地として認識させていくことも大いに意義深い 試みであろう。

　現在注目度が高まりつつある口コミ旅行サイトのトリップアドバイザーが発 表した外国人に人気のある観光スポット 2015 のランキングでは，世界的な平 和の象徴となっている広島平和記念資料館や，自然と調和した荘厳な佇まいの 厳島神社などの広島県所在の観光地が上位に名を連ねているにもかかわらず， 伊勢神宮をはじめとする三重県の観光地はランク外のポジションに甘んじてい る。平和記念資料館の原爆ドームと厳島神社は，世界遺産というインバウンド において圧倒的なアドバンテージを獲得している。このような現状を踏まえれ ば，伊勢神宮の行うべきインバウンドにおける戦略は，むしろ世界遺産などに 認定されていないことを活用し，単なる観光地ではないという逆張りの戦略を 展開することになる。こう考えると，世界遺産の登録申請にそぐわないといわ れる理由[6]こそが，伊勢神宮にとっての最大のアドバンテージになる。

　神々の住まわれる社殿を 20 年ごとに建て替える式年遷宮は，古くは持統天 皇の時代からおよそ 1300 年にもわたって営々と繰り返し行われてきた。これは， 生物が生と死を繰り返しながら，いつでも若々しく瑞々しくあり続けたいとい う常若という神道の考え方に基づいた神宮の繰り返しの美学(河合，2013，p. 4) なのであり，またこれこそが神宮を古くて新しいと言わしめる所以である。こ うして，天と地の恵みとして春には種を蒔き，秋に収穫するという繰り返しの 行為によって，いのちを営み，自身の肉体が滅んでしまっても子孫によってそ のいのちがつながっていくことになる。このような常若という思想は，本章で

論じてきた日本人の死生観や労働観に対しても多大な影響を与えている（河合, 2013, p. 4）と言われているが，これこそがスピリチュアルケアの真髄であろう。

おわりに～伊勢神宮の神秘性の社会的活用への期待

　本章では，スピリチュアリティに依拠した神秘主義（ここでは日本の神道がこれにあたる）的思想を核にして，わが国において別格神社とされる伊勢神宮をスピリチュアルなトポスとして捉えた地域デザインに関するひとつの提言が行われてきた。具体的には，御利益を期待する場所から，いのちを見つめる場所へと神社の価値転換を図るとともに，併せて主に三重県内に存在するアクターを活用する観光なのではなく，広く日本中に存在する終末医療に携わる人々や神社に関わる人々が中心となるスピリチュアルケアの実践についての重要性に関する提言であった。

　また，常若の思想を持つ伊勢神宮をグローバルスピリチュアルケアにおける価値転換装置として捉えながら，この伊勢神宮を日本におけるインバウンドの重要なスピリチュアルトポスに位置付けることも主張された。しかし，現地の観光実務に携わる人々は三重県自体への国内外観光客数が思うように増えない現状を嘆くばかりであり，ともすると伊勢神宮ブランドをひとつの三重県観光のためのコンテンツとして使い倒してしまう可能性がある。

　このような状況を継続すれば，日本の宝ともいうべき大事なトポスをどこにでもあるコンテンツにしてしまうことになる。その意味では，脱伊勢を指向したネットワーク形成，スピリチュアルケアという脱観光視点からの伊勢神宮のトポスブランドの確立，およびこれを踏まえた伊勢市のゾーンとしての確立が大いに期待されることになる。

　このような考え方に立脚し，例えば伊勢神宮を三重県ではなく日本を象徴するシンボリックな存在として位置づけることにより，原爆ドームや嚴島神社に匹敵するインバウンド対応の強力なフックとして広報活動や受け入れ体制などの環境整備を行うべきである。

　繰り返しになるが，ここで提言したスピリチュアルケアという実践を伴うアクティブな行為と格式の高い日本の神社との連携による地域ブランディングが，社会課題対応からの地域デザインには有効な策であると考えられる。このように，神秘的アプローチによる地域ブランディングの展開と，これを梃にしたゾーンデザインが，宗教的な側面を超えて深く生活の実態に踏み込んだ展開をすることが重要になる。このようなアプローチは，今後のわが国における地域デザインにおいてきわめて大きな貢献となるはずである。

注
1）古事記・日本書記（記紀）で語られる神話の中で天上界を支配する最高神として登場して，地上統治のためにその孫である邇邇芸命を天降り（天孫降臨）させて，邇邇芸命の子孫（天照から6代目）が初代天皇（神武天皇）として即位したとされる。
2）良心に恥じる行為，罪である穢れを払うために，川の流れや海で身をすすぎ洗い清めることである。
3）今日の「縁結び」の概念につらなる，新たな生命を生むことをさす言葉である。
4）身を清めること。
5）神社で祭りを行う前日に，供え物をし，夜通しかがり火を灯し，神殿で迎えられた神に休んで頂くことである。
6）伊勢市公式ホームページにて市民の声による提案の回答として，伊勢神宮の世界遺産申請について次のように掲載されている。「神宮司庁へ意向を確認しましたところ，遷宮により20年に一度社殿を建て替える行為が，保護を目的とする世界遺産の趣旨にそぐわないという理由で，登録申請することは難しい旨回答をいただきました（2010年8月回答）」。

参考文献
伊勢市公式ホームページ
　　　http://www.city.ise.mie.jp/dd.aspx?moduleid=10761&category=kanko&mis-id=2728（2016年1月11日アクセス）。
伊弉諾神宮公式ホームページ
　　　http://izanagi-jingu.jp/hp/（2016年1月19日アクセス）。
稲本紀昭・駒田利治・勝山清次・飯田良一・上野秀治・西川洋（2000）『三重県の歴史』山川出版社。
内田樹・釈徹宋（2014）『日本霊性論』NHK出版。
内田樹・中田考（2014）『一神教と国家〜イスラーム，キリスト教，ユダヤ教』集英社。
瓜生中（2007）『知っておきたい日本の神話』角川学芸出版。
岡田荘司（2010）『日本神道史』吉川弘文館。

鎌田東二編（2014a）『講座スピリチュアル学　第1巻〜スピリチュアルケア』ビイング・ネット・プラス。

鎌田東二編（2014b）『講座スピリチュアル学　第2巻〜スピリチュアリティと医療・健康』ビイング・ネット・プラス

鎌田東二編（2015a）『講座スピリチュアル学　第3巻〜スピリチュアリティと平和』ビイング・ネット・プラス

鎌田東二編（2015b）『講座スピリチュアル学　第4巻〜スピリチュアリティと環境』ビイング・ネット・プラス

河合真如（2013）『常若の思想〜伊勢神宮と日本人』祥伝社。

櫻井治男（2014）『日本人と神様〜ゆるやかで強い絆の理由』ポプラ社。

高木慶子（2014）「現場から見たパストラルケアとスピリチュアルケア，グリーフケア」鎌田東二編『講座スピリチュアル学　第1巻〜スピリチュアルケア』ビイング・ネット・プラス，pp. 42-68。

武光誠（2003）『日本人なら知っておきたい神道』河出書房新社。

千種清美（2012）『伊勢神宮〜常若の聖地』ウェッジ。

トリップアドバイザー「外国人に人気の日本の観光スポットランキング 2014」https://www.tripadvisor.jp/pages/InboundAttraction_2014.html（2016年1月19日アクセス）。

トリップアドバイザー「外国人に人気の日本の観光スポットランキング 2015」http://tg.tripadvisor.jp/news/ranking/inboundattraction_2015/（2016年1月19日アクセス）。

蓮見清一（2013）『日本の神様のすべて』宝島社。

松岡正剛（2006）『17歳のための世界と日本の見方〜セイゴオ先生の人間文化講義』春秋社。

三重県高等学校日本史研究会（2007）『三重県の歴史散歩』山川出版社。

第4章

事例② = 「嚴島神社」と「宮島町(旧)」

河内　俊樹

はじめに〜スピリチュアリティから捉えた「宮島」と「嚴島神社」

　本章では，近年，聖地やパワースポットとして紹介される機会も増えた「宮島」と「嚴島神社」について取りあげる。宮島と嚴島神社は，日本有数の観光スポットであると共に，古来より，神秘性に満ちたスピリチュアルトポスとして崇められてきた場所でもある。それは，弘法大師や平清盛，毛利元就，豊臣秀吉など，この地を深く信仰した歴史上の人物が存在することからもうかがい知ることができる。宮島と嚴島神社のスピリチュアルゾーンデザインについて考察していくにあたり，以下では，本書の主題のひとつである神秘性を捉えたスピリチュアリティに焦点を当てて考察を行っていく。

第1節　地域ブランド視点からみた「宮島」と「嚴島神社」

　本節では，まず地域ブランディングに必要とされる基本的な事項の整理をしていくことにする。具体的には，宮島のプロフィールと嚴島神社のプロフィールについて，それぞれゾーンとトポスという視点から概括的に紹介をしていく。これらを踏まえて，宮島と嚴島神社をめぐる地域デザインに関する固有の展開

が模索される。

(1)　「宮島」と「厳島」という2つの呼称の併存

　瀬戸内海に位置する「宮島」は，「安芸の宮島」と称され，一般的には厳島神社が建立する島として知られている。ところが，この「宮島」として知られる島は，正式には「厳島」と呼ぶのが正しく，「宮島」は俗称であることに注意しておく必要がある。われわれが推察するところでは，島を観光的側面から指すときには「宮島」，学術的・行政的側面から指すときは「厳島」といわれることが多いようである。本章では，コンテクストに合わせる形で両者を使い分けていくことに努めるが，「厳島」という語意を強調したいときには，意図的に「厳島」を使うこともある。

　厳島は広島県の最西端に位置しており，広島市中心部からは約20kmの南西海上にある。北東約9km・南西約4kmの長方形に近い形をしており，周囲は約30kmであり，面積は約30.2k㎡である。中国山地の断層運動による地塊の1つで，約6000年前に氷河が融解した際の海面上昇によって島になった[1]。この厳島は，行政区分上元々は宮島町に位置していたが，2005年に宮島町が廿日市市に合併したことで，広島県廿日市市に編入されることになった。

　宮島への観光客数は，年間400万人程度である[2]。1996年に世界文化遺産登録を受けて以降，宮島への入島者数は年間260万人程度であったが，2007年に『ミシュラン実用旅行ガイド』[3]へ宮島や嚴島神社などの掲載が決まったことを皮切りに年間340万人へと増加し，2012年のNHK大河ドラマ『平清盛』で注目されたことを受けて年間400万人にまで増加した。

　2015年6月に刊行された『ミシュラン・グリーンガイド・ジャポン』(改訂第4版)には，宮島にある観光名所が数多く掲載されている[4]。宮島，嚴島神社，大鳥居，弥山展望台からの眺望[5]がそれぞれ三つ星，大聖院が二つ星，五重塔(豊国神社)，宮島歴史民俗資料館がそれぞれ一つ星を獲得している。また，第4版では，新たに宮島水族館も掲載された。

(2) 世界遺産である「嚴島神社」にみる史的プロフィール

嚴島神社は，593年(推古元年)に佐伯鞍職により創建された[6]。平安時代後期の1168年(仁安3年)には，佐伯景弘が，嚴島神社を崇敬した平清盛の援助を得て，今日のような廻廊で結ばれた海上社殿[7]を造営した。本殿以下37棟の本宮(内宮)と，対岸の地御前に19棟の外宮が設けられ[8]，すべてが完成するまでには，数年の歳月が費やされた(図表4-1)。

嚴島神社は，社殿が洲浜にある海上社殿であるため，海水に浸る床柱は腐食しやすく，また長い歴史の間に幾度となく自然災害や火災に見舞われてきた。その度に，島内外の人々の厚い信仰心に支えられて修理再建され，今日まで荘厳華麗な姿を伝えている。嚴島神社の社殿の主要部分はほぼ平安時代に造営されたが，その後2度の火災に遭い，現在の本社本殿は1571年(元亀2年)，本社本殿の脇にある客神社は1241年(仁治2年)の建築である。細部にはそれ

図表4-1　嚴島神社(内宮)の見取り図

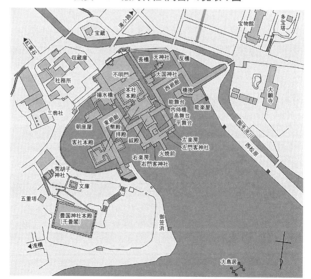

出所) Miyajima(宮島観光公式サイト)HP「嚴島神社:嚴島神社の特徴: 社殿見取図」http://www.miyajima-wch.jp/jp/itsukushima/03. html(2015年12月27日アクセス)

ぞれ再建された時代の特色が見られるものの，全般に造営当初の様式を忠実に守っており，平安時代末期の建築様式を知ることができる貴重な遺産となっている。108間(約200m)の廻廊が結ぶ社殿は，寝殿造りの影響を強く受けている。寝殿造りとは，平安貴族の住宅様式で，敷地の中央に寝殿(正殿)と呼ばれる中心的な建物，その東西に対屋と呼ばれる付属的な建物を配し，それらを通路で結ぶ対称形の配置を基本とするものである。その寝殿の前面には，舞や儀式の場となる庭，その先には池も設けられる。嚴島神社はその寝殿造りの様式を神社建築に巧みに取り入れ，瀬戸内海を池にみたてた壮大な発想で平安の雅を映したことから，究極の日本建築と称されている。

　また，嚴島神社は，平家一門の権勢が増大していくにつれて，その名が世に広く知られるようになっていった。鎌倉時代から戦国時代にかけて政情が不安定になり，荒廃した時期があったものの，1555年(弘治元年)，厳島の合戦で勝利を収めた毛利元就が神社を支配下に置き庇護したことから，社運は再び上昇した。天下統一を目前にした豊臣秀吉も参詣して武運長久を祈願しており，その年安国寺恵瓊に豊国神社(千畳閣)の建立を命じたが，秀吉の死により未完成のまま現在に至っている。平安時代末期以降は，嚴島神社の影響力の強さや海上交通の拠点としての重要性から，たびたび歴史の表舞台に登場することになった。

　また，嚴島神社は，周知の通り1996年12月にユネスコの世界遺産委員会で登録された，世界文化遺産である[9]。嚴島神社は，弥山(「須弥山」の略)を中心に深々とした緑に覆われた山容を背景として，海上に鮮やかな朱塗りの社殿群を展開するという，世界でも例を見ない大きな構想のもとに，独特の景観を作り出している。世界文化遺産として登録された区域は，社殿を中心とする嚴島神社と，前面の海，および背後の弥山原生林(天然記念物)を含む森林区域431.2haである。厳島全体としてみれば，約14％もの広範囲にわたって登録されていることになる。

第2節 「厳島」ブランドとしてのコンテクストデザイン＝宮島ではなく厳島の強調

　厳島のコンテクストデザインを考えるにあたって，第2章において明らかにされたスピリチュアルゾーンとスピリチュアルトポス（パワースポット）との関係パターンから捉えると，厳島においては，その関係パターンが時代を経るにしたがって変化してきたと考えることができる。すなわち，ゾーンがあるからこそ個々のパワースポットの存在理由（コンテクスト力）が増すという時代（第1タイプ）から，個々のパワースポットの外部発信力が増すことで，たとえゾーンの存在感が希薄化しても，パワースポット自体の影響力のもとにゾーンのスピリチュアルなコンテクストが維持されるという時代（第2タイプ）へ移行したのである。

　わかりやすく（必ずしも「観光客」という言葉が適切かは定かではないが）観光客吸引力の源泉から捉えてみると，厳島というスピリチュアルゾーン自体に観光客吸引力があった時代から，現在では厳島の中にあるパワースポットに観光客吸引力が移りつつあると考えることができる。以下では，上記のような視点を意識しながら，厳島というゾーンや，その中に存在するスピリチュアルトポスについて，その神秘性を考察していくことにしたい。

(1)　「厳島」のゾーンデザイン＝神の島としての「厳島」

　厳島が，元来スピリチュアルゾーンとしてその神秘性がいかに高い存在であったかということについては，安芸国一宮として存在することのみならず，「厳島」という語源を辿ることでも理解ができる。景山（1972）はこれについて，まず「嚴島神社」の語源を紐解くことで理解を与えてくれるとしている。

　景山（1972）によると，「嚴島神社」は，平安時代の初めに編集された『延喜式神名帳』には「安芸国佐伯郡伊都伎島神社」と記載されており，古くは「いつきしま」と呼ばれていたという。このことが意味するのは，「いつきしま」は元々固有名詞ではなく，「いつきべのまつるしま」という発想，すなわち古

代における祭祀を司る氏族を表す「斎部」に由来しているということである。そして,「いつくしま」に「厳島」の字を当てるようになったのは,「厳くしき島」といったその景観と神威に対する賞嘆と畏敬の心も含まれているであろうが,島に対する古代的な祭祀の本質からすれば,やはり「いつきべの神のみしま」といった観念に基づいていることをまず理解すべきだと指摘している(景山,1972)。したがって,「"いつきべ"の"神のみしま"」からわかるように,厳島は"神の島"であり,島そのものが信仰の対象となることで,禁足の地となっていったのである[10]。それゆえ,神職や僧侶でさえも,島に渡るのは祭祀の時のみとされ,上陸する際には厳重な潔斎が必要であった。

　このように,厳島が"神の島"として島全体が信仰の対象となっていたということについては,別の視点からも捉えることができる。それは,島中央部にそびえる弥山の山頂に「磐座」が存在するためである。

　原始的な信仰形態を採っていた時代においては,自然祭祀を基本としていた(景山,1972)。すなわち,山や岩,泉や樹などを礼拝の対象としていたのである。このような信仰の時期において,神の常在する場所としては,聚落に近い秀麗な孤峰が選ばれ,この山を望み得る地域に住む人々は,祖先の魂が宿る所として常にこの山を崇め拝していたという。したがって,山は神の籠もる所として常に神聖視され,樹木を切ることも,一定の祭祀期間以外は立ち入ることも許されない神秘的な存在となったのである。同様のことは,島自体にも見られるという。特に,海浜地域に生活の糧を求める人々は,海浜や湖中に望まれる孤島に,魂の宿る所を求めることがあった。そこで,陸の山を御神体とみることを「神体山」というのに対し,孤島を御神体とみることを「神体島」といったのである。そして,「神体島」を「神島」と書いて,「こうじま」とか「みしま」と読んだのである。また,古代的な信仰に立脚する神体山や神体島は「神籬」とも呼ばれ,そのエリアは常に禁足地となり,清純さを保つことが要求された。このような場合,山頂の巨大な岩石路頭は「磐座」として常に神霊が宿る所とされ,後世ここに奥宮(山宮)の発生を見ることになるという。

　以上のことは,厳島に当てはめてみても,その状況を確かめることができる。

すなわち，島中央にそびえる弥山の山頂には，かつてこの島の信仰上の中心で
あったと思われる巨大な「磐座」が存在し（弥山の巨岩奇石），また奥宮（山宮）
として「御山神社」（奥宮三社）が存在する。この御山神社も「みやま」と読む
ことから，「神体山」や「神山」と関連することは容易に推察できよう（弥山も
「みやま」に由来するという説がある）。さらに，厳島は“神の島”として禁足地
であったことから上陸は許されず，必然的に島の対岸から拝むことになる。そ
の際の拝所としての役割を担ったのが，今も宮島口の近くにあり，厳島神社の
外宮として存在する「地御前神社」なのである[11]。以上のように，厳島が“神
の島”とされる所以はいくつかの点から明らかであり，いにしえより島全体が
神秘性を帯びた神聖地であったことが理解できよう。

⑵ 「厳島」のトポスデザイン＝神聖地としての「嚴島神社」への フォーカス

　ここでは，嚴島神社に注目し，スピリチュアルトポス（パワースポット）とし
ての神秘性について考察を進めていく。

　嚴島神社の最大の疑問は何か。それは，嚴島神社の社殿がなぜ海浜に建てら
れたのかということである。一般的に考えれば，このような海上社殿は，台風
の時など，大波で破壊される危険性が常に伴うことになる。松井（2011）によると，
この問いに対しては，一般的に2つの解答があるという。すなわち，嚴島神社
のある厳島自体が“神の島”であることから，社殿を島の上に建てるのは恐れ
多いことだったということと，いまひとつは，嚴島神社を崇敬した平清盛の卓
越したアイデアにより，都で造られていた貴族の神殿造の邸宅を模して社殿と
したということである[12]。

　このような考え方に加え，先のひとつ目の見解に即す形で，次のような見解
を示しているものもある。すなわち，嚴島神社の神域には，御神霊が神界と人
界を行き来するルートがあり，それに気づいた昔の霊能者が，そのルートを妨
げないように社殿の位置を配置したという見解である（江原，2005）。一般的に
考えれば，鳥居の存在は神域への入口であり，俗界と聖域との境界を示すもの

である。江原(2005)によると，この「大鳥居」[13]が位置する場所は，本殿と一直線上にあり，この先に神界への入口があるという。元々厳島には，弥山を御神体とする神体山の信仰があったということに注目すると，「大鳥居」を嚴島神社の拝殿より108間(約200m)の海上に建て，また社殿も海上に建てることで，嚴島神社の裏手にある神界の入口としての弥山を崇めたと解すことができる。

　またその他に，参詣者が抱く“龍宮へ来た感じ”というものも，嚴島神社の神秘性を高めるのに大きな影響を与えている。この神秘性について紐解くと，古くは鎌倉末期，厳島へ人々が住みはじめる前後にまで遡ることになる[14]。当時，嚴島神社の海上社殿には，「嚴島内侍」という巫女が昼夜詰めていた(松井，2011)。当時，都から嚴島神社に参詣した人たちは，嚴島神社の壮大な社殿を見て，龍宮に至ったかのような錯覚を抱くことがあったという。しかし，参詣者がそのような錯覚を抱いたのは，何も海上に社殿が建てられていて，潮が湧くように満ちてくる奇想天外さに目を奪われたわけではなかったのである。「嚴島内侍」が海上社殿に昼夜交代で詰めているとともに，彼女たちが折々に神楽や舞楽などを舞ったことが，嚴島神社の龍宮イメージを作るのに多大な役割を果たしていたのである。「嚴島内侍」が神楽や舞楽などを舞う時には唐衣装・唐髻であったことから，その舞は「妓女の舞」と称されていた。このような出で立ちこそが，当時の参詣者に異界へ来たことを実感させ，龍宮に来たかのような錯覚を抱かせる大要因であったと考えられている(松井，2011)。

　現在ではこのような「嚴島内侍」の姿こそ見られないが，毎晩行われるライトアップによって幻想的に映し出された社殿が，参詣者を龍宮へ誘(いざな)うかのような錯覚を覚えさせてくれる。昼間の喧騒を離れ，波音に耳を傾けていると，まさに龍宮へ来たような錯覚を抱かせてくれるのである。ライトアップ前の夕方の時間帯には，大鳥居越しに沈んでいく幻想的な夕日が観られ，それは「御笠浜の夕日」として知られている。このような趣のある風景・雰囲気が，現在では，参詣者に“龍宮へ来た感じ”を覚えさせる神秘性を与えるのに，多大な役割を果たしている。

⑶ 「厳島」のコンステレーションデザイン＝「厳島」との霊的一体感の醸成

　今度は，宮島へ来た観光客がどのような動線を描くのかということに注目しながら，コンステレーションデザインの必要性について考えていくことにしたい。というのは，「宮島と言えば…厳島神社」という答えが返ってくるのが現在の姿であり，厳島に点在するスピリチュアルトポスの存在が希薄化していることに加えて，厳島が携えていた"神の島"としての認識が希薄化していると考えられるためである。

　宮島に入島した多くの観光客は，観光コースの定番として，最も賑やかな表参道商店街を通過して厳島神社に辿り着いた後は，また元来た道を通って土産物店や飲食店に立ち寄って帰路に就くというパターンを取る傾向が見られる[15]。これはすなわち，厳島というスピリチュアルゾーンにおいて，厳島神社という個のパワースポット（スピリチュアルトポス）に観光客吸引の源があるということの証である。すなわち，厳島では，観光地化したパワースポットである厳島神社への一極集中化現象が見られるといえる。しかし，スピリチュアルゾーンとして厳島という大きな舞台で捉えるのであれば，他に点在する個々のスピリチュアルトポスが有効に使われていないと受け止めることができる。また，そのことは，個々のスピリチュアルトポスの集合による，厳島というゾーン全体のスピリチュアルパワーの増幅に失敗しているということに繋がるのである。したがって，厳島のスピリチュアルパワーを高めるためには，島全体というゾーンを意識しながら個々のスピリチュアルトポスをコンステレーション化させることが必要なのである。このことが意味するのは，いにしえの人々が抱いていた厳島全体に対する神秘性を回帰させるということにも相通じる。

　スピリチュアルトポスが厳島全体に点在しているという認識は，例えば厳島神社の境外社が数多く存在していることや，島浦々にお祀りしている神社をめぐる「御島廻式」という神事の存在によって認められる[16]。一見しただけではわからないが，厳島神社は境内社として，客神社，左門客神社，右門客神社，大国神社，天神社を抱えており（図表4-1を参照），それぞれの御祭神は，厳島

神社の本社本殿が祀る「宗像三女神」(「市杵島姫命」[17]，「田心姫命」，「湍津姫命」)とは異なる。また，嚴島神社の境外社としては 15 社，すなわち大元神社，長浜神社，荒胡子神社，三翁神社，豊国神社，金刀比羅神社，清盛神社，御山神社，滝宮神社，粟島神社，道祖神社(幸神社)，北之神社，今伊勢神社，四宮神社，地御前神社が存在している[18]。この境外社のうち一部には，それぞれ同じ御祭神を有するものも見られ，特に地御前神社は嚴島神社(本社本殿：内宮)に対する外宮であり，また御山神社は奥宮であることから本社本殿と同一の御祭神を祀っているが，境外社のうちの多くはそれぞれ異なった御祭神を祀っている。

　そして，「御島廻式」についてであるが，これは七浦七恵比須および島の浦々にお祀りしている神社，いわゆる"七浦神社"(杉之浦神社，包ヶ浦神社，鷹巣浦神社，腰少浦神社，青海苔浦神社，養父崎神社，山白浜神社，須屋浦神社，御床神社のこと。海上から参拝するものと，上陸して参拝するものを合わせると，全部で 9 つの神社を拝むことになる)を，舟で島を一周しながらお参りするという神事である(図表 4-2)。これは，厳島は神聖な島であり，嚴島大神様が御鎮座になられる時に非常に苦労され，大神様が高天原から連れてきた神鴉の先導のもと，島を一周しながら宮地を求めたという神事に由来するものである[19]。

　以上のように，嚴島神社の境内社・境外社の存在や"七浦神社"を廻る「御島廻式」の存在を考慮に入れれば，個々のスピリチュアルトポスをコンステレーション化させることの有効性が認められるであろう。すなわち，個々のスピリチュアルトポスのコンテクストをもとにコンステレーションを形成することで，厳島というゾーン全体のスピリチュアルコンテクストのパワーが増大するのである。神社の存在は神聖地の存在そのものであり，そのような場所が島内に点在することはスピリチュアルトポス(パワースポット)が点在していることを意味する。島全体のスピリチュアルパワーを高めるためには，各御祭神や各神社が有する固有の歴史や神話(コンテクスト)をもとに，スピリチュアルトポスとしての存在価値を高め，その上で各地に点在するスピリチュアルトポスのパワーを集合的に捉えることが必要となる。そして，このような展開に取り組

図表 4-2　七浦神社の場所

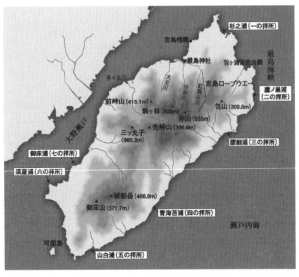

出所）Miyajima（宮島観光公式サイト）「宮島物知り図鑑：宮島の地理」
http://www.miyajima-wch.jp/common/img/miyajima/
Geography.gif（2015 年 12 月 27 日アクセス）

むことで，今や希薄化してしまった，厳島が携えていた“神の島”としての認
識を取り戻すきっかけとなるはずである[20]。

(4)　「厳島」のアクターズネットワークデザイン＝ゾーンであり，トポスであり，アクターでもある「嚴島神社」

　厳島が“神の島”としての認識を取り戻すに至っては，その担い手としての
アクターズネットワークデザインについて検討していくことも必要である。先
述したように，2 つの名称があるこの島においては，観光的側面を強調する際
には「宮島」が使用され，学術的・行政的な側面を強調する際には「厳島」が
使用される傾向にある。しかし，第一項において考察されたように，「厳島」
という言葉は，その語源からしてスピリチュアルなものであった。今後，グロ
ーバルな認知度が高いこの島において，特にインバウンド観光客を主力ターゲ

ットにした展開をするのであれば，「厳島」という名称を積極的に利用する形で，より神聖さを前面に出していくのもひとつの方法として見込まれる。後述するが，著名なフランスのモン・サン＝ミシェルとの提携関係にあることから，神聖な礼拝地としての共通点をもとに，厳島というゾーン全体としての地域価値を発現していくことも有効である。

　このようなスピリチュアルコンテクストに基づくデザインを展開するにあたっては，前項での議論から理解されるように，嚴島神社を核として据えていくことが重要である。厳島内に点在するスピリチュアルトポスは，嚴島神社に関連するものばかりである。したがって，厳島というゾーンの中にトポスとしての嚴島神社があるという視点から，トポスのひとつである嚴島神社を中心に厳島というゾーン全体をみるという視点への転換が必要である。そして，"神の島"としてのスピリチュアル性を強調したデザインのもとに地域価値の発現をしていくためには，たとえ観光客に向けてであっても，「宮島」という名称より，むしろ「厳島」に統一した名称で外部発信していく方が，そのメッセージ性が強調されることになる。

　また，厳島におけるスピリチュアルなコンステレーションデザインをもとに，厳島のブランド化を試みていくのであれば，アクターの役割を担う人物は，嚴島神社に関係する人物が望ましいといえる。そうすることで，厳島としてのスピリチュアル性を増加させるコンテクストの創出が可能となる。したがって，ブランディングに向けた組織体制構築の一環として，嚴島神社の宮司を中心としたアクターのネットワーク化が必要不可欠である。そして，このようなアクターズネットワークデザインをもとに，"神の島"としてのスピリチュアル性を前面に押し出したコンステレーションデザインが動き出した時，より聖地としての神聖さが強調されたブランドを確立させることに近づくであろう。したがって，厳島のブランディングの第一歩として，アクターズネットワークデザインの構築は，大きな課題のひとつといえる。

第3節　地域ブランドとしての「厳島」ブランドの発展方向

　本節では，第2章で明らかにされた，スピリチュアルゾーンデザインの拡張の可能性について言及していくことにしたい。ここでは，厳島に対する2つの新たなブランド展開の構想について考察を行っていく。具体的には，"3"を捉えた拡張戦略の展開と，モン・サン＝ミシェルとの連携戦略の構想である。

(1) "3"を捉えた拡張戦略の推進

　スピリチュアルゾーンデザインにおいては，所与の地域の境界から逸脱する形で，時間的・空間的領域を超えた新たなゾーンデザインが可能となる。例えば，宮島や厳島神社においては，そのゾーンデザインのコンセプト設定の際に，"3"をキーワードにして展開することが可能である。

　宮島や厳島神社には，"3"にまつわるものが数多く存在する。例えば，周知の通り，宮島は「日本三景」のひとつに数えられ，天橋立や松島とともに風光明媚な景勝地として人々を魅了してきた。その他には，「日本三弁財天」，「宗像三女神」，「日本三舞台」，「日本三大船神事」，「日本三大船祭り」，「三大奇襲戦」，「三鬼大権現」，「三棟造り」，「三盛亀甲剣花菱」などがあり，"3"にまつわるものが多いことに気付かされる[21]。

　また，2013年に観光庁が掲げた"京都―広島―松山"を結ぶ「新ゴールデンルート」についても，"3"都市を結ぶというキーワードが見えるが，この展開においては，厳島神社を中心にゾーンを拡張させることが有効である。その理由は，それぞれの都市に厳島神社が存在するからである。各地の厳島神社は，京都においては京都御苑内にあり，松山においては松山市三津神田町にある。いずれも御祭神は「宗像三女神」であり，「市杵島姫命」，「田心姫命」，「湍津姫命」が祀られている。「新ゴールデンルート」の展開において，このように厳島神社がクローズアップされることはほとんどないが，スピリチュアルの観点からすれば，この"3"都市が選ばれたことは必然だったのかもしれない。

　いずれにしても，厳島ブランドを拡張させるための，ゾーンデザインのコン

セプト設定のキーワードとして"3"を設定することも可能なことから，厳島を起点としたゾーン拡張も充分に見込めると考えられる。

(2)　モン・サン＝ミシェルとの連携戦略の推進

また，その他にゾーン拡張の取り組みとして注目されるのは，フランスのモン・サン＝ミシェルとの観光友好都市提携である[22]。これは，2008年に「日仏観光交流年」として，国交150周年を記念した両国での観光キャンペーン展開がきっかけとなっている。その時に，フランス観光政府局(現「フランス観光開発機構」)と日本政府観光局が共同制作したポスターに，モン・サン＝ミシェルと嚴島神社の大鳥居が起用され，フランスに最も紹介したい観光地のひとつとして宮島が紹介されたのである。モン・サン＝ミシェルと宮島とは，海に浮かぶ世界遺産を有していること，信仰の聖地として1000年以上の歴史があることなどの共通点があるため，ゾーン拡張として展開しやすい基盤を有していると考えられる。

おわりに〜厳島の聖地化に向けた総括

厳島は"神の島"として崇められ，島内には多くの聖地・パワースポットがある。また，厳島は，神仏習合の名残として寺院等も存在する。本章では，スピリチュアルな観点を意識しながら記述したいという意図があったため，「宗像三女神」信仰が，後に弁財天(インドの女神)＝弁天信仰と結びついていったことなどについては言及していない。その他，弘法大師や平清盛にまつわる伝説や，「弥山の七不思議」などにも触れてはいない。したがって，それらについては他の資料に委ねたいと考えている。

第2節の冒頭にて触れたように，厳島は，元来スピリチュアルゾーンとして島全体が霊的神秘性を帯びた存在として認識されていたが，時代を経るにしたがい，厳島の中にあるパワースポットがクローズアップされたことで，結果として島全体に対する霊的神秘性の存在感が薄れてしまったと考えられる。すな

わち，観光客吸引力の源泉が，ゾーンからスピリチュアルトポス（パワースポット）へ移行したのである。それを踏まえて，本章では，島全体に対するスピリチュアルな神秘性を回帰させるために，コンステレーションデザインに目を向けるべきだという論旨を展開してきた。

　しかし，これには注意しなければならないことがある。それは，「ブランド化・観光地化と，聖地としての神聖さとの均衡をどう保つべきか」という課題が，常につきまとうことである。このことは，沖縄の首里城や斎場御嶽が，観光地化すればするほど観光客に踏みにじられ，神聖さを失うことになったという事実を思い起こせば，理解しやすいであろう。七浦神社を巡る「御島廻式」も，もしかすると，今のような状態であればこそ各聖地の神聖さ・神秘性が保たれているのかもしれない。つまり，多くの観光客を吸収するに耐えうるスピリチュアルパワーが備わっている厳島神社に観光客が集中するからこそ，結果として，他のスピリチュアルトポスへ訪れる人が制限されることで，他のスピリチュアルトポスは神聖さが保たれているのかもしれないのである。多くの観光客が厳島神社を目当てに一極集中型観光をしている状況をどのように捉えて，厳島のブランド化を図るべきか。その担い手であるアクターやアクターズネットワークは，充分に検討しながら進めていく必要がある。

注

1）Miyajima（宮島観光公式サイト）HP「宮島物知り図鑑：宮島の地理」
　　http://www.miyajima-wch.jp/jp/miyajima/01.html（2015年12月27日アクセス）。
2）宮島口まちづくり国際コンペHP「参考資料：Ⅰ参考資料：2-⑵宮島観光客数の推移」
　　http://miyajimaguchi.jp/reference/files/1-2-2kankoukyakusuunohensen.pdf（2015年12月27日アクセス）。
3）*MICHELIN Voyager Pratique Japon*（発行：2007年4月）のことである。これはフランス語版のみで，「ビジット・ジャパン・キャンペーン」の一環として，日本を訪れる外国人観光客向けに作成されたもののようである。その後，2009年3月に発行された『ミシュラン・グリーンガイド・ジャポン』（*Michelin Green Guide Japon*）にも掲載されている。
4）日本ミシュランタイヤHP「地図ガイドブック：グリーンガイド：掲載地リスト：1. 三つ星・二つ星・一つ星の観光地リスト」
　　http://www.michelin.co.jp/content/download/7964/205809/file/Web_all_list_

GV_4_June17%20.pdf（2015年12月27日アクセス）。

5）「弥山展望台からの眺望」は今回の第4版にて，評価が3つ星へと変更になった。

日本ミシュランタイヤHP「地図ガイドブック：グリーンガイド：掲載地リスト：2. 新規掲載観光地リスト」

http://www.michelin.co.jp/content/download/7963/205805/file/Web_new_change_list_GV_4_June17.pdf（2015年12月27日アクセス）。

6）ここでは，次の資料を基に記述している。

Miyajima（宮島観光公式サイト）「嚴島神社：嚴島神社の特徴」

http://www.miyajima-wch.jp/jp/itsukushima/03.html（2015年12月27日アクセス）。

一般社団法人 宮島観光協会HP「歴史：宮島歴史略年表」

http://www.miyajima.or.jp/history/chronology.html（2015年12月27日アクセス）。

7）「海上社殿」とは，海浜に建てられており，満潮の時には海上に浮かんでいるように見える社殿のことをいう（松井，2011）。

8）この外宮については，後で述べられることになる。

9）世界文化遺産として認定される際に，どの価値基準に該当したかということについては，次の資料に掲出されている。

一般社団法人 宮島観光協会HP「ピックアップ情報：世界文化遺産登録」

http://www.miyajima.or.jp/pickup/heritage.html（2015年12月27日アクセス）。

10）宮島口まちづくり国際コンペHP「参考資料：Ⅰ 参考資料：2-(1) 宮島と宮島口の歴史」

http://miyajimaguchi.jp/reference/files/1-2-1miyazimaguchinorekishi.pdf（2015年12月27日アクセス）。

島への居住が始まったのは，鎌倉時代からであり，社殿造営の職人達の長期滞在に端を発するようである。その後，宮島（厳島）信仰が世に浸透していくにつれて祭礼・法会に参集する参詣者が増え，鎌倉末期になると，神職や僧侶，次いで役人や庶民が住み始めたことで，町が形成されていくようになった。そして室町時代に入り，物資の流通・交易が活発になると，交易・商業都市，また瀬戸内海の要衝をなす港湾としての性格を帯びることとなり，"神の島"は変貌を遂げていくことになった。これらの記述内容は，次の資料に基づいている。

宮島口まちづくり国際コンペHP「参考資料：Ⅰ 参考資料：2-(1) 宮島と宮島口の歴史」

http://miyajimaguchi.jp/reference/files/1-2-1miyazimaguchinorekishi.pdf（2015年12月27日アクセス）。

Miyajima（宮島観光公式サイト）HP「宮島物知り図鑑：宮島の歴史概要」

http://www.miyajima-wch.jp/jp/miyajima/02.html（2015年12月27日アクセス）。

11）なお，嚴島神社の内宮が，外宮より後に建立された新たな聖地と考えらえるということを，嚴島神社で行われている神事・祭礼の観点に基づき検証している論稿もある（松井，2011）。

12）松井（2011）によれば，このいずれの解答にも反論の余地が残されており，必ずしも説得的なものとは思われないと指摘されている。

13）この「大鳥居」（国重要文化財）は，重量約 60t，高さ 16m（奈良の大仏とほぼ同じ），棟の長さ約 24m という日本一の木造鳥居（四脚鳥居）である。現在は，1876 年に建て替えられた 8 代目の鳥居である。主柱は，樹齢 500 〜 600 年のクスノキの自然木で造られている。この巨木を探すのに，20 年近い歳月が費やされたという。驚くことに，この「大鳥居」は，その重みだけで立っている。

一般社団法人 宮島観光協会 HP「観光スポット：大鳥居」

http://www.miyajima.or.jp/sightseeing/ss_ootorii.html（2015 年 12 月 27 日アクセス）。

14）この点については，注 10）も参照のこと。

15）もちろん，宮島は紅葉の名所でもあることから，散策や自然巡りを楽しんだり，また「町家通り」や「滝小路」の風情を楽しんだりする観光客も多くいるのは確かである。

16）嚴島神社 HP「境外摂末社」および「七浦神社」

http://www.itsukushimajinja.jp/setumatusya.html および http://www.itsukushimajinja.jp/shrine.html（2015 年 12 月 27 日アクセス）。

17）「いちきしまのひめのみこと」から推察されるように，「"いつくしま（斎く島・伊都岐島）"の姫」に由来することがうかがえる。

18）嚴島神社 HP「境外摂末社」

http://www.itsukushimajinja.jp/setumatusya.html（2015 年 12 月 27 日アクセス）。

19）それゆえに，最も神聖な行事であることから，参拝する者に対しても，厳重な潔斎をした上で参加することが要求され，また言動を慎み，飲食にも細心の注意を払うことが要求される。

嚴島神社 HP「七浦神社」

http://www.itsukushimajinja.jp/shrine.html（2015 年 12 月 27 日アクセス）。

20）「おわりに」で述べるように，この展開には注意を要する点があることを認識しなければならない。

21）これらの詳細については，次の資料を参照されたい。

一般社団法人 宮島観光協会 HP「ピックアップ情報：数で知る宮島」

http://www.miyajima.or.jp/pickup/number.html（2015 年 12 月 27 日アクセス）。

22）Miyajima（宮島観光公式サイト）「モン・サン＝ミッシェル」

http://www.miyajima-wch.jp/jp/mont_saint_michel/index.html（2015 年 12 月 27 日アクセス）。

参考文献

嚴島神社 HP　http://www.itsukushimajinja.jp/index.html（2015 年 12 月 27 日アクセス）。

一般社団法人 宮島観光協会 HP

http://www.miyajima.or.jp/index.html（2015 年 12 月 27 日アクセス）。

岩井英治（2001）「祈りの空間―嚴島神社」『神戸文化短期大学研究紀要』第 25 号，神戸文化短期大学，pp. 145-155。

江原啓之（2005）『江原啓之 神紀行 2　四国・出雲・広島』（スピリチュアル・サンクチュアリシリーズ），マガジンハウス社。

景山春樹（1972）「神々の浄土」文化庁文化財保護部監修『月刊文化財』第 109 号，第一
　　法規出版，pp. 12-14。
久保田収（1963）「厳島神社における神仏関係」『神道史研究』第 11 巻第 6 号，神道史学会，
　　pp. 162-182。
神宮館（2013）『神社の基礎知識（おとなの取説シリーズ 01）』神宮館。
菅田正昭（2004）『面白いほどよくわかる 神道のすべて』日本文芸社。
日本三景 HP
　　http://nihonsankei.jp/index.html（2015 年 12 月 27 日アクセス）。
日本ミシュランタイヤ HP「地図ガイドブック：グリーンガイド：掲載地リスト」
　　http://www.michelin.co.jp/Home/Maps-Guide/Green-guide（2015 年 12 月 27 日ア
　　クセス）。
広島県廿日市市 HP「はつかいちの観光」
　　http://www.city.hatsukaichi.hiroshima.jp/kanko_index.html（2015 年 12 月 27 日ア
　　クセス）。
松井輝昭（2011）「厳島神社の海上社殿と龍神信仰—新たな聖地のイデアをめぐって—」『中
　　世文学』第 56 号，中世文学会，pp. 40-48。
三橋健（2013）『カラー版 イチから知りたい！ 神道の本』西東社。
Miyajima（宮島観光公式サイト）HP
　　http://www.miyajima-wch.jp/index.html（2015 年 12 月 27 日アクセス）。
宮島口まちづくり国際コンペ HP
　　http://miyajimaguchi.jp/index.html（2015 年 12 月 27 日アクセス）。

第5章

事例③＝「秩父三社」と「秩父市」

鈴木　敦詞

はじめに～古代からのスピリチュアルゾーン＝秩父の復権

　最近でこそ，関東におけるパワースポットのひとつとして三峯神社がメディアに登場する機会が増えたが，はたして秩父が神秘によるスピリチュアルゾーン，つまりは信仰を集めた地なのかと疑問を抱く人も少なくないだろう。しかし，秩父は日本武尊（やまとたけるのみこと）伝説が多く存在する地であり，中世には修験の地となり，さらに江戸時代に隆盛を誇った秩父巡礼は，西国巡礼や坂東巡礼とともに日本百観音巡礼の一角を占める。このように，秩父は信仰を集めた特別な場所＝神秘性を有する強力なスピリチュアルゾーンとして，その歴史を重ねてきた地域なのである。

図表 5-1　秩父の位置(広域地図)

　しかるに，現在では，このような"神秘ゾーンとしての秩父"という認識はほとんどなされておらず，秩父という地域自体も長瀞の自然や秩父夜祭などのスポット的な知名度はあるものの，明確に地域

ブランディングされているとは言い
難い。この点では，まさに本書が意
図するスピリチュアルゾーンデザイ
ンによる地域ブランディングが有効
な地域であり，このことにより，か
つての秩父が有していたスピリチュ
アルゾーンとしての復権と地域価値
の増大が期待できる地域であるとい
える。

　そこで，本章では，このエリアで
のスピリチュアルパワーの中核をな
す秩父三社（秩父神社，三峯神社，宝
登山神社）を中心とした秩父の地域
ブランディングと，時代を超えたス
ピリチュアルゾーンデザインによる
地域ブランディングの貢献について
の考察を行う。具体的には，第1が
神秘ゾーンとしての秩父の理解，第
2がZTCAデザインモデルによる
秩父の地域ブランディングの構想，
そして第3がスピリチュアルゾーン
による発展方向の提言である（図表
5-1）（写真5-1，5-2，5-3）。

写真5-1　三峯神社

写真5-2　秩父神社

写真5-3　宝登山神社

第1節　神秘ゾーンとしての「秩父」の基本認識

　まずは，伊勢神宮や日光東照宮というような強烈で明確なトポスを持たない
秩父が，なぜ神秘ゾーンとして位置付けられるのかについての説明が必要だろ

う。もともと秩父は，武蔵国における信仰の地として長らく存在していた。しかし，今ではその歴史やスピリチュアルゾーンとしての価値を伝承することができず，単に自然景観豊かな観光地として認識されるようになっている。そこで本節では，秩父の神秘ゾーンとしての背景を整理するとともに，いま秩父が抱える課題を提起する。

(1) 「秩父」のプロフィール＝その神秘性の背景

　秩父の神秘性の中核をなすのは，秩父三社といわれる秩父神社，三峯神社，宝登山神社である。これらの由緒を確認することが，秩父における神秘性の背景を理解することにつながる。そこで，以下では秩父三社についての理解を深めていきたい。

　秩父という地名を冠した秩父神社の由緒については，第十代崇神天皇の御代に，八意思兼命[1]の十世の子孫である知知夫彦命が，祖神をお祀りしたことにはじまるとされており，武蔵国成立以前より栄えた知知夫国の総鎮守として現在に至っているとされる（秩父神社，2016）。さらに，秩父神社が所在するのは秩父盆地の中心である「柞の杜」であり，正南方に神の山（現在の武甲山，元は嶽，嶽山とも）を仰ぐ聖地だったともいわれている（千嶋，1989）。このように，古代日本で見られた神奈備信仰[2]にも所縁のある秩父神社は，長らくその歴史を刻み，神聖な場所として位置付けられてきた。

　三峯神社は，秩父神社よりさらに奥の山岳地帯に位置し，日本武尊伝説と深い関係がある。その由緒には，尊が当地の山川が清く美しい様子をご覧になり，その昔伊弉諾尊と伊弉冉尊がわが国をお生みになったことをおしのびになって，当山にお宮を造営し二神をお祀りになったとされる（三峯神社，2016）。さらに，修験道の祖師とされる役小角が三峰山で修行を行い，鎌倉時代には東国武士の信仰を集めたともいわれる（沼野，1989）。また，雲取山，白岩山，妙法が岳や大洞川といった，修験の聖地である吉野や熊野と同じ地名が残されていることからも，修験との深い関係をうかがわせる。このように，三峯神社は，日本武尊により造営され，さらには山岳信仰の拠点として発展しており，神話性や秘

儀性も高いトポスなのである。

　宝登山神社も日本武尊の創建といわれており，宝登山という名も，尊がこの山に登られたおり山火事により進退窮まったが，その時に巨犬が現れ，火を消し止めて尊を救ったことにより「火止山」と呼ぶようになったとされる（栃原，1989）。

　以上のように，秩父三社の由緒を見ると，その歴史の深さと，古来より日本にある山岳信仰と深い関係があることが読み取れ，これだけでも秩父は聖地性が高いことが十分に理解できるであろう。しかし，秩父の聖地性はさらに巡礼の地としても顕れる。秩父巡礼は，西国巡礼や坂東巡礼とともに日本百観音巡礼の一角を占める著名な巡礼地であり，特に江戸期には多くの巡礼者で賑わったとされる。

(2)　未確立な状態にある「秩父」ブランド

　いま，秩父の観光ガイドブック[3]をみると，秩父観光の中心は長瀞であることがうかがえる。たしかに，その景観とライン下りなどのアクティビティは多くの観光客を秩父に呼び込み，長瀞町の入込観光客数も着実に増えている[4]。他では，羊山公園や秩父夜祭にスポットが当たり，秩父のレトロな街並みや秩父巡礼についても触れている。もちろん，三峯神社，宝登山神社も大きく取り上げられているが，その関係性についての言及は乏しいと感じる。

　長瀞や羊山公園などからは秩父の自然の豊かさを感じることができるし，秩父の街並みや巡礼からも歴史の深さや精神性がうかがえる。そして，三峯神社や宝登山神社は，いま流行りのパワースポットとして紹介されている。しかし，ここにあるのは，何の文脈もなく，羅列的に観光資源をコンテンツとして紹介する旧来の方法である。そしてこの傾向は，ガイドブックばかりでなく，自治体が作成する WEB サイトでも同様である。

　このようなコンテンツ羅列型の活動では，秩父は，いろいろな要素をもった，いわゆる観光地としての位置づけに留まる。単に，風光明媚で歴史のある観光地であれば，他に数多ある地域と大きな違いはない。そうなると，いかに魅力

的なコンテンツやイベントをつくり出すかの競争に陥ってしまい，飽きられると次はどうするかという際限のないループとなる。

　いま秩父に必要なのは，数多くある風光明媚で歴史を感じることのできる観光地ではなく，他の地域では得られない"秩父ならでは"の地域ブランディングである。もとより，埼玉県はイメージが弱いとされている地域でもあり，埼玉県に頼った観光誘致は難しい。このような背景を考えても，秩父独自のブランド確立は時を待つことはできない。そして，埼玉県にとっても，秩父のブランドが確立することは大きな強みとなるはずである。

　そこで，秩父の重要な資源は何かと考えると，それがまさに前項で確認したスピリチュアリティである。それも，秩父のスピリチュアリティは自然に依拠したものなので，これまで秩父の主な打ち出し要素であった自然との乖離がない。秩父の広大で，峻厳な自然が，日本武尊伝説や修験に結びつき，このことが歴史のある深遠なスピリチュアリティをもたらしたのである。いまこそ，この強みを活かした秩父のブランディングが求められる。

第2節　「秩父」ブランドのコンテクストデザイン＝秩父ゾーンと秩父三山トポスにフォーカス

　本節では，ZTCA デザインモデルにより秩父についての地域ブランディングの構想を行っていく。既に見てきたとおり，秩父三社や秩父巡礼によるトポスのパワーもさることながら，秩父というゾーン自体がその環境や位置づけによって神秘性を秘めているともいえる。多くの自治体が，その歴史とかけ離れたゾーン設定をされ意味性のある地名を失っているにもかかわらず，秩父が古代よりゾーンも呼び名も大きく変わらずに存続できているのは，秩父のもつ神秘的なパワーを示していると考えることができるだろう。このことを踏まえたうえで，以下では秩父ブランドについてのコンテクストデザインを考えていきたい。

(1)　「秩父」のゾーンデザイン＝ゾーンの核としての「秩父盆地」

　スピリチュアルゾーンとしての秩父の範囲は，どのように捉えればよいだろうか。まずは，その中心に秩父神社がある秩父盆地を核とすることに異論はないだろう。秩父盆地を囲む武甲山，宝登山，両神山を結ぶ三角形を，奈良の大和三山（天香久山，耳成山，畝傍山）に例える言説もあり（飯野，2007），たしかに秩父市郊外の羊山に立つと，山々の間に開ける盆地はかつて藤原京のあった地を想起させる。

　さらに，新井（2001）によると，古代の秩父の範囲は現在の秩父郡とほぼ等しいと考えられ，いまでも秩父神社が秩父総社と呼ばれているのもその所以であるだろうと指摘している。また，秩父の神秘性の中核をなす秩父三社や，霊的な山として崇められる秩父三山である武甲山，三峰山，両神山の布置をみるに，秩父のゾーンとしては秩父市を中心に秩父郡[5]を加えるのが妥当であろうことは明らかである。

　しかし，さらに厳密に考えるならば，秩父盆地を形成する山系を超えて東に位置する東秩父村は山岳信仰を考えると秩父のゾーンには含まず[6]，一方で日本武尊が東征の際に創祀したと伝えられ，背後の御室ヶ嶽をご神体とする金鑽神社（神川町観光協会，2016）がある児玉郡神川町をゾーンに含むのが，スピリチュアルゾーンとしての妥当性は高いと考えられる。

(2)　「秩父」のトポスデザイン＝「秩父三社」などの統合化

　秩父の代表的なトポスとなるのが秩父三社であることは，これまでの整理からも自明であろう。さらに，秩父三社と一体をなす武甲山，三峰山，宝登山も，各神社と切り離して考えることはできない重要なトポスとなる。他にも，江戸時代に隆盛を誇り，かつ今でも整備がなされ巡礼者が訪れる秩父観音札所三十四箇所，日本武尊伝説が残り龍勢祭りで知られる椋神社（秩父市下吉田）や，古来より伊弉諾尊と伊弉冉尊が祀られ役小角が飛来したといわれる今宮神社（秩父市中町），やはり日本武尊を創始とし修験道の本尊とされる蔵王権現が勧請されたとする武甲山御嶽神社（横瀬町）など，秩父の聖地性をより深めるトポス

図表5-2　秩父のゾーンとトポス（狭域図）

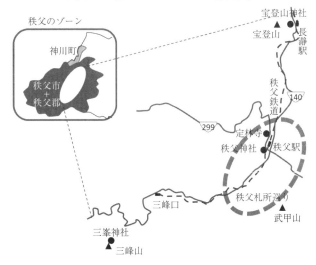

は数多く存在する。

　ただし今のところ，秩父三社でさえ統合的に紹介されることは少なく，それぞれが単なる観光スポットとして紹介されているにすぎない。また，本来は三社とそれぞれの山の関係についても一体で理解をするのがトポス性を高める上では重要であるが，このことも十分に行われているとは言い難い。そして他の社寺については，認知さえ覚束ない状況ではないだろうか。

　上記のトポスについて，それぞれの意味性を浮き彫りにし，関連性を提示し，秩父を訪れる人の記憶にエピソードとして留めるストーリーが必要になる。この点については，次項のコンステレーションデザインにおいて考えていきたい（図表5-2）。

(3)　「秩父」のコンステレーションデザイン＝「日本武尊伝説」の重視

八岐大蛇や因幡の白兎などの神話が残る山陰地方，天孫降臨の地と伝えられ

る高千穂がある九州地方，そして神武天皇以降の神話が多く残る奈良を中心とした近畿地方においては，さまざまな神話や伝説に由来する聖地性を見出すことができる。しかし，関東圏では，このような強力なストーリーや遺跡，社寺が存在する地域は多くないだろう。そのようななかで，秩父は強い聖地性を持つ地域であり，日本武尊や役小角に由来する伝説や地名，そして社寺が多く現存する。この強みを活かし，適切なコンステレーションデザインを行うことが，秩父のブランディングには欠かせない視点となる。

　そこで，まずは秩父に残される日本武尊伝説がどのようなものかを確認してみる。尊は，三峰山では伊弉諾尊と伊弉冉尊の国造りを想い，武甲山御嶽神社では山頂の岩屋に武具を納めたことが伝わる。そして宝登山神社には，尊が禊を行ったと伝わる泉が残されている。このように，秩父での日本武尊伝説は，他の地域で見られるような闘争や苦難のストーリーではなく，国を想う，あるいは祈りのストーリーが多いことに気付くだろう（写真5-4）。

　尊のこのような伝承は，まさに秩父が深遠な山々に抱かれ，多くの自然が残されていることと無縁ではあるまい。秩父を訪れる人が感じるのは，社寺を包む静謐な空気と，山々と川に囲まれた豊かな自然なのである。そして，このこ

写真 5-4　三峯神社の日本武尊像

とは山の宗教であり，役小角を開祖とする修験道へも通ずる。

　以上から，秩父におけるコンステレーションは何かと問えば，"自然と祈り"ということになるのではないだろうか。秩父来訪のきっかけは自然を求めたものでも良い。秩父を訪れ，豊かな自然に触れ，社寺をめぐり，日本武尊の伝説に接することで，自ずと国造りを想い，平和を祈る気持ちになるのではないだろうか。

⑷ 「秩父」のアクターズネットワークデザイン＝さまざまな視点での連携

　秩父のアクターズネットワークを考える際に，まず指摘しておきたいのは，秩父市と周辺町村による行政レベルでの連携の必要性と強化である。実際には，一般社団法人秩父地域おもてなし観光公社（秩父地域おもてなし観光公社，2014）としての活動が行われているようだが，秩父についての検索を行っても各自治体の観光案内サイトが個別にあがり，観光公社のホームページに辿りつくのは困難であった。これでは，一般からは各自治体がばらばらに活動しているようにしか見えず，秩父を一体として理解することは難しく，秩父三社でさえ統合的に訴求することが難しい[7]。

　これら地域行政の連携に加え，埼玉県による支援など広く行政の取り組みが先決ではあるが，加えて商工組合や旅館組合などの地元民間企業との連携，ま

図表 5-3　秩父のネットワークデザイン

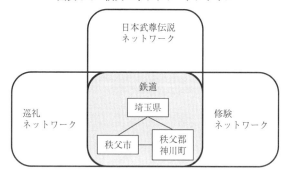

た秩父への主要ルートとなる西武鉄道や東武鉄道，秩父鉄道などの交通機関との連携も欠かせない。さらには，地域に 39 も存在する NPO 法人[8] との連携も重要になるだろう。

　このような，基本的なネットワークが形成されることを前提に，全国に広がる地域との連携も視野に入れたい。日本百観音巡礼によるネットワークはもとより，秩父には日本武尊伝説や，役小角を主とする修験道による連携など，全国規模でのネットワークの可能性が少なくない(図表5-3)。

第3節　地域ブランドとしての「秩父」ブランドの発展方向

　以上のような ZTCA デザインモデルに基づいた展開を行うことで，ひとまずは秩父がスピリチュアルゾーンとしてブランディングされることが可能になるだろう。しかし，そこで留まることなく，秩父が未来に向かって発展を遂げるためにはどのような視点が必要になるのか。本節では，すでに垣間見ることができる時間を超えた新たな聖地としての秩父の可能性と，広域ブランドへの活用のヒントを探る。

(1)　新たな聖地としての「秩父」＝「あの花」と「秩父」

　実は，いま秩父を訪れると，若い人達が秩父神社を中心に市街を歩く姿を見ることができる。多くの地域が若年世代を呼び込むことに苦労をしているなかで，秩父のこの光景は稀有なものとも思える。では，なぜ秩父ではこのような現象が見られるようになったのだろうか。このことを明らかにすることで，これからの秩父の可能性を，さらには多くのスピリチュアルゾーンによりブランディングされる地域の発展可能性を探っていく。

　最初に答えを提示してしまうならば，秩父に多くの若者が訪れるきっかけを作ったのは，秩父を舞台にしたアニメ『あの日見た花の名前を僕達はまだ知らない。(略称：あの花)』が公開されたことによる。最初のテレビアニメの公開は2011 年だが，その後もコミックやノベライズ，映画，ラジオドラマ，テレビ

写真 5-5　「あの花」の舞台のひとつである定林寺

ドラマなどさまざまに展開され，いまでも人気のあるアニメである。川﨑(2012)
も「アニメが描く秘密基地という聖地」として「あの花」と秩父の関係性を述
べている(写真5-5)。

　しかし，単にアニメの舞台となったから秩父に多くの若者が訪れているのか
というと，それは表層的な理解に留まるように思える。多くの人が支持し，秩
父を訪れるようになったのは，そのストーリーに内在されている"再生"とい
うテーマ[9]が，まさに秩父のもつスピリチュアリティに見事に合致した結果で
はないか。「あの花」は秩父でなくては成立し得ないストーリーであり，秩父
に訪れることでストーリーの根幹をなす再生という精神性を感じ取ることがで
きるからこそ，多くの人を惹きつけていると考えることができる。

　このように，スピリチュアリティは過去のものではない。今を生きる人々に
とっても，あるいは今のような複雑な時代に生きる人々だからこそ，スピリチ
ュアリティが求められているともいえる。過去のストーリーを伝えることはも
ちろん重要ではあるが，時間を超えて今にふさわしい新たなストーリーを創造
することで，その地域に根付くスピリチュアリティを再び呼び起こすことが可
能になる。ここに，多くのスピリチュアルゾーンが未来に向けて発展していく，

ひとつの可能性を見出すことができるだろう。

(2)　秩父の広域ブランドとしての展開＝「巡礼」や「修験」を捉えた拡張

　江戸期に秩父巡礼が栄えたとされるが，それはなぜか。多くの人が秩父を目指したのには，それなりの理由と思いがあったのであろうし，そのことを現代へとつなげることで，秩父を広域ブランドとして展開させるヒントがあると考えられるだろう。そこで，まず江戸期の秩父巡礼について確認をしていく。

　佐藤（2009）は，秩父札所が西国巡礼や坂東巡礼と肩を並べるようになった背景として，百観音巡礼として秩父巡礼を組み込んだ発想や，江戸での出開帳などの工夫をあげている。しかし，さらなる理由として，秩父が江戸から近い上に関所もなく気楽に訪れることができ巡礼の全行程も短いため，江戸から往復10日前後で巡拝をすませることができたことをあげる。さらに，秩父の自然と温泉が日々のストレスを解放し，肉体的な疲れを癒やすことに寄与したとも指摘する。

　江戸期の秩父巡礼が栄えた要因のひとつである，首都圏から近いという地理的条件はいまでも十分に当てはまる。また，自然と温泉で精神的，肉体的なストレスを解放することは，スピリチュアルゾーンであることが一層のメリットとなる。このように，秩父が大消費地である首都圏に隣接していることは，そのまま首都圏に対してのブランディングが十分に可能であることを示す。

　さらに，秩父近郊には武州御岳山や高尾山など，秩父と同様に修験の地として知られ，スピリチュアリティが高いスポットもある。特に高尾山などは，日本人に留まらず，外国からの来訪者も含めた多くの人が訪れることでも知られるようになっている。このことは，一面では秩父の競合となるのだが，これらの地域との連携を図り，訴求していくことが，スピリチュアルゾーンとしての秩父の認知や理解を高めることに寄与するだろう。結果として，秩父が首都圏に留まらずに，日本全国，さらには海外へとブランディングを行うことが可能となる。

おわりに～日本武尊の伝承活用の可能性

　本章で明らかにしたように，秩父は日本武尊や修験，さらには巡礼に由来する社寺や山が多く存在する，スピリチュアリティにあふれた地である。またここでは触れなかったが，秩父は皇室の宮号としても選ばれている。秩父宮殿下が登山を好まれたことから山に因んだ宮号がふさわしいだろうということで選ばれたとされるが，他山ではなく秩父が選ばれた要因のひとつに，秩父が日本武尊の伝承が多くあることもあげられている（笠原，2001）。このことも，秩父がスピリチュアリティに富む証左のひとつとなるだろう。

　しかし，秩父の現状は，自然豊かで歴史ある観光地という，数多くある観光地と同様の位置づけで訴求しているように思われ，さらには秩父地域としての連携も稀薄で，それぞれの自治体がそれぞれに活動を行っている印象も強い。このような現状を打破し，秩父としてのブランドを確立するためには，本章で提示したような秩父のスピリチュアリティを中心としたゾーンデザインを行うことが求められる。

　さらに，スピリチュアリティは何も過去のストーリーに依存するだけのものではなく，新たなストーリーを紡ぐことで今に活かすことができること，またスピリチュアリティによってもたらされる精神的，肉体的ストレスの解放は現代にも通じることも示されている。秩父の分析によって明らかになったこれらの可能性は，スピリチュアルゾーンデザインの新たな可能性を示し，また多くの地域での可能性を広げるものであろう。

注
1）天照大神の天岩戸伝説のおり，天照大神を岩屋の外に出すための知恵を出したといわれる神。
2）山そのものを神とする信仰。奈良県の大神神社が有名で背後の三輪山がご神体とされる。
3）ここでは，『るるぶ　秩父・長瀞・奥多摩』（JTB，2015）を参考にしている。
4）長瀞町の入込観光客数は，2011年の187万人から2014年には242万人へと着実に増加している（埼玉県，2016）
5）現在の秩父郡は，小鹿野町，長瀞町，皆野町，横瀬町，東秩父村の4町1村からなる。

6 ）埼玉県の行政区域においても，東秩父村は秩父地域ではなく，川越比企地域に含まれる。

7 ）秩父神社と三峯神社は秩父市にあるが，宝登山神社は秩父郡長瀞町にある。

8 ）秩父地域振興センターホームページ https://www.pref.saitama.lg.jp/b0112/chichibun-poitiran.html （2016 年 3 月 18 日アクセス）にて確認。

9 ）このアニメのストーリーは，つぎのようなものである。幼い頃に一緒に遊んでいた遊び仲間 6 人であったが，ある日 1 人の少女が不慮の事故で亡くなることで，他の 5 人もそれぞれに苦悩を抱え次第に疎遠になっていた。彼らが高校生になったある日，亡くなった少女が霊となって一人の少年の前に現れ，願いを叶えてほしいと言う。これを機に，仲間が再び集まるようになり，それまでのお互いの苦悩を知り理解し合いながら，少女の願いを叶えるために協力し，再び前を向き歩み出すというものである。

参考文献

新井直行（2001）「秩父の総鎮守，秩父神社」井上勝之助監修『図説　秩父の歴史』郷土出版社，pp. 46-47。

飯野頼治（2007）「風土～地形と気候」千嶋壽監修『やさしいみんなの秩父学』さきたま出版会，pp. 14-23。

笠原直一（2001）「秩父宮家と秩父」井上勝之助監修『図説　秩父の歴史』郷土出版社，pp. 224-225。

神川町観光協会（2016）「神川町観光協会ホームページ―金鑚神社」http://www.kamika-wa-kanko.com/miru/%E9%87%91%E9%91%9A%E7%A5%9E%E7%A4%BE/（2016 年 3 月 12 日アクセス）。

川﨑のぞみ（2012）「秩父三十四か所　定林寺～アニメが描く『秘密基地』という聖地」星野英紀・山中弘・岡本亮輔編『聖地巡礼ツーリズム』弘文堂，pp. 150-153。

埼玉県（2016）「埼玉県ホームページ―観光入込客統計調査結果について（平成 23 年以降）」https://www.pref.saitama.lg.jp/a0806/kankoutoukei2.html（2016 年 3 月 19 日アクセス）。

佐藤久光（2009）『秩父札所と巡礼の歴史』岩田書院。

JTB（2015）『るるぶ　秩父・長瀞・奥多摩』JTB パブリッシング。

千嶋壽（1989）『秩父神社』さきたま出版会。

秩父神社（2016）「秩父神社ホームページ―ご祭神・由緒」http://www.chichibu-jinja.or.jp/saijin/index.htm（2016 年 3 月 12 日アクセス）。

秩父地域おもてなし観光公社（2014）「出会い旅　ふれあいの秩父ホームページ」http://www.chichibu-omotenashi.com/（2016 年 3 月 12 日アクセス）。

栃原嗣雄（1989）『宝登山神社』さきたま出版会。

沼野勉（1989）『三峯神社』さきたま出版会。

三峯神社（2016）「三峯神社ホームページ―ご祭神・由緒」http://www.mitsuminejinja.or.jp/saijin/index.htm（2016 年 3 月 12 日アクセス）。

第6章

事例④＝「白山神社」と「白山市」

宮本　文宏

はじめに～「白山神社」と白山信仰

　白山は富士山や立山と並んで日本三名山のひとつに数えられる（図表6-1）。同時に，白山は白山修験道の総本山として全国で信仰の対象とされてきた。その広がりを示すように，白山神社は日本全国の各地に存在している。

　全国に神社は数多く存在するが，それぞれ祀られている主祭神が異なる[1]。この主祭神によって神社はいくつかの系統に分かれ，応神天皇（誉田別命）の神霊としての八幡神を祀った八幡神社や，菅原道真を祀る天満神社ないし天神宮，熊野権現を祀る熊野神社などがある。これらの神社の中で，白山をご神体として祀った神社が白山神社であり，白山に対する信仰を白山信仰という。白山神社は数の多さで富士山を祀った浅間神社の数をはるかに凌駕し，山岳信仰としては，富士信仰を超えて日本一の広がりを示す[2]。

　それでは，なぜ白山信仰は全国に展開し，各地で支持を集めることができたのか。この白山信仰とは具体的にはどのような信仰を示すものなのか。本章ではこれらの疑問の答えを示す。そこから，白山信仰が現在，白山のブランドとして活かされているといえるのかを問いかけ，白山信仰を現代の地域ブランドとして展開するためのアプローチ方法を考察する。

図表 6-1　白山市のポジショニング

ただし，本章が目指すのはかつての白山信仰を再び信仰として蘇らせること
ではない。地域デザインの観点から白山信仰を捉え，白山信仰の根底にある精
神性から，白山をスピリチュアルゾーンとしてデザインし，地域ブランドを展
開することを目的とする。

第 1 節　地域ブランドとしての「白山」の史的概要と現状課題

　本節では，白山信仰の成り立ちから全国への普及と現在に至るまでの歴史と
背景を捉える。また現在，白山がブランドとして直面している課題をあげ，白
山信仰によるブランド化の検討につなげる。

⑴　パワースポットとしての「白山」のプロフィール

　古来より，日本では山を神聖視し崇拝する山岳信仰が各地に存在してきた。
この山岳信仰は日本をはじめ，主にネパールやチベット，ペルーなどの世界各
地で見られる。当然のことながら，これらの地域に共通する条件として，人を
寄せつけない程の険しい山が存在し，その山に頼って暮らす狩猟民が文化を形
成してきたことがあげられる。

　白山も，これらの条件に当てはまる。白山は圧倒的な存在感を持ち，周辺で暮らす人々に大きな影響を与えてきた。古代から，人類にとって山がもたらす植物の稔りや山に暮らす動物たちは生活の重要な糧であった。日本でも，長く山の森林や川からの恵みに支えられ人々は暮らしていた。やがて稲作が大陸から日本に伝わると，森での狩猟採取生活は平地での農耕へと移り，各地での自然崇拝としての山岳信仰は衰退していった。だが，白山は人々の生活が変化した後も信仰の対象であり続けてきた。

　その理由として，白山の場合には，稲作の普及とともに山岳への信仰形態が，農耕と結びついた水源地としての信仰へ立ち位置を変えていったことがある。日本の多くの山々の中でも，特に白山はその名前のとおりに雪を頂く山として周辺の水源地であり，九頭竜川，手取川，庄川，長良川といった各地を代表し，流域に広い稲作地帯を持つ河川域の源泉である。これらの流域で平野を形成し，水の恵みを与えることから，白山は水神として敬われ，人々からの信仰を集めてきた。

　この白山が位置するのは，北陸地方から中部地方にかけてであり，現在の富山県，石川県，福井県，岐阜県にまたがる。現在の市区町村は，石川県白山市と岐阜県大野郡白川村である。白山を形成するのは，標高2702mの御前峰，剣が峰，大汝峰の白山三峰と周辺の山峰である。白山は，複数の噴火口を持つ活火山として，かつては噴火を繰り返してきたことが現在の調査から分かっている。また，白山は北陸地方の中では立山とともに標高の高い山で，北陸平野から山の稜線が望める。白山を望む現在の石川県の加賀地方では白山は土地のシンボルとされてきた。

　白山の周辺地域の人々にとって白山は精神的にも暮らしにおいても深く結びついた存在であり続けてきた。実際に白山は水による豊かな収穫を周辺の地域にもたらすと同時に，時には噴火による深刻な被害や水害を与えてきた。これらのことから白山は神聖な山として信仰を集めてきたと考えられる(写真6-1)。

写真6-1　白山（夏）

(2)　白山信仰の歴史とレクリエーション化によるブランド低下の課題

　白山が広がる北陸から中部地方を中心にした白山信仰は，時代が下るにつれてこれらの地域を超え全国に展開していった。そうした信仰の普及により，全国各地に白山をご神体として祀った白山神社がつくられていった。

　このような白山信仰の全国的な広がりは，修験道が全国へ展開したことと関連づけられる。修験道は，奈良時代に元々の土着の山岳信仰に仏教や道教などの信仰が加わることで成立した宗教である（五来，1980）。白山は，修験僧泰澄が登頂し開山したと伝えられ，修験道においては吉野金峯山，出羽羽黒山，伊予石鎚山等の山と並ぶ霊場に定められた。これらの霊場を修行の場として修験者や山伏は霊性を身につけるために，厳しい修行を繰り返し，各地で信教の布教を行った。この修験道の広がりとともに，元々の白山周辺の山岳信仰は白山信仰へと展開し，全国に普及していった。

　その後，平安時代に加賀と越前と美濃の三国に白山への山道（馬場）が築かれ，それぞれが宿坊と神社仏閣を持つ白山奥宮へ登拝するための拠点となる。この三国の馬場が，加賀鶴来の白山本宮，越前の平泉寺，美濃の長滝寺である。やがて，南北朝時代に南朝の拠点であった熊野が戦乱にみまわれ熊野三山への入山ができなくなると，白山信仰はそれまで修験道の中心であった熊野修験を追

い落とし，全国規模で展開することになる。特に，加賀の馬場は加賀一ノ宮に列せられ，宗教的にも政治的にも隆盛を極めたという（五来，1991）。

　しかし，白山信仰は時代とともに勢力を失っていく。白山信仰の三拠点となった馬場間で勢力争いが続く間に，一向宗が力を持ち，一向一揆により越前馬場の平泉寺が焼かれる。また，加賀一ノ宮も焼失し，移転した後は，長い間荒廃したままとなり，かつての信仰の隆盛はみられず衰退していく。やがて戦国の世が落ち着き，加賀地方を平定した前田家の庇護を受け，ようやく白山神社は再興する。だが，その後明治維新を迎えると，近代国家樹立に向けて神仏分離と廃仏毀釈を明治政府が推進し，修験道も禁止され白山権現も廃され，白山神社は神道の神社に位置づけられる。

　その神道も，太平洋戦争の敗戦後にアメリカの占領統治下において一時禁じられる。やがて高度経済成長を経て神道の宗教色が薄れ，神社は冠婚葬祭のイベントの場所のひとつとして日常化していった。このような時代の推移とともに，白山信仰も衰退し，霊場や聖地は看板として掲げられるだけになっている。現在の白山は登山や観光等のレクリエーションのための場所として多くの人から人気を集めている。

　しかし，レクリエーションスポットとして人を集めれば集めるほど，白山は誰もが気軽にいける場所と認識されるようになっていき，多くの標高の高い山のひとつでしかなくなってしまう。それはブランド化とは程遠く，三名山として称えられてきた白山であっても，特別な場所としてのブランド価値が失われていくことになる。このような状況が示すように，現在の白山において，かつては加賀馬場として栄えた白山市は登山道の入り口として通過する場所であり，地域としては全くブランド化できていない。

　それでは，白山のブランドを高め，加賀側の拠点である白山市に人を集めるにはどのようなデザインが必要か。その答えが，白山のブランド化のためのデザインとして白山をスピリチュアルゾーンとして描き，新しくデザインし直すことである。このスピリチュアルゾーンのデザインのためには，地域デザインのフレームワークである，トポスとコンステレーション，アクターによるデザ

イン展開が有効である。

第2節　「白山」ブランドのコンテクストデザイン＝水と白の霊山ブランドの形成

　本節では，白山のブランドデザインとして，白山比咩神社を拠点に白山と白山市のゾーンを描き，白山比咩神社を霊的トポスとする。さらに，この神社に祀られた菊理媛神が象徴する水と白山の白をコンステレーションデザインとして，各地の白山神社での祭りをアクターズネットワークとしてつないでいく。これらの地域デザインを通した白山の地域ブランド展開を検討する。

(1)　「白山」のゾーンデザイン＝白山信仰のゾーン形成

　白山は国立公園に認定されており，ニホンカモシカやライチョウなどの天然記念物やクロユリなどの高山植物など独特の生態系を持つことでも知られる。国立公園内には白山白川郷ホワイトロード[3]が横断し，ブナ原生林や高山植物や滝や白山の山並み等を車窓から見ることができる。また，登山道も整備されており，登山の拠点である室堂平には山小屋とビジターセンターが設置されている。近年の登山ブームの影響もあり，登山シーズンには多くの登山者が全国から押し寄せ，紅葉の時期にはマイカー規制や入山規制が行われるほどである。さらに，冬には一里野温泉スキー場をはじめとして，白山の周囲に複数あるスキー場にはスキー客が訪れる。

　このように，白山はレクリエーションスポットとして高い人気を誇る。だが，余暇を過ごしリラックスし，スポーツを楽しむのであれば，他にも数多くの場所の選択肢があり，レクリエーション化は白山のブランド化につながらない。

　また，白山白川郷ホワイトロードの石川県側の拠点である白山市は，岐阜側の白川村ほど知名度が高いとは言えない。白川村は，白川郷として世界遺産にも登録された合掌造りの独特な家屋が立ち並ぶ古くからの歴史のある村である。それに対して，白山市は平成の市町村合併によって生まれた新設の都市である[4]。

そのため，白山市としての歴史も伝統も持たず，都市としての知名度やブランドという点では白川郷や同じ石川県の金沢に遠く及ばない。現在の白山市は観光で訪れる人にとっては，白山への入り口の場所としてしか認識されていない[5]。

むしろ，合併前の鶴来町や吉野谷村，鳥越村，尾口村，白峰村の方が，それぞれ白山に関連し，加賀国一国の白山比咩神社のある場所の町や村として，また白山登山口や渓谷のある村として知られてきた。それらが白山市としてひとつに強引にまとめられたことによって，かえって白山とのつながりを分かりにくくしてしまった。

そこで，白山を白山市と結びつけてブランド化していくには，白山市の中の各地に拡散する白山に関係する歴史やストーリーと白山の自然や宗教的な史跡などを白山信仰につなぎ，ブランドとすることが有効だと考えられる。白山信仰によるゾーンを描くことで，単なる通過点でなくレクリエーションスポットでもない，特別な価値を白山を中心とする一帯の地域に生みだしていく。さらに，この白山信仰によるゾーンを描くことで，かつての三馬場としての加賀，越前，美濃のつながりを生むことができる。これらがつながることで日本の各地に点在する白山神社をつなぎあわせた広域のゾーンが形成できる。こうしたゾーン形成のために，白山信仰の象徴である白山市の白山比咩神社を拠点として白山と白山市のゾーンを捉えたデザインを行うことは，きわめて有効であろう。

(2)　「白山」のトポスデザイン＝白山信仰の象徴としての「白山比咩神社」

現在の白山信仰の中心地は，白山市の白山比咩神社である。白山信仰の中心の座をめぐって，かつては美濃と越前と加賀の3箇所の馬場がそれぞれ勢力を持って争ってきたが(五来，1991)，現在では昔日の繁栄を伝えているのは，かつての加賀馬場の中心であった白山比咩神社である。

この白山比咩神社に祀られる祭神は，菊理媛神・伊弉諾尊・伊弉冉尊の三柱である。権現信仰においては伊弉諾尊が九頭龍王に化身し顕現したのが白山大

権現，白山妙理権現であり，本地仏として十一面観音菩薩が祀られている。歴史の中で民間伝承により形を変えながら，菊理媛神を白山比咩神として白山信仰の中心とするようになり，現在に至る（五来，1991）。

さて，歴史を見ると，もともと白山比咩神社は加賀一ノ宮と定められており，平安時代から室町時代に修験道の拠点として栄えた。しかし，加賀と美濃と越前の三馬場同士の正統を巡る内部抗争や一向一揆の戦乱によって，白山修験道は衰退していく。越前馬場の平泉白山神社は一向宗衆徒に焼かれ，白山比咩神社も室町時代に焼失し，御神体や御本尊が運び出され，現在の三宮の地に遷座した。続く戦乱の時代には，白山比咩神社は荒廃したまま長く放置された。

白山比咩神社が復興するのは前田利家の金沢入城以降である。前田家は，財物を寄進し社殿を再建し神社を庇護した。その後，明治維新を経て，権現信仰が廃され神道へ統合し，白山比咩神社は神道に組み込まれる。国幣社となって全国の白山神社の総本社と位置づけられ，越前，美濃の白山神社は分霊された白山神社とされた。やがて，大東亜戦争での日本の敗戦により各地の神社は国家の管理を離れ，白山比咩神社は白山本宮として現在に至っている。

写真 6-2　白山比咩神社

　このように，白山比咩神社は白山信仰の歴史を体現してきた。社会の変遷とともに形を変えてきたが，白山比咩神社は白山と強く結びついた信仰を象徴する場所であり続けてきた。白山のスピリチュアルゾーンを描き地域ブランド化していくには，この白山比咩神社を白山信仰のトポスとし，展開していく必要がある（写真6-2）。

(3)　「白山」のコンステレーションデザイン〜白と水の神としての「白山比咩神社」のブランド化

　この白山比咩神社の比咩とは比売神（ひめがみ）のことであり，姫大神とも記される女神のことを指す。白山比咩神社が祀る女神が，菊理媛神であり，白山比咩神（白山比咩大神（しらやまひめのおおかみさま））として祀られている。この菊理媛神は，キクリの音がククリ（潜り）を意味しており，これには水中で禊ぎをする水神であるという説や，伊弉諾尊が黄泉の国に降りて鬼神となった伊弉冉尊に追われ黄泉比良坂まで行ったときに，二神の間を取り持ち，ククッタ（括った）縁結びの神であるという説が見られる。

　これらの説から，菊理媛神は穢れを払う巫女であり，シャーマン的な存在として捉えられてきたことが分かる。白山比咩神社で菊理媛神が主神として祀られるようになった背景には，白山が黄泉国の死の世界を象徴し，片や菊理媛神が象徴する再生としての蘇りや禊ぎが信仰として結びついたためだと考えられる。

　このように白山は，現世と隔絶した死の世界と捉えられてきた。人々は神霊の顕現として白山を敬い，人が亡くなった後に死者の霊魂が赴く場と見なしてきた[6]。さらに，白山大権現，白山妙理権現が池から九頭龍王の姿で現れたという伝説が示すように，白山の信仰は水と密接に結びついてきた。山の水は清浄なものの象徴であり，穢れを払う禊ぎに必要なものである。白山信仰が水と強く結びつくのは，白山が日本を代表する河川の源流であるためである。福井を流れ三国湾に注ぐ九頭竜川と，金沢平野を流れる手取川という日本海側の河川の源流であり，また分水嶺として伊勢湾から太平洋へと流れ込む長良川の源

流に白山がある。

　このことは，白山の名前が示すように，白山が冬にはユーラシア大陸から日本海を経て日本列島に吹き寄せるシベリア寒気団の影響を受けて，雪に覆われて真っ白になる山であることを示している。この山肌を白くする冬の間に降り積もった雪が一年を通じての水の恵みを周辺の地域にもたらしている。この点こそが，同様に日本を代表する山である富士山との大きな違いである。

　つまり，白山は日本海の気候の大きな循環の中にあり，雪と雪を源泉とした水を特徴にしている。こうした特徴が，龍神や菊理媛神を主神とする白山比咩神社の信仰に結びついている。

　そこで，白山のスピリチュアルゾーンをデザインするうえでは，白山の白が象徴とする雪と水を，白山と周囲の地域をつなぐ生命の流れと捉えてコンステレーションデザインを行うことが有効である。このデザインとは，つまり日本海という自然の循環系がもたらす恵みの関係性であり，体系なのである。

⑷　「白山」のアクターズネットワーク＝祭りと文化によるつながり

　白山信仰の開祖は越前出身の僧である泰澄と伝えられている。強い法力を備えた泰澄が池で祈った際，九頭龍王の姿で白山妙理権現が顕れたとされている。泰澄は越の大徳と称され，この伝説をはじめ，数多くの伝説を残している。それらの伝説は，泰澄を象徴として白山信仰を定式化したものと捉えられる。

　泰澄による開山以来，白山信仰の広がりは全国に展開し，加賀，越前，美濃の三馬場の周辺をはじめとして，新潟県糸魚川市，愛知県犬山市，三重県津市の白山町，京都府宇治市，山口県岩国市や岩手県の中尊寺にまで白山神社が築かれた。それらの各地で白山大権現が祀られ，地域の人たちによってさまざまな祭事が行われてきた。例えば，中尊寺では白山宮祭礼が行われ，能舞台で神楽や田楽が行われる。また，美濃馬場の長滝白山神社では花奪い祭りと称される，拝殿の天井につるされた造花を若衆が奪い合う祭りが開催される。また奥三河では白山行事として花祭りという山伏神楽が行われている。さらに，加賀においても白山祭りとして野良着や浴衣姿で歓呼の声をあげて踊るかんこ踊り

や，白山比咩神社での神楽祭りや提灯行列など，白山信仰ゆかりの祭りが多数行われている。

　これらの祭りに見られるように，白山信仰は各地に広がり，白山権現を支えてきた。加賀の白山比咩神社を本宮とする白山神社による白山信仰のネットワークは修験道が廃れた現在になっても，各地域の行事と結びつき人々の心の中にある信仰のつながりを保っている。かつては正統争いから覇権を競った美濃，越前，加賀の三馬場だが，白山信仰のブランドの下に新たに連携し合うことで相互のブランドを築き高めていくことができる。このように，白山権現を中心にしたスピリチュアルゾーンを描くためには，各地の白山神社の祭りや風習などの文化をアクターとしてつなぎ，ネットワークを築くことが有効である。

第3節　地域ブランドとしての「白山」ブランドの発展方向

　本節では，白山をスピリチュアルゾーンとして地域ブランド化するための白山信仰の展開の可能性を考察する。その可能性とは，白山信仰の根底にある自然とのつながりを捉え，日本海の大きな循環の中に位置する白山に着目し，日本人の根底にある精神性へと結びつけていくことである。

⑴　白山ブランドの未来展望＝白山信仰による秘儀ゾーンの構築

　白山信仰は，山岳への自然崇拝から発して修験道の修行の場や神仏習合の霊場となり，明治期の廃仏毀釈や敗戦後の国家神道廃止を経て現在に至っている。時代の変化とともに，山中の自然と交感し，儀礼を通じて悟りを得る修験道の修行は失われつつあり，山伏や聖と称された山岳を遍歴する行者も姿を消しつつある。修験道の衰退とともに，死者の霊が赴く場所として山中他界と称された霊峰としての白山の存在も消えていこうとしている。

　こうした変化は，近代化の進展とともに自然に対する人の感受性が弱まり，感応力を失くしてきたことを示している。また，感応力の喪失とともに，かつては畏れ敬われ，死の世界を象徴する霊峰として白山様と呼ばれた白山の面影

は失われようとしている。古くから山頂への入山が禁忌とされ，修行の場であった白山も，現在ではハイキングや登山の場所となっている。登山者やスキー客を集めるスポーツの場所であり，車で行ける観光地というのが現在の白山の姿である。白山はかつての霊山や修行の場から日常的で気軽な山となっていくと同時に，神秘さや特殊性をなくし，同時に魅力を消していった。

　白山を地域ブランドとして展開していくには，こうした単なる山としての存在を脱して，他と取り替えられない特別な存在であることを示す必要がある。そのためには，白山の信仰に焦点をあて，長きにわたる白山信仰の伝統へ目を向ける必要がある。白山信仰は祖先から長く受け継がれてきた特別なストーリーである。その歴史は近代国家成立以後と比べてはるかに長く，白山の周囲で暮らす人々の生活と密接に結びついてきた。こうした信仰そのものが文化遺産であり，白山の最大のブランドだと言える。

⑵　白山への貢献＝白山比咩神社による白山のスピリチュアルゾーンの構築と地域ブランド活用

　現在，白山信仰を象徴し体現するのは，加賀一ノ宮の白山比咩神社である。この白山比咩神社は白山神社の総本宮であり，縁結びの神として知られる菊理媛神が祀られる。この菊理媛神は穢れをはらう水の女神としても知られ，水との関わりが深い。

　水は生命の源であり，空からの雨や雪によってもたらされる。水は川となり海へ注ぎ，やがて蒸気となり雲が生まれ，風に運ばれ，再び雨や雪となって地上に降りてくる。このように，白山の水の恵みは，日本海の自然の循環による生態系が地域にもたらすものである。冬の間に白山の岩肌に降り積もった日本海の雪は，春になると解けだし，花崗岩と土壌を通って長い年月を経て磨かれ，伏流水として流域の各地に潤いを与える。この潤いによって，多くの川が流れる。白山の流域はいずれも豊かな稲作地域として知られている。また，白山の地下を通して磨き抜かれた水は，混雑物のない純粋な生命の水とされてきた。特に，酒造りに最適な水として知られ，現在も多くの銘酒が白山の水と米によ

って醸されている。

　このように，大きな生態系の中で自然の循環は多くの恵みをもたらす。白山は日本海とともに生態系の中心に位置づけられる。こうして，白山信仰は自然の循環の中からもたらされた。自然の中で，さまざまな生命はつながり合っている。人々の営みもまた，どのように社会が変わったとしても，そうした自然の循環とともにあり続ける。

　白山信仰が周囲の地域で生まれ人々の間で伝えられてきたのは，自然の営みの中に人を含めた生命が存在し，これらの生命がやがて還り再び循環する場所として白山を捉えたためである。生命の源である白山の水を生む，生命の循環の象徴として白山を捉え，聖地としてのスピリチュアルゾーンを描くことが，白山の地域ブランド化において有効である。白山のスピリチュアルゾーンをデザインするためには，本章で展開したように白山信仰の本宮である白山比咩神社を中心にしながら，菊理媛神を象徴とし，生命の源の水が循環する場として描くことが望ましい。さらには白山比咩神社が鎮座する白山市の各地に伝わるさまざまな伝承や祭りと，越前や美濃をはじめとする各地域に広がる白山神社の祭りをつなぐことによって，かつての白山信仰のネットワークを生むことが白山のスピリチュアルブランドを広域に展開することになる。こうした地域ブ

写真 6-3　白山（冬）

ランドのデザインによって，日本人の精神性の根底にある自然観や生命観とつながり，真の意味での日本ブランドの展開となる(写真6-3)。

おわりに〜白山信仰による地域ブランド化のアプローチ

　古くから，人々は山を信仰の対象としてきた。それは，かつては山の存在が生活と深くつながり，人が生命を維持していくために山が不可欠な存在であったからである。山は，川を通して流域に恵みと収穫を与え，同時に川の氾濫として大災害をもたらした。山は多くの生命を育む大きな存在であるが，同時に噴火により周辺の地域の生命を破壊する荒ぶる神でもあった。また，もっとも空に近い場所であり，死後に生命の霊魂が向かう場所だと捉えられてきた。

　これらの信仰は，近代化とともに薄れつつある。信仰が薄れつつあることは，都市に暮らすわれわれの自然への感応力が弱まっていることを示している。自然から離れることで人の感応力が弱まり，同時に生命力も希薄化していく。科学が発展し，社会が産業化しても，人間が生まれ，やがて死ぬ肉体を持った一個の生命であることに変わりはない。生命である以上は何者も自然の大きな循環の中から逃れることはできない。

　現代社会では宗教そのものが日常生活の奥に隠れ見えなくなっているが，人の絶対的な存在への畏れや祈りは深く心に刻まれている。自然が有する力に感応し，生命が持つ力を高めていくことが，現代社会においても求められている[7]。そうした欲求に応える地域ブランドとして白山は，その歴史とともに大きな可能性を持っている。

　白山は，その名前のとおり冬には白く雪に覆われる山であり，日本海の気候の循環の中に位置する山である。そのような自然の循環において，白山は生命の源であり強い生命力を持つ中心的存在である。白山の周囲に暮らす人々は，白山の姿から絶対的な存在への畏れを感じて，祈りを捧げてきた。長い間，白山は聖地であり，霊山として敬われてきた。

　西洋の思想や技術を取り入れ発展してきた近代化がさまざまな問題を露呈し

はじめている現在において，再びかつての修験道信仰に着目すると同時に，その信仰の先にある大きな自然の循環を捉えることが，未来に向けての新たな方向性となる。近代化による産業化がもたらした消費社会では，近年はモノだけでは飽き足らず，心の充足を求める精神性へと関心が移っている。

　こうした社会の変化とともに，パワースポットとしての白山の姿に焦点をあてることが白山の地域ブランド化になる。かつての白山信仰から，新たに現代における白山のスピリチュアルゾーンを形成して，白山と白山比咩神社が鎮座する白山市をつないで地域ブランドとして展開することが，時代の要請となっている。最後に，本章の視点がそのためのデザインの方法としての示唆となることを期待したい。

注
1）神社の祭祀対象は神道の八百万の神であり，非常に多彩である。
2）沖縄と宮崎県を除く各地に分布し，特に岐阜と福井に数多く存在する。奥州平泉の中尊寺でも，有名な金色堂の反対側に白山神社が置かれており，日本を代表する能舞台である白山神社能楽殿が存在する。
3）かつては，白山スーパー林道という名前であった。
4）白山市は2005年（平成17年）に周辺の1市2町5村が合併し誕生した市であり，石川県では最大の面積を持つ都市であると同時に，金沢市に次ぐ人口を有する都市でもある。
5）現在の白山市は産業が集中する金沢へ通勤する人にとってのベッドタウンという位置づけにあり，住宅都市としての顔が強く，白山という観光資源としてのブランドを十分には活かせていない。
6）さらに仏教の影響から白山は仏の居られる場所として極楽浄土とされ，密教では山全体を曼荼羅と捉えた。
7）新興宗教のブームやオウム真理教による事件も未だ記憶に新しい。

参考文献
五来重（1980）『修験道入門』角川書店。
五来重（1991）『山の宗教―修験道講義』角川書店。
鈴木正崇（2015）『山岳信仰　日本文化の根底を探る』中央公論新社。
白山本宮神社史編纂委員会（2010）『増訂図説―白山信仰』北國新聞社出版局。
前田速夫（2006）『白の民俗学へ―白山信仰の謎を追って』河出書房新社。
宮家準（2000）『役行者と修験道の歴史』吉川弘文館。

第Ⅲ部

"秘教" による
「スピリチュアルゾーンデザイン」

第7章

事例①=「身延山久遠寺」と「身延町」

佐藤 茂幸

はじめに～日蓮宗にみる秘儀性と「身延」の地域価値の増大

　本章は，「秘教」によるスピリチュアルゾーンデザインの一連の事例を，トップバッターとして考察するものである。その中核テーマは秘儀性である。秘儀性には，宗教と密接に関わりながら時には異端と禁じられ，さらには迫害されてきた歴史を内在している。本章の主役である日蓮聖人は，まさに異端扱いと迫害の生涯のなかで，法華経としての日蓮宗を築いた偉人である。したがって，その歴史から宗教的な秘儀的スピリチュアルが，日蓮が開祖した「身延山久遠寺」に宿ることになる。そして，僧侶や信徒たちが行う信仰や巡礼が長きにわたって継承され，身延の地域に霊性となるコンテクストが積み重なってきている。

　その一方で，身延山久遠寺は山梨県身延町にありこの地を代表する町のシンボルでもある（図表7-1）。東京首都圏からやや遠方にあるものの，参詣者のみならず多くの観光客が訪れる。したがって，身延山久遠寺には，秘儀的な陰の部分と身延町のシンボルとしての陽の部分が，混然となっている。

　そこで本章では，第1節において「身延」の地域ブランドの実態を，身延山久遠寺と山梨県身延町の両面のプロフィールから明らかにする。そして，第2

図表7-1　山梨県身延町の広域地図

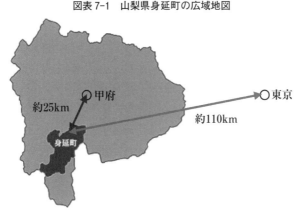

出所）身延町(2013)より筆者作成

節では，身延の地域ブランドを主導する久遠寺のスピリチュアルゾーンの解明を試み，秘儀性のコンテクストをあぶりだす。そのうえで，まとめの第3節において，「身延」のスピリチュアルな地域ブランドの発展性を提示する。

第1節　地域ブランドとしての「身延」の概要と課題抽出

　身延山は，日蓮聖人が晩年の9年間を過ごし，自ら墓所と定めた宗祖棲神の地であり，日蓮宗の総本山にして「祖山」[1]と称されている。したがって，「身延」は日蓮宗の僧侶・信徒にとっては絶大なる地域ブランド力を有している称号である。しかし，行政区としての「身延町」は，門前町や宗教的地方都市のブランドイメージに引きずられ，それがかえって市政のあり方を難しくしている面がある。これはたとえば，身延町は狭域な身延山久遠寺エリアのみならず，「旧下部町」「旧中富町」といった比較的広い領域を有しており，町全体でスピリチュアルなブランドイメージを十分に活かせていないといった問題を生じている。

　そこで，最初の本節では身延山久遠寺のプロフィールを確認し，これが及ぶ地域ブランドの定義を行う。そして，その地域ブランドと身延町との連動制を

精査し，身延のスピリチュアルゾーンデザインの課題を明らかにする。

(1) パワースポットとしての「身延山久遠寺」のプロフィール

　身延山久遠寺は，山梨県身延山の中腹に位置し，日蓮宗総本山として最高の
格式を誇る寺院である。寺院エリアは広大で，久遠寺本体である荘重な大本堂
を中心とした伽藍群のみならず，身延山山頂にある奥之院思親閣，七面山の敬
慎院などからなる。そこで，ここでは，日蓮聖人による開祖の起源を辿り，パ
ワースポットとしての久遠寺を概観する(写真7-1)(図表7-2)。

　身延山久遠寺の歴史は，鎌倉時代に遡る。1274年(文永11年)に，佐渡流罪
から赦免された日蓮は，信者であり甲斐国(現在は山梨県)地頭の波木井郷の南
部実に招かれ，身延山に入山した。この身延山の西谷で草庵を結んだ日蓮は，
読誦や弟子たちの教育に力を注いだ。そして，1281年(弘安4年)には老朽化し
た草庵を，法華堂として改修しこれを「身延山妙法華院久遠寺」として命名した。

　度重なる法難や流罪に遭いながら生涯を布教に捧げた日蓮であったが，出家
後の人生で最も長い9年間をこの身延山で過ごすことになる。この間，身延山
西谷の草庵には，多くの教えを乞う弟子や信者が各地から法華信仰についての

写真7-1　身延山久遠寺の伽藍群(1)五重塔

図表7-2　身延山久遠寺の全体図

出所）身延町身延山観光協会ホームページ「みのぶ観光案内」http://
www.minobu.info/kuonji/index2.php(2016年10月28日アクセス)
より引用

疑問と供物を携えて訪れた。日蓮はその疑問の答えを手紙に認めて信者らに渡
した。彼らは地元に帰り，信者たちの前でそれを読んで聞かせることで信仰の
輪が広がっていったという(山折，2013)。こうして身延山は「法華経」伝道の
地になる。その後，日蓮は両親の墓参と湯治のため身延山を下山するが，その
途中の武蔵の国池上(現在の東京都大田区)で1282年(弘安5年)に没する。その
遺言として遺骨は身延山に葬られ，日蓮の魂が棲んでいる「棲神の地」とも呼
ばれるようになる。

　室町時代の1475年(文明7年)に，久遠寺は西谷から身延山の現在地に伽藍
が移転される。その後，戦国時代の甲斐武田氏や，江戸時代の徳川家の外護を
受けて伽藍が整えられ，1706年(宝永3年)には皇室勅願所となる。現在の山内
の伽藍群には，日蓮遠忌700年に再建された本堂や，日本最大三門に数えられ

る三門，134年の歳月を経て近年復元建立された五重塔などの史跡がある。

　この壮大な総本山・祖山のもと，日蓮宗は江戸期以降，教化の急速な広まりと信徒の増加をなしえる。現在，日蓮宗の信徒の数は約392万人にのぼり（文化庁，2015），身延山久遠寺の参詣者は年間120万人を数えるという（身延町，2013）。このようにして久遠寺のトポスパワーにより，身延の地は強力なスピリチュアルな地域ブランドを身にまとうことになった。つまり，身延の地域ブランドは，日蓮聖人の霊性によるものであり，日蓮宗信徒らの久遠寺における巡礼や思慕のブランドであるといえる。

⑵ 「身延町」の現状と地域ブランドの課題

　一方で，身延山久遠寺を擁する「山梨県身延町」を行政区の視点から，地域ブランドの力を評価するとどのようになるのか。これを，身延町のプロフィールを点検したうえで，地域ブランド上の課題を明らかにしていくことで評価したい（図表7-3）。

　身延町は，面積が山梨県の6.8％に当たる301.98㎢で広さであり，8割が山に囲まれた土地である。山梨県の南部に位置し，中央を北から南に日本三大急流のひとつである富士川が流れ，その支流として，早川，常葉川など大小の河川が流れ込んでいる。平坦部分は，富士川沿いなどの河川域に広がっており，その地と並行してJR身延線や国道52号が南北に通っている。また，富士川を挟んで東西それぞれに急峻な山岳地帯が連なっており，自然豊かな風土を擁している。

　現在の身延町は，2004年9月に旧町の「身延町」「下部町」「中富町」が合併して誕生した町である（図表7-4）。そしてこのときに，身延山久遠寺に代表される文化・歴史遺産や下部温泉，本栖湖，和紙の里などが散在する観光の町としてスタートを切っている。また，西嶋和紙やあけぼの大豆，ゆばや味噌といった数々の伝統工芸や特産品をもって産業の振興も目指している。

　それでも，身延町に地域衰退の波は押し寄せ，人口減少や高齢化の進展が著しい。2010年国勢調査における身延町の人口は14,462人で，1965年から2010

図表7-3　身延町の全域エリア

出所）身延町(2014)に筆者加筆修正

図表7-4　旧町と合併後の新
　　　　身延町の地図

出所）身延町(2013)より引用

年までの45年間の増減率はマイナス53.8％と大幅に減少している。この人口減少は今後も続くと予想されており，2040年には6,836人になると推計されている(身延町，2015a)。つまり，2010年からの30年間で，さらに52.7％の人口が加速度的に減少するのである。こうしたなか，身延町は市政として地方創生に基づく「身延町まち・ひと・しごと創生 総合戦略」(身延町，2015b)を打ち出したが，その内容は他市町村との比較において特徴を見出せるものではない。例えば，この総合戦略の具体的施策内容で，「身延山の魅力アップ」とあるが，身延の地域ブランド要素である神社仏閣に関わるスピリチュアルな地域資源の活用は表記されていない。

　これらのことから，身延の地域ブランドの課題として，スピリチュアルゾーンデザインにおける，次の3点を指摘しておきたい。

　① 合併後の新身延町として，狭域な身延山域に限らない広域的なスピリチュアルゾーンデザインが求められる。

② そのために，強力な霊場としての身延山久遠寺を中核としつつも，日蓮宗以外のあるいはそれに関連する霊的なコンテクストを開発する。

③ そして，参詣モデルやパワースポットによる観光ルートから，神秘としての移住スピリチュアルライフモデルを模索する。

　これら課題に対する解決の方向性については，以降の第3節で提示する。そのためにその前段として次の第2節において，身延山久遠寺のスピリチュアルゾーンを考察する。

第2節　「身延」ブランドのコンテクストデザイン＝神仏融合のスピリチュアルゾーン

　第2章において，スピリチュアルゾーンのタイプは，スピリチュアルトポスの関係性による分類がなされている。これによれば，身延のゾーンデザインは，スピリチュアルトポスの強大な影響力によって形成されてきたタイプに属する。つまり，スピリチュアルトポスに該当する身延山久遠寺のパワースポットとしての外部発信力が，周辺の霊場を融合あるいは創発しながら，身延のスピリチュアルゾーンを形成していったという解釈である。

　そこで，本節では，他事例に倣って，ZTCA デザインモデルに依拠しながら身延の地域ブランドを考察する。そしてこれをもって，身延山久遠寺というスピリチュアルトポスが，秘儀性を帯びたコンテクストをどのように獲得していったかを解明していく。

(1)　「身延」のゾーンデザイン＝3エリアの統合戦略

　身延のゾーンデザインは大きく3つのエリア，すなわち第1に久遠寺伽藍のエリア，第2に身延山全体を眼下にする頂上エリア，第3に七面山によって構成される。もちろん，その中核は第1の久遠寺エリアであって，強力なスピリチュアルトポスである。それを取り囲む形で，第2の身延山が霊山として存在感を示している。そして，その横に並ぶ山岳信仰のあった七面山という第3の

図表7-5 身延のスピリチュアルゾーンデザインの構成イメージ

エリアがあり，日蓮宗の守護神として霊的な融合がなされている。これら3つのエリアがコアな身延のスピリチュアルゾーンとすることができる。

　このコアなスピリチュアルゾーンは，さらに関連機能をもって付加的なゾーンデザインがなされている（図表7-5参照）。例えば，身延山詣に伴い，その麓には飲食店や物産店が軒を連ね門前町が発展したこともそのひとつであろう。また，修行僧らが滞在する宿坊等の宿泊エリアが整備され，身延は宗教都市の様相を呈している。さらには，身延山の真東には富士山があり，七面山からは春秋の彼岸の中日にダイヤモンド富士[2]を拝むことができる。富士山信仰を広域ゾーンの背景にもつことで，スピリチュアルな力を強化している。

　このように，日蓮宗総本山としての身延山久遠寺は，周辺のスピリチュアルトポスを融合させながらコンテクストの価値を獲得しゾーンデザインをなしえてきた。ただし，それは行政区として身延町全体に行き渡るものではなく，物理的な空間として旧身延町の身延山周辺に限られたものである。しかしながら，その限られた辺境の空間にこそ秘儀性が宿っており，全国に散在する日蓮信徒にとっては聖なる領域に他ならない。そして，一般参拝者を含む観光客にとっては，日蓮宗の僧侶や信徒の神秘性がこの地で秘儀性を抱かせるものとなる。

(2) 「身延」のトポスデザイン＝「身延山久遠寺」をクローズアップ

　身延のスピリチュアルゾーンには，身延山久遠寺というスピリチュアルトポスが中核に君臨する。そこでここでは，その久遠寺のトポスデザインそのものを，寺院内の伽藍参詣ルートを辿りながら各霊場のコンテクストを確認してい

く。そして，これに加え久遠寺エリアと融合した身延山山頂エリアと七面山エリアについても取り上げ，これら3つのスピリチュアルトポスに関わるエリアを解説する。

第1の身延山久遠寺のスピリチュアルトポスは，一般的な霊場を参詣するイメージをもって語るならば，入り口にあたる「総門」をくぐり抜けるところから始まる。総門から少し歩くと見るものを圧倒する巨大な「三門」(写真7-2，図表7-2の竹之坊下付近)が姿を現す。そもそも三門の名称は「三解脱」である「空・無相・無願」からきており，仏道修行の悟りの内容を示す。世の中のさまざまな執着を取り払い，本堂に至る門として位置づけている。三門を過ぎると，「菩提梯」という287段の急こう配の石段がそびえる。ここを，題目「南無妙法蓮華経」[3]を唱えながら登るのが信徒の信仰行動とされている。

菩提梯をやっとの思いで登り切ると，「五重塔」(前述の写真7-1参照)が身延山を背景に存在感を示す。この五重塔は，2009年に134年ぶりに再建されたもので寺院内の象徴的な伽藍である。もともと五重塔は釈迦の遺骨(仏舎利)を安置するところで，寺院伽藍にとって重要なスピリチュアルな意味を持つ。そして，その奥脇には日蓮宗最大級の「大本堂」があり，これは1985年の日蓮

写真7-2　身延山久遠寺の伽藍群(2)三門

聖人700遠忌記念事業の一環として再建されたお堂である。堂内には本尊の一塔両尊四士等の15体が安置され，スピリチュアルな空気を放っている。そして，本堂外陣天井は，加山又造画伯筆の墨龍が荘厳さを発しており，神秘性の演出が施されている。

寺院内これら伽藍以外にも多くの霊場があり，たとえば日蓮の神霊を祀る「祖師堂」や，日蓮の御真骨を奉安する「御真骨堂」などがある。このように，これら多くの荘厳な伽藍群をもって，日蓮聖人の魂が宿る棲神の地をデザインしているである。

第2のスピリチュアルトポスとしての身延山は，日蓮がインドの霊鷲山に見立てたといういわれがある(五木，2004)。霊鷲山とは釈迦が法華経を説いたインドの霊地であり，この山と重ねることによって身延山は秘教性を帯びた聖地としている。そして，身延山は「南無妙法蓮華経」の題目を唱えさえすれば，生きているうちに霊山浄土に往ける，と説く日蓮宗の教えを具現化した山になっていく。久遠寺を中腹に据えた身延山そのものが霊山であり，神秘性・秘儀性を発する存在である。

標高1153mの身延山の頂上には，日蓮がここに立ち安房の方角を望んでは父母を思ったということから名付けられた奥之院思親閣がある。また，山頂では，後述の七面山と同様に春と秋に「ダイヤモンド富士」を観ることができ，この地の神秘性を高めている。ただし，身延山ロープウェイに乗ると7分で頂上に着くことから，観光性を高める一方で，逆に秘儀性を損なっているかもしれない。

第3のスピリチュアルトポスにあげる七面山は，身延山の西側に位置し，登山口から頂上まで片道5時間を要する苦行の山である。山岳信仰をもって広く知られている標高1982mの美しい霊山でもある。七面山が身延山とともに日蓮宗信仰の聖地となったのは，1274年(文永11年)，日蓮が身延山に入山して以来のことである。現在の七面山は，山頂に近い平坦地に身延山久遠寺に属する敬慎院があり，身延山を守護する鎮守神として七面大明神が祀られている。このことから，身延山久遠寺は，七面山による神仏融合によりスピリチュアル

の要素を強化した歴史をもっている。

　以上のように，身延山久遠寺のスピリチュアルゾーンにおいて，3つのスピ
リチュアルトポスやそこにある霊場が連携・融合することで，スピリチュアル
コンテクストが生じている。この連携の姿は，信徒や僧侶，またはそこを訪れ
た観光客にとっては，コンステレーションデザインとして心の目に映し出される。

⑶　「身延」のコンステレーションデザイン＝トリガーとしての法
華経をめぐる信仰

　ここでは，信徒，参拝者，観光客等が抱く身延に対するスピリチュアルな価
値，すなわちコンステレーションデザインに基づく価値を考察する。それは2
つの秘儀性，すなわち日蓮聖人の生涯に関わる秘教性と，信徒参詣や祈願の秘
儀性をもって明らかにする。

　その第1の秘儀が，日蓮聖人の生涯における苦難と神秘をデザインしたもの
による。その苦難とは，日蓮が法華経のみが唯一の正しい仏法とし，布教活動
において他宗の仏教を激しく非難をしたことの反動からきたものである。ある
いは，鎌倉時代の日蓮の生きた世は大地震や飢饉，疫病が流行っており，時の
幕府に対して厳しい諫言を行ったことも苦難を象徴する。日蓮はこれら行動の
反発として厳しい迫害に遭い，結果，度重なる「法難と流罪」を受けることに
なる。しかし，その著書『立正安国論』[4)]では外国からの侵略を予言し，その後
の蒙古襲来が現実化したことから日蓮の神秘性は極まっていく。こうした異端
の扱いや迫害に屈しなかった日蓮の活動と数々の不思議な逸話は神秘性を生じ，
これが時代を重ねながら儀式化することで秘儀性のコンテクストを帯びていく。

　久遠寺は，日蓮のこれら秘儀性を年中行事や儀式によって，コンステレーシ
ョンデザインをなしているといえよう。例えば，日蓮が法難を受けた日を宗門
の聖日とし，報恩のためのお会式と呼ばれる法要が行われる。ここには，僧侶
や檀信徒が参加し，ある種の秘儀的な儀式や祈祷が行われ，スピリチュアルな
空間が具現化する（図表7-6）。

　第2の秘儀性は，日蓮宗信徒の熱心な身延山巡拝によるものであり，それは

図表7-6 日蓮宗の主な行事

時 期	行 事 名
1 月	新年祝祷会(しんねんしゅくとうえ)
2 月	節分会(せつぶんえ)
2 月 15 日	釈尊涅槃会(しゃくそんねはんえ) ・釈迦の入滅をしのぶ
2 月 16 日	宗祖御降誕会(しゅうそごこうたんえ) ・日蓮が生まれた日
3 月春分の日	春季彼岸施餓鬼会(しゅんきひがんせがきえ)
4 月 8 日	釈尊御降誕会(しゃくそんごこうたんえ) ・古代インドに釈迦が生まれた日
4 月 28 日	立教開宗会(りっきょうかいしゅうえ) ・日蓮が32歳のとき法華信仰を宣言した日
5 月 12 日	宗祖伊豆法難会(しゅうそいずほうなんえ)※1 ※2 ・日蓮が40歳のとき幕府に捕らえられ伊豆に流された日
7 月	盂蘭盆施餓鬼会(うらぼんせがきえ) ・先祖の供養など
8 月 27 日	松葉谷御法難会(まつばがやつごほうなんえ)※1 ・日蓮が39歳のとき鎌倉松葉谷の草庵を焼き討ちされた日
9 月 12 日	龍口法難会(りゅうこうほうなんえ)※1 ・日蓮が50歳のとき龍口刑場で斬首されそうになったが, 光の玉が飛んできて難を逃れた日
9 月秋分の日	秋季彼岸施餓鬼会(しゅうきひがんせがきえ)
10 月 10 日	佐渡法難会(さどほうなんえ)※2 ・日蓮の佐渡流罪が定まった日
10 月 13 日	宗祖御会式(しゅうそおえしき) ・日蓮が没した日
11 月 11 日	小松原法難会(こまつばらほうなんえ)※1 ・日蓮が43歳のとき故郷付近の小松原で襲撃された日
12 月 8 日	釈尊成道会(しゃくそんじょうどうえ) ・釈迦が悟りを開き,仏陀となった日

※1:日蓮の四大法難会　　※2:日蓮の2度の流罪
出所)山折(2013),p.103を筆者加筆修正

　図表7-7のような形態である。各地の信徒は居住地から身延山に登詣する途中
に,身延山ゆかりの霊場や寺院に立ち寄り祈りを捧げる。そして身延山内に入
ったら各霊域を巡拝・供養を行うとともに,奥之院や七面山に廻り自らの懺悔
滅罪を行うのである(望月,2011,p.314)。これら一連の巡拝儀式は,信徒にと
っては神秘性に基づくスピリチュアルな価値を得るものであり,信徒以外の観
光客にとっては秘教的な誘惑を抱かせるものである。

図表 7-7　登詣者の身延山巡拝の形態

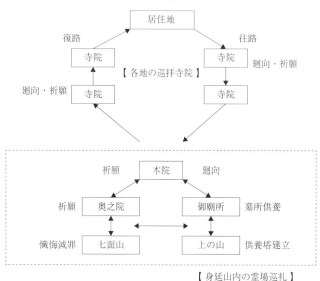

出所）望月（2011），p.314を筆者加筆修正

　久遠寺側は，こうした巡拝によるコンテクストのストーリーを信徒に抱かせるために，身延山参詣絵図・案内図の作成や宿坊の整備を行ってきたといえよう。また，身延山内外の参詣道の整備や，新たな山内霊場の開発を進めてきた。これにより，日蓮の廟所参拝に加えて，信徒自らの廻向・減罪・除厄・招福を祈る霊場が山内各所に設置され，これら各域にわたる霊場巡拝が信徒の信仰ニーズに応えることにつながる。つまり，これらのことは信徒や参拝者の目線からのコンステレーションデザインの行為であり，久遠寺の歴史の積み重ねのなかの意図された行為であると考察できる。

⑷ 「身延」のアクターズネットワークデザイン＝身延山大学を中心にした広域化

　身延のアクターズネットワークは，当然のことながら地域内外の宗教的な人

の関係性によって支えられている。そのひとつ，身延の地域の外に広がるアクターとして，身延山久遠寺を頂点とする寺院ネットワークがあげられる。身延山久遠寺は祖山と呼ばれ，日蓮宗の総本山のポジションにある。この久遠寺が中心になり，日蓮聖人の重要な遺跡「14の霊跡」[5]と宗門史上顕著な沿革のある「43の由緒寺院」にネットワークされている。そして，その配下にさらに末寺が全国津々浦々に多数存在する。したがって，これらの頂点にある身延山久遠寺は門下の住職・僧侶らの聖地の存在となる。つまり，日蓮宗にとって霊場としての最高位にあるといってよいだろう。

　もうひとつは，地域内にあるアクターズのデザイン要素である。その有力なアクターに身延山大学等の教育機関を指摘しておきたい。身延山大学は，身延山久遠寺が運営する仏教学部のみの単科大学であり，日蓮宗僧侶養成を主な目的とする。全学年で160人と小規模でありながら，信徒以外も入学可能となっている（身延山大学，2016）。日蓮宗僧侶になるには，大学で日蓮宗の僧侶の資格である「僧階単位」を修得し，師僧に就いて出家する。そして，身延山内にある信行道場で所定の修行を経て，日蓮宗宗務院から認証される。したがって，僧階の資格がなければ，日蓮宗のお坊さんとして認められないことから，身延山大学はアクターとなる人材育成の機能を担う。また，日蓮宗や身延地域に関わる研究も行っていることから，霊場としての価値を高める機能も要している。

　以上のように，身延におけるアクターズネットワークは，宗教的なつながりをもってデザインされていることから，強固でかつ階層的なものである。そして，信徒以外のものにとっては閉鎖的なネットワークであり，逆にそこからある種の秘儀性を生じている。

第3節　地域ブランドとしての「身延」ブランドの発展方向

　前節の考察は，身延山久遠寺のスピリチュアルトポスが，身延の地域ブランドを主導してきている疑いの余地もないことを示している。このことは日蓮宗の宗教活動が未来にわたり続き，久遠寺が総本山の地位にある限り継続してい

く可能性を高める。

　ただし，それがゆえに身延町としての発展や，その地域の新たな価値創造を怠る言い訳につながり兼ねない。このことは，第1節にあげた身延町自体の地域ブランドの課題ですでに指摘している。そこで本節では，こうした身延町の課題に対し，これを解決する2つの方向性を地域ブランドの「拡張」と「浸透」の視点から示して本章の事例研究のまとめとする。

(1)　身延ブランドの拡張＝身延山久遠寺をコアにした秘教ゾーンネットワーク

　身延の地域ブランドを強化するためには，秘教ゾーンネットワークを拡充することである。それには例えば，江戸時代から盛んであった全国にある身延参詣道の掘り起こしがあげられる。かつての電車や自動車がなかった時代は，当然のことながら徒歩や運河利用で数十日をかけて身延山を参詣していた(望月，2011，p.116)。代表的巡礼の旅として，甲府経由の甲州街道や，駿河経由の東海道から身延道に入るルートがあった。これら巡礼ルートに残る霊場を，歴史的な記憶から呼び起こし身延山久遠寺と結びつけながら再開拓をしていくのである。

　しかしながら，こうした活動は日蓮宗の宗派ネットワークに依存したゾーンデザインの域を出ない。したがって，別の試みとして，身延町全域おける日蓮宗にこだわらない歴史的霊場の開拓も必要となろう。つまり，身延山地区から少し離れた下部地区や中富地区の修験道や富士山信仰，神社，他宗派などのパワースポットの開発を行う。さらには，隣接の甲斐武田ブランドとして信玄信仰との連動も図る。そしてこれを，拡張的なスピリチュアリティの身延ブランドのなかに取り込み，コンテクストの価値領域を広めるのである。

　こうした活動は，身延のゾーンデザインによる地理的拡大を意図するものであり，それと同時に日蓮宗以外の信徒や観光客を誘致することも可能となろう。さらには，外国人等のインバウンド観光の期待も持てる。しかし，これは身延ブランドをいわばオープンにすることを意味し，その過程で秘儀性を損なうと

いうリスクが生じる。したがって，秘儀性を維持するための身延における新た
な ZTCA デザインモデルの活用が求められてくるだろう。

(2)　身延ブランドの浸透＝秘教的スピリチュアルライフの提案

　第2節で考察してきたように，身延山久遠寺にある地域ブランドのベースは，
信徒や観光客の巡礼・参詣モデルにある。したがって，身延町市政においては
これに呼応すべきであるが，現実的には観光政策として神社仏閣等の歴史的景
観を発信するにとどまっている。しかし，これでは身延ブランドが発するスピ
リチュアルな力を生かし切れていない。そして，例え観光客が増加しても，人
口減少に伴う地域衰退に歯止めをかけるのに十分ではない。

　そこで，身延への移住・定住をゴールにした秘儀的スピリチュアルライフを
提案したい。たとえば，世俗から隔絶された生活や仕事の場を提供し，働く世
代の修行や鍛錬による精神的な強化と心の安定を図る。あるいは，日本版
CCRC[6] による福祉政策と連携を図り，高齢者の精神的・宗教的な安住の地を
目指す。したがって，身延におけるスピリチュアルライフは，最近流行りの「癒
やしの里」や「のんびりとした田舎暮らし」を想起させるものではない。祈り
や神仏儀式のある生活習慣やコミュニティのなかで，己を律することからくる
精神的な豊かさを得るものである。身延には，町全体にそうした地域資源と雰
囲気が存在する。

　これを進めるためには，当面は秘教的な体験型・交流型のツアーを開発する
べきであろう。その発展形として，身延町は移住・定住のためのプログラムや
支援策を提供する。これを実施するアクターズネットワークの中心は身延山久
遠寺になるかもしれないが，下部温泉などの観光業者，地元の生産者，大学等
の教育機関，福祉施設等の連携が欠かせない。当然そこには，身延町のゾーン
デザインの再設定も必要になるであろう。

おわりに～スピリチュアルを超える地域デザインの必要性

　身延町は，2004 年に「下部町」「中富町」を合併し，エリアとしては拡大した町である。それゆえに，身延ブランドの新たな一体的なゾーンデザインが求められてきたわけである。しかしながら，3つの旧町はそれぞれにゾーンデザインされており，「身延」の称号が全域におよんでいない。それは，身延山久遠寺の強力なスピリチュアルトポスが際立っており，日蓮宗の宗教的なブランドが下部地区や中富地区には，十分になじんでいないことを筆者は本章にて指摘した。したがって，その課題に対して，既存の身延ブランドを活かした新たなスピリチュアルゾーンデザインの提示を試み，それが身延山久遠寺をコアにした秘儀を強調した秘教ゾーンネットワークであり，秘教的スピリチュアルライフのコンセプト提案であった。

　しかしながら，その提案が有効であるかの確信は正直，現段階では持ち合わせていない。そもそも身延の行政区に基づくゾーニングに，ある種の無理があるのかもしれないという考えもある。この点についての考察は，本章では十分とはいえず，地域戦略としては別のゾーンデザインも否定はできないわけである。したがって，身延町全域の地域ブランド戦略と，身延山久遠寺の宗教的な地域戦略のギャップを解消するために，スピリチュアル以外のコンセプトも含めた地域デザイン戦略をもって研究していく必要があるだろう。

　注
　1）祖山とは，日蓮が開祖した祖廟（そびょう）格護の霊山を意味し，日蓮宗の全員が尊崇（そんすう）護持する。
　2）富士山頂付近に太陽が重なる光景のことを言う。まるでダイヤモンドのように輝くことからこの名前がつけられた。
　3）「南無（なむ）」の二字は，一心に仏を信じること。「妙法蓮華経（みょうほうれんげいきょう）」の五字には，お釈迦さまが多くの人を教え導いた智慧と慈悲の功徳が全て備わっている。この七字を題目と称し，これを一心不乱に唱え続ける修行を唱題行（しゅうだいぎょう）という。
　4）時の実力者，前執権北条時頼に諫言した書。「邪宗を信じることを改めなければ，経典にあるように自界叛逆難（国内の戦乱）と他国侵逼難（外国の侵略）に見舞われ

る。他宗を捨て，正しい仏法である『法華経』に帰依すれば，全ての人が末法の世から救われる」ということを説いた。

5）14 の霊跡のなかでも，顕著な沿革のある寺院は，その伝統により大本山の称号が与えられている。大本山とは，誕生寺（千葉），清澄寺（千葉），中山法華経寺（千葉），北山本門寺（静岡），池上本門寺（東京），妙顕寺（京都），本圀寺（京都）である。

6）CCRC は「Continuing Care Retirement Community」の略で，健康時から介護時まで継続的ケアを提供する高齢者施設を意味する。米国において富裕層を中心に成功事例が多い。日本版 CCRC 構想は，「東京圏をはじめとする高齢者が，自らの希望に応じて地方に移り住み，地域社会において健康でアクティブな生活を送るとともに，医療介護が必要な時には継続的なケアを受けることができるような地域づくり」を目指すものである（まち・ひと・しごと創生本部，2015）。

参考文献

五木寛之（2004）『百寺巡礼 第五巻関東・信州』講談社。

鈴木正崇（2015）『山岳信仰』中公新書。

文化庁（2015）『宗教年鑑 平成 26 年版』。

増田秀光（1993）『日蓮の本』学習研究社。

まち・ひと・しごと創生本部（2015）「『生涯活躍のまち』構想（最終報告）」http://www. kantei.go.jp/jp/singi/sousei/meeting/ccrc/h27-12-11-saisyu.pdf（2016 年 2 月 10 日アクセス）。

身延山久遠寺（2016）「身延山久遠寺公式ホームページ」http://www.kuonji.jp/（2016 年 2 月 10 日アクセス）。

身延山大学（2016）「身延山大学公式ホームページ」 http://www.min.jp/（2016 年 2 月 10 日アクセス）。

身延町（2010）『身延町町勢要覧』http://www.minobu.info/（2016 年 2 月 10 日アクセス）。

身延町（2013）「身延町景観計画」 http://www.town.minobu.lg.jp/file3/53fd5de6f26dc.pdf（2016 年 2 月 10 日アクセス）。

身延町（2014）「まるごと身延　MINOBU OFFICIAL GUIDE」 http://www.town.minobu.lg.jp/kanko/ebook/marugoto_minobu/index.html（2016 年 2 月 10 日アクセス）。

身延町（2015a）『身延町まち・ひと・しごと創生 人口ビジョン』。

身延町（2015b）『身延町まち・ひと・しごと創生 総合戦略』。

身延町身延山観光協会（2016）「みのぶ観光案内公式ホームページ」http://www.minobu. info/（2016 年 2 月 10 日アクセス）。

望月真澄（2011）『身延山信仰の形成と伝播』岩田書院。

山折哲雄（2013）『あなたの知らない日蓮と日蓮宗』洋泉社。

第8章

事例②＝「高尾山」と「八王子市」

原田　保

はじめに～東京近郊のグローバルゾーンとしての可能性の追求

本章で論じる高尾山(八王子市高尾町)は，高尾山薬王院有喜寺[1)]から想起できる東京近郊に位置する，さほど標高が高くはない山岳地域[2)]である。この地域は，武家政権の時代から著名な修験道の霊場であったが，近年では増大する外国人観光客から熱い視線をおくられる人気のゾーンとなっている。これは，成田と羽田にある2つの国際空港に近く，またビックターミナルである東京駅から最寄り駅のJR高尾駅や新宿から京王線高尾口駅までおおよそ1時間ほどで行き着くという，交通面における優位性に起因している(図表8-1)。

わが国で唯一の国際都市である東京で，現在最も外国人に人気のある地域は，銀座[3)]，六本木[4)]，浅草[5)]，そして高尾山であろう。銀座と六本木は，グローバルな近代都市に共通して見られる中核地域である。また，浅草は日本の歴史的な生活や景観をのぞかせる大都市に残る歴史

図表8-1　八王子の位置(広域地図)

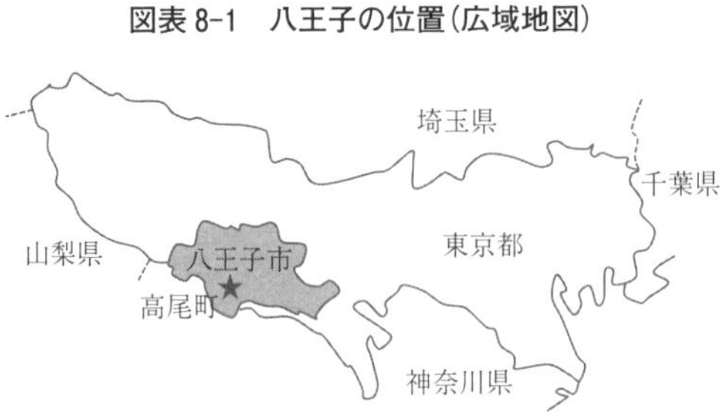

的地域である。これらに対して，国定公園に指定されている高尾山は，自然や宗教がおりなすスピリチュアルなネイチャーゾーンとでもいえるアイデンティティを確立している地域である。このように，高尾山はスピリチュアルなネイチャーゾーンとしての他地域に対する優位性はあるが，残念ながらその地域価値の発現に向けた施策については未だに不十分である。

　そこで，本章では，このような現状のゾーン特性を捉えて主要なトポスの読み取りを行い，その上で高尾山というゾーンの地域価値を最大限に拡大させるための戦略的方法を本書の活用モデルであるZTCAデザインモデルに依拠して行ってみたい。つまり，ここでの提言は，地域デザインのコンテクスト転換による地域価値の発現に向けた試論ということになる。具体的には，日本人のファミリーをメインターゲットにした戦略に加えて，近年増加する外国人と地方から東京に集まってくる若者をメインターゲットにした戦略へのコンテクスト転換を模索することである。

　例えば，直島[6]が海と島という自然に現代アートを掛け合わせた地域戦略をとっているのに対して，高尾山では美しい自然に日本的スピリチュアリティを掛け合わせた地域デザインの展開が行われる。このような視角から，本章においては，特に高尾山に関する以下の3点について議論が展開される。具体的には，第1がスピリチュアルネイチャーブランドとしての高尾山，第2が行楽ブランドとしての高尾山，第3が地域ブランドとしての「高尾山」ブランドの発展方向である。

第1節　スピリチュアルネイチャーブランド＝「高尾山」の特徴と課題

　前述のように，高尾山はスピリチュアルネイチャーゾーンとしての相貌のある地域である。そこで，ここでの地域価値発現に向けた方向性として，スピリチュアルネイチャーブランドとしての高尾山の地域ブランディングを展開することが，今後の高尾山としては有効な戦略対応になる。このような観点から，

本節では以下のような2つの議論を展開する。具体的には，1つめがスピリチュアルゾーン＝「東京・高尾山」による地域ブランディング，2つめがスピリチュアルネイチャーブランド＝ゾーンブランドとトポスブランドである。

(1) スピリチュアルゾーン＝「東京・高尾山」による地域ブランディング

高尾山をブランディングするにあたって，その必須条件としては2つの要素が想起できる。具体的には，以下のような2つの条件である。

◇第1の条件＝高尾山を東京との関係から捉えたブランディング
◇第2の条件＝スピリチュアルネイチャーを踏まえたブランディング

第1の条件は，高尾山というゾーンを，この地域が含まれる行政単位の八王子市と関連づけることなく，ひたすらグローバルブランドの広域ゾーンである東京のコア（東京から見れば）としての役割を担う，狭域ゾーンであるとするものである。これは，高尾山を東京の田舎都市というイメージが強い八王子とのイメージ連想を完全に断ち切ることを意味している。このように，八王子の高尾山ではなく東京の高尾山というブランディングを徹底的に行うことが望ましく，そのためスピリチュアルネイチャーフレイバーでイメージできるアイデンティティを東京との関係から構築すべきである。

多くの外国人や地方から来た若者にとっては，八王子というブランドはほとんど価値をもたないことから，高尾山にとっては東京とのイメージを連想させることが不可欠である。そして，東京を楽しむための4大地域ブランドの一角としてのポジションを確立するためのトポスとしての狭域ゾーンというポジションを確立することが強く期待される。このような対応が望ましい地域としては，例えば以下のような地域が想起できる。

☆グローバルシティを楽しむゾーン（またはトポス）＝「銀座」，「六本木」
☆江戸の伝統文化を楽しむゾーン（またはトポス）＝「浅草」
☆東京のスピリチュアルネイチャーを楽しむゾーン（またはトポス）＝「高尾山」

　問題は，銀座，六本木，浅草はすでにグローバルなアイデンティティを一定
程度確立しているのに対して，高尾山のスピリチュアルネイチャーゾーンとし
てのブランディングは未だに確立してはいないことである。そのためには，浅
草の歴史ある江戸というブランディングとともに，高尾山が自然豊かな場所で
日本のスピリチュアリティが体験できる地域であるというブランディングをグ
ローバル東京という傘の下で強烈に展開する必要がある（図表8-2）。
　第2の条件は，日本的なスピリチュアリティの徹底的な訴求，いわば現代の
ジパング体験をプロモーションすることによる，高尾山のグローバルブランディ
ング戦略の確立である。これは，銀座，六本木，浅草，そして高尾山という
ブランディングの確立である。つまり，4大ブランドというセット化が不可欠
である。そうなると，常に東京＝銀座，六本木，浅草，高尾山というブランデ
ィングの展開を意識する必要がある。したがって，高尾山にとっては，すでに
グローバルなアイデンティティを確立している銀座，六本木，浅草とのイメー
ジ連想による地域ブランディングの推進を行うための体制の構築が急務の課題

図表 8-2　東京の 4 大ブランドと高尾山のポジション

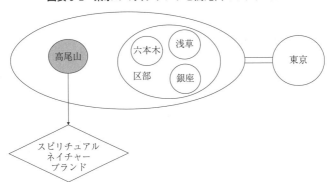

148

になる。

　そのためにも，東京における第4のトポス（または狭域ゾーン）であるというプロモーションを徹底的に展開することが大事になる。このようなセット化戦略は，マーケティングの世界ではよく採用されるものである。例えば，かつて札幌ビールは自身のブランディングのためにミュンヘン（ドイツ），ミルウォーキー（カナダ），札幌というキャンペーンをはっていたし，近年では新興の釧路ラーメンが勝手に北海道の4大ラーメン（札幌，旭川，函館，釧路）というプロモーションを展開して大成功している。

　加えて，今後大事なのは外国人に対する現代のジパング体験[7]の提供である。それはすなわち，東京近郊の豊かな自然のなかでの日本的なスピリチュアル体験の提供をプログラム化することを意味する。そのために，あれもこれもあるというようなコンテンツ揃えではなく，特定のコンテクストによってコンテンツを絞り込んで全体感を押し出すことが大事になる。

　高尾山では，このようなコンテクストに依拠した短時間での体験重視型のプロモーションとして，特に健康や自然指向のプログラムが可能である。どちらかというと出羽三山などに見られる厳しい修行を前提にした修験道よりは，むしろ手軽で短時間でできる日本のスピリチュアル体験というようなライト感覚のプロモーションになる。このようなグローバル指向のビジネスとしてのスピリチュアリティの地域ブランディングへの活用は，さほどハードルが高くないことから，多くの外国人からの支持が期待できる。特に，お花畑でも著名な高尾山のハイキングコースの起点にもなっている高尾山薬王院有喜寺は，スピリチュアルトポスにふさわしいシンボリックな存在である。こう考えると，ハイキングコースにあるこの寺院の存在は，健康のためのハイキングコースとして他に見出せないような日本の精神性や宗教性を感じてもらうのに有効である。

(2)　スピリチュアルネイチャーブランド＝ゾーンブランドとトポスブランド

　高尾山は，東京をゾーンとして捉えれば有力なトポスになる。しかし，この

トポスは，いくつかの多くの著名なトポスを抱える狭域のゾーンにもなる。その意味では，高尾山は東京に対してはトポスになるが，そこにあるコアトポスである高尾山薬王院有喜寺などに対してはゾーンになっている。

　このゾーンとトポスの二重性を捉えた戦略こそが，高尾山に期待される地域デザインになる。ここで試みられるトポスであり，またゾーンでもある高尾山は，これが高尾町にあるからこそ高尾山と命名されたと思う人がいるかもしれない。しかし，近年の市町村合併までは高尾町という町は存在しておらず，この現在の八王子市高尾町はかつての浅川町に属していた。当時の地域名称は大字椚田というものであったが，古くから高尾山があったために，近年になって新たに高尾町というゾーンが八王子市の中に設置されたのである。このように，先に山があって，そのあとに町ができたというのが，高尾山と高尾町との関係である。

　今後も市町村合併は行われるだろうが，地名は山や海などの自然に関係するものを選択する方が長期視点の地域ブランディングには効果的であることが理解できる。それゆえ，例えば富士山の周辺は富士山ゾーンに，南アルプス周辺は南アルプスゾーンにという捉え方が望ましい。この高尾山に近い八王子市内にある近隣の町は，今後の合併の際にも引き続き高尾山にちなむ名称として使

図表 8-3　高尾山を捉えたゾーン拡張

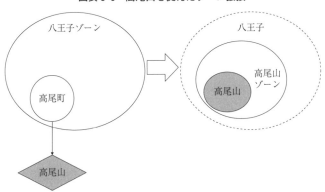

用するのが地域ブランディングにおいては大切な対応になる（図表8-3）。

　今後は，高尾山という名称はますます広域化させて活用すべきであり，市名の八王子に替わるブランドに育成する価値がある。これは，浅草は台東（区）よりも，六本木が港（区）よりも，また銀座が中央（区）よりもブランド価値が大きいのと同様のことである。可能な限り周辺も含めた地域にあるトポスでは，その使用範囲を高尾町に限定させることなく，高尾山と関係性を意識したブランディングを行うことが望ましい。その意味では，可能な限り高尾山のコンテクストであるスピリチュアルネイチャーに関連性をもたせたストーリーの構築が必要になる。

　そのためには，高尾山ブランドを統合的にマネジメントするブランドプロデューサーの育成と，ブランド協議会の設置が急務の課題になる。すでに可能性のあるブランドを活用したゾーンデザインは決まっていることから，後はアクターの登場と彼らによるコンステレーションデザインの構築が期待される。これができれば，高尾山は東京の中西部における最強ブランドに育つ可能性がある。

　ちなみに，競合ブランドとして多摩が考えられるが，あまりにも広域であり，ブランドイメージをフォーカスしづらいことから，高尾山というブランドがこれに後れをとることはないだろう。そのため，高尾山周辺地域の潜在価値があるトポスにとっては，すべて高尾山ブランドとしてのイメージ形成に向けた展開を行うことが望ましい。問題は，他の地域に古くから住んでいる住民にうまく理解させることである。しかし，実際にブランディングに成功すれば多くの観光客などがその地に訪れることになり，これに伴いそこに暮らす住民も次第に受容せざるをえなくなるだろう。すでに過去のいくつかのブランドの広域化に向けた活用事例からも，それがよく理解できる。その意味では，いかにスピーディーにグローバルブランドとしてのポジションを確立できるかが，高尾町およびこの周辺地域の地域デザインにおける最大の課題になっていく。

第2節　「高尾山」ブランドのコンテクストデザイン＝「東京の霊山・高尾山」による価値発現

　これまでの議論から，高尾山というブランドが東京圏におけるグローバルな競争力を保持することが理解できたであろう。本節では，この高尾山の今後のブランディングをいかに行うべきかを，すでにあるいくつかのリソースを踏まえて提言することにしたい。それは，コンテクスト転換による地域価値の発現に向けた試みである。これら具体的には，第1が高尾山のゾーンデザイン，第2が高尾山のトポスデザイン，第3が高尾山のコンステレーションデザイン，第4がアクターズネットワークデザインである（以下，高尾山の記述については，高尾山薬王院監修，2000参照）。

⑴　「高尾山」のゾーンデザイン＝トポスブランドでありゾーンブランドでもある高尾山

　ゾーンデザインについては前節で論述しているため，ここでは特に大山（神奈川県伊勢原市)[8]との競争戦略における可能性について言及していきたい。高尾山も大山も古くから江戸（おおむね現在の区部より狭い地域）からの手軽なスピリチュアルな行楽地として栄えていた。特に，江戸近郊における庶民の行楽ブームが勃興した江戸時代には，ここで紹介する大山詣はお伊勢参りや富士講に匹敵するほどの隆盛を誇っていた。

　高尾山も大山もともに明治時代には衰退の憂き目にあったが，高尾山は第二次世界大戦後すぐには東京近郊の行楽地としてのポジションを確立しはじめていた。これに対して，大山は最近まできわめて悲惨な状態が継続していた。しかし，大山のシンボルであるケーブルカーのリニューアル，最寄り駅である小田急電鉄が伊勢原駅にロマンスカー[9]を停車させるなどの策が功を奏して，現在では東京近郊の人気行楽地の地位を確立している。その意味では，大山は高尾山のライバルになりつつある。

　これら2つのライバル地域の間には，大きな差異が見出せる。第1に，スピ

リチュアルトポスとして下社と本社のある大山阿夫利神社は髙尾山薬王院有喜寺を凌ぐほどの吸引力を保持しているが，大山はトポスであるとともにゾーンとしての広がりがある高尾山の優位性を凌駕できないことがある。第2に，大山がハイキングや散策には不向きな厳しい山であり，これに伴いその景観もお手軽な行楽には適していないことが，景観を楽しみながら行えるハイキングがセールスポイントである高尾山の優位性となっている。

　これらの差異は，現在は大山があくまでもトポスブランドであるのに対して，高尾山はゾーンブランドでもあるということから現出している。また，大山が最寄り駅（小田急小田原線伊勢原駅）からかなり離れていることや，他に連携できる優れたトポスが周辺に見出せないことも，高尾山の優位性の要因であろう。こう考えると，ゾーンとしての活用が可能であることや他の優れたトポスとの連係可能性こそが，高尾山が保持する大山に対する比較優位性の源泉である。

⑵ 「高尾山」のトポスデザイン＝髙尾山薬王院有喜寺のシンボルとしての唯一性

　現在の高尾町（八王子市），つまりゾーンとしての高尾山は，緑豊かな山そのものを除けば，著名なトポスは髙尾山薬王院有喜寺しかない。また，この高尾山の周辺地域を見わたしても，これに匹敵するような強力なトポスは見出せない（外山，2014）（図表8-4）。

　そこで以下においては，ブランディングの視点から，この髙尾山薬王院有喜寺の読み取りを行ってみたい（髙尾山薬王院監修，2000）。これは，744年（天平16年）に聖武天皇の勅令によって東国鎮守の祈願寺として，高僧行基[10]によって開山された寺である。薬王院という名称は，創建当初において薬師如来を本尊にしたことに由来する（写真8-1）。

　現在，髙尾山薬王院有喜寺は，真言宗智山派の関東三本山として成田山新勝寺，川崎大師平間寺と並び称されている。現在の本尊である飯縄大権現は，南北朝時代の1375年（南朝では天授元年，北朝では永和元年）に京都の醍醐寺から俊源大徳が入山して行った護摩供養秘法[11]の後に奉祀された本尊である。この

図表 8-4　高尾山のトポス

写真 8-1　高尾山薬王院

　飯縄大権現は，戦国時代には武士の守護神として崇敬され，これは上杉謙信や武田信玄の兜表にも奉られていた。また，北条家の保護も受けており，江戸時代には徳川家との仏縁も深めていた。高尾山は修験の山として知られており，今でも琵琶滝や蛇滝は修験道場として賑わいを見せている（高尾山薬王院監修，2000）。

　さて，飯縄大権現とは，その信仰の起源は信州善光寺の北に聳える飯綱山（いいづなやま）と戸隠山一帯に淵源（えんげん）があるとされる。また，この地域の修験道は，役行者神変大菩薩[12]によって基礎が構築された。その後，ここで妖術の飯綱法（いづなのほう）があみだされ，千日太夫が世襲によってこの妖術を広めていった。こうして，高尾山は飯綱（づな）大権現奉祀の霊場として発展することになった。しかし，妖術の飯綱法が本地仏[13]を勝車地蔵とするのに対して，高尾山の飯綱大権現については不動明王の変化神であるとされたために，今でもこれに準じた供養や祈祷が行われている（高尾山薬王院監修，2000）。

　このように，シンボルトポスとしての高尾山薬王院有喜寺は，妖術を捉えた修験の地としてブランディングすることができる，スピリチュアルなトポスである。それゆえ，この特異な修験を現在にどう活かすかがこの地域における地域デザインには大事な課題になる。つまり，東京近郊の行楽地にふさわしいエンタテイメント性のある，そしてグローバル性を現出する地域デザインのためのリソースとして，この妖術を戦略的に活用することが期待されることになる。

⑶ 「高尾山」のコンステレーションデザイン＝日常体験としての
   エンタメ型秘儀体験

　前述のように，高尾山の最大のリソースは髙尾山薬王院有喜寺であり，修験
道によるコンステレーション形成は，ここを訪れる顧客との関係性の構築にと
っては最も効果の大きい方法になる。ここでは，このようなコンステレーショ
ンデザインの方法についての考察を試みる。

　元来，この髙尾山薬王院有喜寺を開設した役行者は，周知のようにきわめて
SF（サイエンス フィクション）的な存在であり，ユーモアに溢れる人間像で描か
れてきた。役行者は格式の高い宗教人としては稀有な存在であり，このイメー
ジを活用したエンタテイメント型の秘儀や秘術が高尾山にはふさわしいと考え
られる。

　また，高尾山は東京近郊の行楽地としてのアイデンティティが確立している
ことから，ここは日常的な時空間ということになる。多くの観光地は非日常的
な体験をするためのトポスであるのに対して，ここはあくまでも日々の生活の
一コマとして存在しているトポスである。これはまた，普段の生活に何らかの
潤いを持たせるためのトポスとして存在している。以上のことから，ここでの
コンステレーションデザインは日常性に根差したエンタテイメント指向のスト
ーリーになる。

　当然ながら，このエンタメ型秘儀の代表的なコンテンツとしては修験の修行
に関連したものが想起される。ここでは，以下のような３つの重要な秘儀とも
いえるエピソードやイベントの紹介を行ってみたい[14]。具体的には，１つめが
柴燈護摩修行大火渡り祭り，２つめが春季大祭，３つめが滝行である。これら
は何らかの形態で修行体験ができるであろうが，それでもそれなりの準備は欠
かせない。

　特に，第１の火渡り祭りは，グローバルレベルでのインパクトのある秘儀で
ある。これについては，毎年３月第２土曜日に開催される。この開催場所は山
麓の祈祷殿前広場である。この行事は，ご本尊の飯綱大権現のもつ衆生救済の
ご利益を修験者の修行によって信者や参加者が教授する火行修行である。道場

には，ご本尊飯綱大権現が奉祀され，四方に新竹や幣束が付けられた注連縄が張られた柴燈護摩壇が設けられる。

第2の春季大祭は，秋季大祭とともに高尾山の伝統的な主要行事である。この大祭では，稚児行列が催行される。これについては，ケーブルカー山の上駅から高尾山薬王院有喜寺まで行われる。頭に冠を付け，華やかな衣装で着飾った稚児行列は，高尾山の春にふさわしい祭り絵巻を作り出している。

第3の滝行については，滝じまいが行事としては特に大事である。これは，4月1日の滝開きとともに清滝，琵琶滝，蛇滝の三滝の水行を感謝する儀式である。この滝じまいの儀式は，10月30日に三滝を順に回って行われる。山伏は，水行衣に身体を包み滝から落ちる水に打たれて，この年の水行を終える。

このような儀式はすべて宗教的行為であるが，多くの見物客にはスピリチュアルなイベントへの参加体験になる。ここでの儀式は，秘儀としてはダイナミックでカラフルであり，スピリチュアルイベントとしての可能性が見出せる。これらは，とりわけヨーロッパ人には大いに注目を浴びることになるだろう。また，このような路線でのイベントを日常的に外部に公開しながら実施することが，高尾山のブランディングには有効である。

⑷ 「高尾山」のアクターズネットワークデザイン＝ゆるキャラ「ムッちゃん」の活用

高尾山をイメージさせるキャラクターには，役行者が想起できよう。そこで，彼から生まれた修験者がアクターとして期待され，この元締めとしての高尾山薬王院が地域デザインのためのコアアクターズネットワークであることは自明であろう。

ここで忘れてならないのは，わが国では各地にいるとされる天狗の存在である。この天狗には修験者の恰好をしており，修験者の進化したものであるという捉え方もある。そのため，ここではこの天狗をキャラクターにしつらえながら，アクターとして多様に活用することが大いに期待できる。姿形が滑稽であり，しかも神秘的なパワーを感じさせるため，天狗はプロモーションのツール

写真 8-2　高尾山薬王院天狗

としてはきわめて有効である(写真 8-2)。

　それでは，この高尾山の天狗とは一体いかなるものか。天狗は，飯綱大権現の眷属[15]として除災開運，災厄消除，招福万来などの祈祷が勤められている。これらの特性を活かしながら，現在風にアレンジして天狗をブランディングに活用したプロモーションを考えることは，高尾山のゾーンとしての発現には有効であろう。高尾山のシンボリックな飯綱大権現の前にある２つの天狗[16]はきわめて著名なものであり，これらの戦略的活用が期待できる。

　天狗は，古来翼をもち鼻高であり，または烏口の形をした面相であり，神通力を持つとされている。そこで，これらを捉えた伝説は数多くあるため，これを活用したプロモーションにより集客効果が期待できる。このように考えると，高尾山のシンボリックなアクターとして，伝説的な存在である天狗は適切であろう。

　現在の高尾山公認のゆるキャラは，男の子のムササビのキャラクター「ムッちゃん」である[17]。ムッちゃんは，天狗さまに憧れて，背中に自分で作ったお面をつけている。これは，きわめて日本的な宗教観を反映したキャラクターであるために，宗教やスピリチュアリティを重視する彼らにとっては格好のキャ

ラクターである。これは，今や外国人観光客のメッカ的な地域になっている高尾町やその周辺地域には欠かせないアクターであるとも思われる。

第3節　地域ブランドとしての「高尾山」ブランドの発展方向

　それでは，地域ブランドとしての高尾山を一体いかなる方向に進化させたらよいのだろうか。ひとつは，ゆるキャラのさらなる活用や，秘儀ともいえる護摩の大衆化路線によるライト感覚のスピリチュアル体験，さらには役行者のSF 的な活用によるプロモーションなどのマーケティングの展開である。

　もうひとつは，東京近郊にある電車で行ける日帰り行楽地としてのグローバル化対応，とりわけ外国人や若者の実践的な吸引といった観光ビジネスに関するコンテクスト転換である。そのためには，八王子という自身が所属する市に限定することなく，他の地域との連携も模索しながら，東京の高尾山というアイデンティティの確立が必要となる

(1)　高尾山のマーケティング戦略＝期待されるコンテクスト転換

　高尾山の事例を参考にしながら，地域ブランドを確立するための2つのマーケティングイノベーションのコンテクスト転換を模索してみたい。ひとつは，従来の地域の歴史的背景や文化的背景を正確に反映していない，単なる手法としてのイベント会社的集客指向プロモーションからの脱却である。プロモーション効果を一過性に終わらせてはならず，世間を驚かすことでブームを呼び起こす手法から脱却する必要がある。それゆえ，以下のようなマーケティングのコンテクスト転換が要請される。

　　　　　◇ゆるキャラの進化＝リアルキャラ(例えば，天狗)
　　　　　◇脱おあそび＝スピリチュアル儀式(例えば，護摩)
　　　　　◇脱プロモーション＝ブランディング(高尾山)

　もうひとつは，観光ビジネスのコンテクスト転換である。日帰りの行楽を宿泊を伴わない物見遊山として復活させることや，東京近郊における特に外国人や若者が集まるデスティネーションの育成である。これにより，仕組みとして観光領域におけるビジネスモデルを構築できる体制を確立し，新たな多様なビジネス機会を生み出せる，新たな形態の観光マーケティングの追求に向けたコンテクスト転換が可能になる。そのためには，以下のような伝統的なマーケティング手法におけるコンテクスト転換が期待される。

　　　　　◇脱観光ツアー＝物見遊山型行楽
　　　　　◇脱団体旅行＝グループ旅行
　　　　　◇脱発地型ビジネスモデル＝着地型ビジネスモデル

(2)　近隣地域との連携による東京・高尾山＝エンタメ型秘教体験ゾーンの確立

　高尾山は，新たな地域ブランディングの可能性を感じさせる地域である。近年，東京圏といえども多くの地域で人口削減は避けて通れない状況が現出している。例えば，高尾山がある八王子市や多摩地区の東村山市などはすでに人口が減少傾向にある。このような状況下で，地域の発展を可能にする戦略の構築が，現在全国的に要請されている。

　現状を踏まえれば，高尾山では，地域に目を向けた対応が必要になるかもしれない。現時点では，ブランディングのためのゾーンを高尾山のある高尾町に限定すれば，東京近郊のエンタメ型秘儀体験ゾーンとしてのアイデンティティの確立が可能である。これに対して，高尾町が所属する中核都市である八王子市は，東京都の中ではとりわけ人口減少や産業の衰退が進行し，苦境に喘いでいる。この八王子に見られるように，多くの面積が広い都市の郊外においては，次第に人口が減少しはじめている。これに伴い，例えばコンパクトシティ化が推進され，都市の経済生産性やシステム稼働率を維持しようとする都市が増大しつつある。

図表8-5　高尾山ブランドの連携可能影響圏

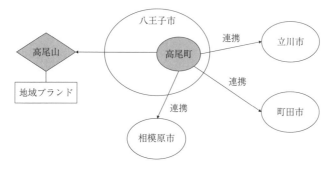

　高尾町は，中心街区においてすら大型店の撤退などによるコア機能が喪失しつつある八王子市との関係性を再考することが不可欠である。八王子市の周辺を見わたせば，近くの立川市や町田市，神奈川県の政令指定都市である相模原市の人口は増加している。八王子の郊外である高尾町としても，近隣の市との関係を深めることで，経済的な安定を指向することが望ましい。それゆえ，観光ビジネスやこれを梃にした関連する産業の振興に関しては，市の単位を超えて，近隣都市との広域連携を追求していくことが大事になる。現状においては，境界を越えたネットワークの構築が急務の課題となっている（図表8-5）。

　このような対応を行うことで，八王子市のみの高尾山からグローバル東京の高尾山に，あるいは東京中部の高尾山にと，戦略的なポジションを大きく転換することができる。また，これによって高尾町が経済的に潤うのであれば，結果として高尾町を含む八王子市自体への貢献も果たせることにもなる。

おわりに〜トリガーとしてのエンタメ型秘教体験ゾーンの構築

　地域活性化のために活用されるイノベーション手法は多様にある。しかし，本章ではあえて活用事例としては少ないが，ある特定のコンテクストにフォーカスし，戦略を展開することで地域全体としてのイノベーションを誘発しようとするトリガーイノベーションの観点から，今後の高尾山のゾーンとしての展

望を論述してきた。少ないリソースから何らかの地域価値を発現するには，このトリガーイノベーションが有効だからである。

　トリガーイノベーションは，地域全体がポジティブな動きを生じさせることが予見できる特定部分にほとんどのリソースを投入し，全体のイノベーションを現出させようとする手法である。つまり，一点突破的にイノベーションを実現しようとする方法である。これによって，地域デザインにおいても町全体に求心力が生まれ，町全体としての地域創造に向けたムーブメントが生じるだろう。

　人口が減少しはじめたケースでは，町の衰退に歯止めをかけるために，ここで紹介したトリガーイノベーションが有効に機能すると考えられる。そのためには，地域における優れたアクターの登場が望まれる。残念ながら，現在の高尾町では，町全体を戦略的にリードできるアクターを見出せないことが，最大の課題であるのかもしれない。

　そうなると，地域の住民がどの程度危機意識を保持しているかどうかが地域デザインの要になる。つまり，地域のアクターに期待が寄せられることになるわけである。優れたアクターがいなければ，地域のためのデザインを貫徹することはできないだろう。

　注
1）真言宗智山派の関東三本山のひとつであり，関東三十六不動霊場の第八番霊場である。正式な名称は髙尾山薬王院有喜寺である。
2）現在では，東京都の中部にある中核都市である八王子市の西部にある標高599m以上の自然豊かな行楽地である。
3）東京都中央区にある。
4）東京都港区にある。
5）東京都台東区にある。
6）近年，現代アート（瀬戸内国際芸術祭）による地域再生の事例として著名な瀬戸内海に浮かぶ小さな島である。
7）マルコ・ポーロは実際には日本に来ていないが，当時のモンゴルから日本に関する情報を入手していた。この表記からヨーロッパ人の日本への憧れが感じられる。
8）丹沢表尾根の東端にある標高1252mの山で，山岳信仰の対象として古くから著名である。

9 ）地下鉄からの乗り入れを除けば，新宿と小田原を結ぶ主に観光対応の特急である。

10) 奈良時代に，僧侶が布教することが禁止されていた時期に，その禁を破って布教活動を行ったことで著名である。また，多くの寺を建立したことでも知られる。

11) 護摩とは，焚くとか焼くを意味するサンスクリットであるホーマ（homa）を音訳して書き写した語である。これには各流派によって独自に秘法としての秘密の宗教行事がある。

12) 役小角（えんのおづぬ）の諡である。

13) 神の正体とされる仏の事である。元地仏ともいう。

14) 公開されているので秘儀とはいえないが，そのような雰囲気は感じられる。

15) 眷属神のことである。眷属神としての眷属は，本来，神の使者である。

16) これらの天狗は，ひとつが鼻が高い大天狗であり，もうひとつが烏の口をしたカラス天狗である。

17) ムッちゃんは高尾山の PR と地域応援の活動を行うチーム「高尾山コンシェルジュ『ムサさび～ず』」のリーダーである。「ムサさび～ず」には，ムッちゃんのほか，相棒の「ムサ尾」がいる。

参考文献

髙尾山薬王院監修，相原悦夫著（2000）『髙尾山薬王院』百水社。

外山徹（2014）『髙尾山薬王院の歴史』ふこく出版。

はじめに～山岳信仰の霊地としての石鎚山

　石鎚山は，四国山地西部に位置する標高 1982m の山で西日本の最高峰であり，山岳信仰の霊地であり，山伏の道場である。1500 万年前頃の火山活動による輝石安山岩で巨峰をなす男性的な雄姿で，豪壮な峰々が連なる巨大な山塊である。本格的な登山家でにぎわうとともに，古くから山岳宗教の聖地として知られてきた（西海，1998）。

第 1 節　「石鎚山」＝修行道場の霊山の概要と比較優位性

　ここでは，修験道場である石鎚山に関する概括および情報共有をしておきたい。以後の戦略議論は，これを契機にして展開される。具体的には，石鎚山の概要，石鎚山の基本特性，歴史から捉えた石鎚山の特徴，石鎚山の比較優位性についての論述である。

(1)　「石鎚山」の概要

　石鎚山は，愛媛県西条市と久万高原町の境界に位置している。日本百名山，

写真 9-1　石鎚山

　日本百景のひとつであり，山岳信仰の山として崇拝される富士山，白山などと同様に日本七霊山[1]のひとつでもある。霊峰石鎚山とも呼ばれ，古くから山岳信仰の霊山として人々に敬われてきた。石鎚山脈の中心的な山であり，石鎚国定公園に指定されている。正確には，最高峰に位置する標高1982mの天狗岳，石鎚神社山頂社のある標高1974mの弥山，標高1982mの南尖峰の一連の山を石鎚山と呼ぶ（四国森林局，2016）（写真9-1）。

　瀬戸内海に近いが，高低差があるため温暖な気候の性格と冬季にはスキー場になるという性格があり，自然環境に幅がある。また，瀬戸内海の航海の重要な目印となってきた（野口，2009）

　山頂からは，道前平野，瀬戸内海，中国地方，高知県，九州地方までも眺めることができる。石鎚スカイラインが中腹まで開通した現在でも，白装束を身にまとった姿が多くみられる。近年は，外国人も少なくない。

　降水量が多く水が豊かな石槌山は，四国の主な河川の源流となっている。吉野川と銅山川，仁淀川の一級河川，国領川，加茂川および中山川など瀬戸内側の二級河川はすべて石鎚山脈を源流とする。下流では，農業用水や工業用水を利用して産業が発展した。石鎚山がもたらす豊富な地下水が四国を代表する工業地帯への成長に繋がっており，エレクトロニクス，半導体，ビール，鉄鋼，造船，機械が主力工業である。

(2) 「石鎚山」に見られる基本的な特徴

　四国の中央部を東西に走る石鎚山脈は，徳島県の剣山脈などとともに，四国山脈を形成している。石鎚の年間降水量は平均2300㎜と多雨であり，四国の源流となっている。北に染み出した水は，西条市で「うちぬき」と呼ばれる自噴井となる。

　四国は海のイメージが強いかもしれないが，四国山脈は険しく，1000m前後のなだらかな中国山地よりも高峻であるため，瀬戸内海からわずかに十数kmと近いにもかかわらず，石鎚山は日本海側の気候の性格を有する。冬季には，シベリアからの季節風が中国山地を越えて吹き付け，積雪をもたらす。例年11月中旬から5月上旬頃までは降雪期である（図表9-1）。

　石鎚山の表情は，季節により異なることも信仰の対象としてふさわしい。冬は厳しい寒さと降雪で純白となり，スキーも楽しめる。春になると残雪の中から高山植物が芽吹き，夏になると一気に緑が広がり7月1日から10日間は山開きを兼ねた大祭が行われる。秋は美しい紅葉の名所でもある。標高差があるため，頂上付近の紅葉はふもとより1カ月以上早く10月初旬がピークであり，11月中旬にかけて順次紅葉がふもとに下りていく。10月第1日曜日から11月3日までの日曜・祝日には，石鎚神社成就社で紅葉祭りの行事が行われる。

図表9-1　石鎚山の位置

出所）『YAHOO! JAPAN 地図』http://map.yahoo.co.jp（2016年
　　　4月9日アクセス）

　瀬戸内側は降水量が少なく，隣の香川県は渇水に見舞われるためため池が多いが，水の都とよばれる西条市は石鎚山からの地下水に恵まれている。西条市の湧水はうちぬきと呼ばれ，名水百選に選定されている。ため池で水を確保してきた讃岐平野と大きく異なり，西条市は水が非常に豊富で

あり，現在でも水道がなくても加茂川の伏流水にパイプを打ち込むだけで冷たくておいしい水が無料で味わえる。

(3)　歴史から捉えた「石鎚山」の特徴

　石鎚山に関する記録は『古事記』『日本書紀』にさかのぼり，石鎚神社には伊弉諾尊と伊弉冉尊の第二子である石土毘古神を祀ると伝えている。

　「イシヅチ」とは「石の霊」のことで岩峰に霊威が宿っており，山自体が御神体と信じられてきた。江戸時代になると，庶民の間でもお伊勢参りや金毘羅参りに加え四国八十八箇所遍路などでも講中参りがさかんになり「お山講」という石鎚山信仰が流行した。

　修験道の信者は修験者と呼ばれ，山に寝起きすることから山伏と呼ばれる。

　国際宗教研究所(2016)によると，石鎚山は1300年余の昔役小角(役行者)によって開山された。その後，寂仙菩薩が石鎚蔵王大権現と称えて深く信仰，山路を開き登拝者を導いて，今の中宮，成就社を創立した。

　その後，上仙大師，光定大師などの高僧が，四国八十八箇所第60番札所の横峰寺，同じく第64番札所の前神寺を創立，石鎚神社の別当寺となって，幕末，明治維新を迎えた。明治天皇の大命により，神仏混淆が禁止され別当寺が廃し，純粋な神社と定められた。1872年(明治5年)には，全国的に修験道廃止令が施行されて石鎚も打撃を被った。

　しかし，現在も神仏混淆の色が濃く残っている。弘法大師も石鎚山で修行したと伝えられ，桓武天皇，文徳天皇，武将としては源頼朝，河野家一族，豊臣家一族の篤い信仰があり，1610年(慶長15年)，豊臣秀頼公により中宮成就社が御造営された。また，寛文年間よりは西条藩主，小松藩主の信仰が特に篤く，社殿の修理，神器，神宝の奉納が数多くあった。

(4)　石鎚山の比較優位性の抽出

　第二次世界大戦の終了とともに，全国の神社は，信教自由の見地により神社本庁に包括される宗教法人となり，石鎚神社は従来の官国弊社と同格の別表神

社という待遇を受けた。同時に，石鎚信仰の「神仏混淆」という特殊性を生かすために，石鎚神社の傘下宗派として，宗教法人石鎚本教を創立した。これにより，神社のみでは発行できなかった教師免状や教会設立の便宜を図ることができるようになり，国内はもとより遠く海外まで信徒，崇敬者の輪が広がり，神社と一体となって発展し，現在に至っている(国際宗教研究所，2016)。

　石鎚神社頂上社では，神像を参拝者の背中に直接当てる「御神像拝載」がある。神像に直接触れることができるのは，全国の8万社の中で石鎚神社だけの神事である[2]。

　石鎚山がある西条市の西条祭りは，四国三大祭りのひとつにあげられ，江戸時代から続く勇壮華麗な祭りである。西条市(2015)によると，五穀豊穣を神に感謝する神事で，伊曽乃神社，嘉母神社，石岡神社，飯積神社の4つの神社の例祭の総称である。市内の氏子各町に所属する約150台のだんじり，みこし太鼓台の屋台が奉納されるが，その数は日本一といわれている。大多数の西条市民が参加するため，西条祭の期間は，地元の企業や学校が休みとなる。遠方に暮らす西条出身者も仕事を休んで帰省することが少なくない。豪華絢爛と形容されるように，祭りでは細工を凝らした屋台が列をなし，太鼓や鐘，人々の祭ばやしの声が町中に響き渡る(西条市，2015)。

第2節　「石鎚山」ブランドのコンテクストデザイン＝全国信徒ネットワークの形成

　ゆるキャラやイベントで地域活性化を図るケースが多いなか，山伏というしっかりとしたバックボーンを持つコンテンツがあるだけに，山伏を活かしたコンテクストづくりが期待される。

(1)　「石鎚山」のゾーンデザイン＝信仰を捉えた広域指向

　石鎚山は，愛媛県西条駅が最寄り駅であり，ここから石鎚神社本社へ参詣することになる。石鎚山は西条市のシンボルであるが，霊山としての石鎚山にと

写真 9-2　石鎚山の山開き

出所）2014 年 7 月 1 日筆者撮影

っては西条市という行政区域を超えたゾーニングとなる。むしろ，ゾーニング
としてグローバルな広がりを有しているといってよい。石鎚信仰は，四国 4 県
にとどまらず，広島，山口，岡山の瀬戸内側に広がっている。現在でも，7 月
1 日から 10 日までの山開きをはじめ，10 万人近くの信者で賑わっている。信
者は，遠くは札幌，ハワイ，南米からも参加する（写真 9-2）。

　一生に一度訪問することを夢見る信者は，地域に限定されない。山伏は，極
めて日本的なものでありながら，世界に発信しうる普遍性をもっている。イン
ターネットを利用して，現地の様子を窺い知ることができる。信仰は，容易に
国境を越える。信仰であるスピリチュアルゾーンは，最もグローバルな可能性
を秘めていること示している。

⑵　「石鎚山」のトポスデザイン＝試しの鎖によるブランディング

　石鎚山の特徴としてよく紹介されるのが，鉄の鎖である。現在，4 か所の鎖
の行場がある。信者は，鎖禅定と呼んでいる。下から 33m の一の鎖，65m の

二の鎖，68m の三の鎖があり，三の鎖を登り切ったところに奥之宮頂上社がある。また，前社ヶ森に上り 48m，下り 19m の試しの鎖がある。上に行くほど鎖は長くなり，急峻さも増してくる。太い頑丈な環を組んだ鉄の鎖で，石鎚山が古くから民衆の登山の対象であったことを偲ばせるものである(写真 9-3)。

　他のトポスとして挙げることができる四国霊場第 60 番札所の石鉄山福智院横峰寺の境内は，石鎚山の北側中腹標高 750m にある。四国八十八箇所の中で，最大の難所といわれた深山幽谷の霊場である。縁起では，役行者が修行中に蔵王権現が出現し，その尊像を石楠花の木に刻んで安置したのが始まりとされている。石楠花は，5 月上旬から中旬にかけて薄桃色の花を咲かせる。自然に囲まれているので静かでおだやかな気持ちになれる。気軽に行けないからこそ，ありがたみも大きい。

　第 64 番札所の前神寺は，朝廷・武家の崇敬極めて篤く，桓武天皇の勅願によって建立された。文徳天皇・高倉天皇・崇徳天皇・後醍醐天皇など歴代天皇が納めた仏像や経巻が伝わる。

　また，石鎚神社成就社は中宮にあたり，開山者の役小角(役行者)が「吾が願い成就せり」と石鎚山を振り返った場所とされており，まさに願い事の成就を

写真 9-3　鎖禅定

祈る場所となっている。さらに，西条市の石鎚山真言宗総本山極楽寺は，石鎚山信仰の根本道場であり，約1300年前から山岳宗教の一大修験道場でもある。

(3)　「石鎚山」のコンステレーションデザイン＝山伏から感じるスピリチュアリティ

　山岳信仰は，世界にも稀でありわが国にしかない。仏教とも神道とも異なる日本独自の世界的に稀なものである。

　山岳信仰は，山伏が山岳修行で獲得した超能力をもって宗教活動を行う宗教である。中世後期に発展した宗教であり，仏教や神道の影響を受けながらも，神道や仏教以前の日本人の原始宗教が元である。それゆえ，山伏の本尊や祈祷やお札の符も雑多である（時枝，2005，p.2）。

　石鎚山には，伊弉諾尊と伊弉冉尊の子である石土毘古神が古くから祀られ，山名となった（成文堂，2015，p.206）。弘法大師空海も，山伏として石鎚山で修行した。このことは，空海の24歳の時の著書『三教指帰』に断食と苦行連行の様子が記載されている。

　また，2020年までに年間4,000万人，2030年までに年間6,000万人へと政府目標が大幅に引き上げられた訪日観光客を取り込むことも重要である。御神像を拝戴する神事は全国で石鎚神社だけであり，サイトスペシフィックなストーリーとなる。金比羅参りのように，関連する宿泊業も発展するであろう。

(4)　「石鎚山」のアクターズネットワークデザイン＝講と語り部による信徒の組織化

　毎年7月1日から10日間行われる石鎚山お山開き大祭では，全国から石鎚山を信仰する人々10万人以上が白装束姿で鎖に連なって登り，法螺貝の音に「なんまんだ」を唱和するというまさに霊気溢れる山となる。

　信徒は，現在30万人を超すといわれる。信仰の保持という点では，講の役割が大きい（野口，2009）。数百万円から1千万円に及ぶ高額の寄進が多くの講からなされている。これは，石鎚山のスピリチュアルゾーンの求心力を示すも

図表9-2　アクターズネットワークのイメージ

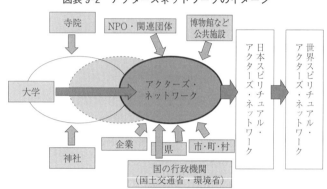

のである。

　また，四季を通じて賑わいを創造するには，自然と歴史と文化を語る語り部のアクターズネットワークが重要である。秘儀を扱うアクターズネットワークの育成には，知恵が必要である。山伏にとって，山中は「死の世界」を意味する。俗界から離れて一度死に，そこで修行をし，生まれ変わって俗界に戻るという意識である。山中を「死の世界」ではなく「母の胎内」と例える見方もある。山伏の修行は，「言わず語らずの行」と言われており，詳細をつまびらかにすることは避けられてきた秘儀であるため，資料の蓄積が限られている。現代ではエビデンスも必要であり，研究者の参加もかかせない。宗教学，歴史学，考古学，民俗学，国文学，地理学の他，経営学，薬学などさまざまな分野の研究者が参加することが望まれる（図表9-2）。

第3節　地域ブランドとしての「石鎚山」ブランドの発展方向

　本節では，筆者からの石鎚山の未来展望について披露を試みる。ここでは，地域ブランディングの縁からの議論にフォーカスする。これは具体的には，石鎚山が抱える固有の課題の超克，石鎚山の進化のための方向，石鎚山の地域ブランディングの新機軸，石鎚山の地域価値の再定義が紹介される。

(1)　「石鎚山」が抱える固有の課題の超克

　『古事記』によれば，男神の伊弉諾尊と女神の伊弉冉尊の2人の神様が地上に降りて結婚し，日本の島々を生み出していった。最初が淡路島と四国で，次いで隠岐島，九州，壱岐島，佐渡島，最後に，本州をつくった(与田，1998)。そして，多くの子供を産んだ。

　川の神，海の神，風の神，野の神，家の神，農業の神，船の神，食べ物の神など35人が生まれた(与田，1998)。伊弉諾尊と伊弉冉尊が，地に降り立ち生活を始めるために作ったところが「始国」，つまり「四国」であり，四国は国造り，神産み，男と女の命の始まりの場所なのである。これらは四国地域の人々がよく語るストーリーであるが，全国的に発信できているとはいえない。

(2)　「石鎚山」の進化のための基本方向

　誰がみてもわかる形で本質的なことを伝えるのが，象徴主義(シンボリズム)としての山伏ファッションである(田中・正木，2004)(写真9-4)。石鎚信仰では，石鎚山登山が一人前の資格認定の場とされてきた。一人前とみなされる15歳になると登拝するという伝統を地域の学校教育に取り入れることも検討されるべきである。山伏の体験に対する需要は大きい。体験型の研修をアクターズネットワークが企画することは，有効であろう。

　石鎚山では，第二次世界大戦後まで女人禁制が守られており，まさに聖域であった。石鎚山は古来より男の山伏の山として知られていたためである。現在でも7月1日だけは「女人禁制」で，女性登山者は成就社あるいは土小屋より上には行けない。

　加工した巻き貝に息を吹き込み音を出す立螺の文化は，奈良期から平安期にかけて各地に広まった山岳信仰で定着したとされる。神仏と対話する山伏の法具であると同時に，その音は命を守る役割も担った。明治時代の廃仏毀釈で，登拝者が減少し，法螺貝のうなりが山にこだますることが減った。「このままでは，立螺の伝統が消えてしまう」との危機感から，大福寺住職の神野忍空らが4社寺の仲介役となり，1994年春，立螺を広める「石鎚立螺之会」を発

写真 9-4　象徴主義としての山伏ファッション

足させた。

　合言葉は「お山に貝を響か
せろ」である。法螺貝を吹く
方法は，信者間において口伝
を通じて伝えられてきた。立
螺の文化に危機感を抱き，1
社3寺が立ち上げた石鎚立螺
之会は，吹き方を一般に開放
した。4社寺の間で異なった
吹き方をまとめて，教則本
「石鎚立螺法手引」が発行さ
れた。毎年11月に石鎚神社
成就社で開く講習会には，全
国の山伏だけでなく一般の人
も学び，受講生は400人以上
となった（『朝日新聞』2011）。

(3)　「石鎚山」の地域ブランディングの新機軸

　修験道は，山岳における修行の中に存在してきた実践的な神仏和合の宗教で
ある。山伏の主な修行は山駆けである。険しい山の中の道を歩き，登る。山伏
たちは最初に行くかどうか尋ねられ，自信のない者は辞退しなければならない。
一旦歩き始めたら途中で脱落することは死を意味するという命懸けの修行を通
して，強い精神が体得できるという実践的な修行である。

　外部力（ヨソモノ）である山伏は，内部力（ジモティ）の山村の人々と文化や信
仰で影響を相互に及ぼした。神楽や田楽といった芸能は，山伏の祭礼の踊りを
山村の人が真似たことから発展したものと言われる。山伏たちは山間で摘んだ
花を寺院に届け，仏様を飾った。ここから池坊などの華道が発生した。蕎麦は，
山伏たちが修行中の食糧であったものが山の村人たちに伝わって栽培したり，

食べ始めたりしたものである。山伏たちは，村人たちの求めに応じて，病気の人に薬草を調合した薬を処方したり，祈祷の護摩を焚いたりして治療を行った。逆に，山村の人々は，古代の山の民の秘儀を山伏へ伝える人がいた。山村から修験道に流れ込んだ秘儀もあったのである。

　山伏は，山のさまざまな面に精通していた。山の恵みと恐ろしさという二面性が石鎚信仰の背景にある。山で生きることについて，代々の山伏に知識が受け継がれてきた。その例として薬がある。温暖な瀬戸内から高峻な山頂まで標高差がある石鎚山は，多様な薬草の宝庫である。生薬には，毒があるものもあり，知恵がないと効能があっても用いることができない。山伏は，村々を回って祈祷をしお札を配っただけでなく，山の薬草から作った薬も配布した。山伏の施薬の進んだ形として，富山県で盛んになった配置薬が展開してくる。

　石鎚山は薬用植物が豊富で，200種類はある(西海，1997，p.255)。徳川八代将軍の吉宗は，1728年(享保13年)，江戸で流行した流行病に対処するため，石鎚山の薬草を求めた。山伏の施薬は，医者替わりそのものであった(西海，1997，p.257)。

　現在でも，石鎚山陀羅尼丸(だらすけ)[3]などの薬が成就社で販売されている。健胃，腹痛，消化不良，打撲傷，ねんざに効用があるという(図表9-3)。

　他に石鎚神社で販売されている霊芝は，サルノコシカケ科のキノコで，万年茸とも呼ばれ，中国で縁起が良い長寿のための貴重な漢方のひとつとして1000年以上前から広く知られている[4][5]。

　神仏分離令に引き続き，1872年(明治5年)の修験宗廃止令により呪術，祈祷が禁止され，1884年(明治17年)の配札(修験)禁止令とともに，山伏は姿を消した。配札の本業を奪われた山伏たちの中

図表9-3　石鎚山陀羅尼丸

には，それまで副業だった製薬業に移行した者もいた。配札先がそのまま売薬の得意先となった。陀羅尼助は，伝統的な胃腸薬として知られている。キハダの樹脂にアオキ葉を加えて煮詰めた黒っぽい塊という天然素材系医薬品である。山伏の場としての石鎚山の他，御岳山，大峰山，吉野山，大山という山岳信仰のさかんな地域で成立している[6]。四国山脈には，生薬の原料となる薬草が栽培されてきた。その背景には，売薬による収益もあるが，草木には神霊が宿っているという考え方があるという。このように，民間薬には山伏の関与が大きかったのである。

(4)「石鎚山」の地域価値の再定義＝「原理主義」を超えて

　原理主義はキリスト教などの一神教から発した考え方である。この原理主義が世界を二分させる概念であり，東西冷戦，南北問題，米国の資本主義，EUの超国家主義など行き過ぎた原理主義が幸福につながらないことが証明されてきた。

　修験道は日本の精神思想のバックボーンであるが，山は神が住まう地域であるというのはきわめて日本的な考えであり，人間と自然との関係で，これほど豊かな関係はない。山，川，草，木，動物もすべての自然は，循環の中にある。

　日本における登山とは，当初は山岳信仰であり，信仰の対象である霊山に登る修行であった（野口，2009）。登山がスポーツやレクリエーションに変質したのは明治以降であって，歴史としては長くない。石鎚山では，どんな人も，伝統的な白装束の姿で登っていく信者と出会い，共に登ることになる。石鎚登山の信者の挨拶は「お上りさんかい」「お下りさんかい」というものであり，お互いに声をかけあい，励まし合う。一般の登山者にも同じように声を掛けて挨拶を返すことになる。

　欧米的登山は，「自然は人間が神から与えられた物」としてみる一神教的世界観のもとにある（田中・正木，2004）。日本人にとっての登山は，四季の豊かさの中で，自然を神や仏と呼ぶという人と自然の共生が前提となっている。

　山など自然と対峙する人間観を持った欧米社会や「山や森が大嫌いなキリス

ト教」(田中・正木, 2004, p. 4)と大きく異なる日本人の自然と人間の共生, 人間と神の輪廻という精神思想は, 欧米社会に極めて新鮮に映るであろう。

　日本人にとっては牛や馬は一緒に働く仲間であり, 山は神なのである。そこからは共生や輪廻の思想, 多様な価値観の共存する多神教などが生まれやすい。

　欧米社会には, 分断主義がある。人と自然, 人間と神を分断することが基本となっているのが欧米であり, キリスト教の一神教精神である(鯖田, 1996)。自然と人間は, 相互に対立する二元論的な考え方である。そうした人間と自然を分断する世界観から, 自然と対峙する人間中心主義, 個人主義的な民主主義思想が生まれた。

　石鎚山への信仰を取り戻すことは, 登山は山登りのスポーツであり, 山頂まで「登ることは, 山を征服すること」といった自然と対峙する人間中心的, 個人主義的な山岳感を脱する機会になるであろう。このように, 欧米の人間中心的自然観を離れて, 真摯に山と一体となって山と向き合うというコンテクストは, 原理主義を超える上でも大きな意味を持っている。

おわりに〜秘教の地域ブランドの試み

　一神教をもとにした原理主義に「付和雷同」することなく「和而同不」(和して同せず), 自分なりの判断力, 考え方を養い多様な世界を柔軟に受けとめ, 自分で決めていくことが求められている。

　今後は, 欧米の思想に対して気後れすることなく, 日本らしい自然と一体化した生き方について, 探ってみる価値がある。その際, 石鎚山の山岳信仰は, 人間が自然の中にあることを自覚し, 自然と共感しあう世界を体現するものとなる。

　人は, 記憶の根底にあって人格の形成に大きな作用を果たした風景を持つ(野口, 2009)。日本は島国であるとともに, 国土の約73%を山地が占める山国である。山こそが日本人の根底にある重要な要素である。自然が神になり, 人間も自然の中で輪廻するという, 欧米の原理主義を超える唯一といってもよい寛

容性がある考え方である。

　日本人の風景の根底にある山は，噴火，山崩れ，洪水などで人々を死に追いやることもある一方，河川や伏流水は農産物や工業を支えてきた。したがって，山は畏怖すべき大自然であり，神の居所として位置づけられてきた。

　このように，日本には畏怖すべき神が宿る山で修行して霊力を身に着けた者が，里に下って人々の救済にあたる修験道が存在した。そして，日本の各地に山伏の霊山が成立して修行場となった。江戸時代には一般庶民も講を組織して山に登る信仰が隆盛を極め，山麓に信仰集落が生まれて，経済的にも繁栄した。しかし，明治初期の神仏分離政策によって，神社と寺院は明確に分離された(鈴木，2015)。

　山は，人が亡くなった後に死者の霊魂が赴く場であるという山中他界観がある(鈴木，2015；宮家，2004)。山は祖霊の住む他界と考えられ，農耕を守る村里近くの山岳は水源地としての性格を持っていた。ここには水分神が祀られることが多かった。村はずれにある里山は，村人たちの墓所でもあった。例えば，地域によっては，陵墓を「山陵」，棺を「ヤマオケ」，葬列の出発を「山行き」と呼ぶことがある(宮家，2004)[7]。

　明治時代の廃仏毀釈と戦後の現人神たる天皇による「人間宣言」という2度の神殺しの結果，倫理観の欠如が生まれたと梅原(2011)は指摘している。2度にわたり神を殺した日本は，本来持っていた美しい心を失っている。そして，梅原(2011)は，これを戦前の国家神道復活で解決することには否定的であり，明治維新前の山伏を基礎とする宗教観に戻すことを主張している。

　外来の仏と土着の神を共存させた山伏であるが，この山伏が廃仏毀釈によって禁止され，何万といた修験が職を失った。これまで神仏習合に基づく権現に奉仕してきた山伏は，宗教活動の根底をおびやかされた(宮家，1978，p.71)。

　神も仏も殺してしまった日本は，天皇の人間宣言とその後の経済成長の中で，道徳観が失われてしまった。「山には神々が住まう」と言われるが，どのようにしたら神々に会うことができるか。日常のむなしさや疑問を抱いて，山を見上げている人々がいる。その秘儀を示して，人々を山に連れて行き，神々に出

会うことができ，自然の力を感受し，循環させていく知恵を示すことがスピリ
チュアルゾーンデザインの要となる。

注

1）日本七霊山とは，日本三霊山の富士山（静岡県，山梨県），立山（富山県），白山（石
　　川県，岐阜県）の三山に，大峰山（奈良県），釈迦ヶ岳（奈良県），大山（鳥取県），
　　石鎚山（愛媛県）の四山を加えたものである。
2）石鎚神社（2011）によると御神像拝戴（ごしんぞうはいたい）の心得は，下記のとお
　　りである。
　　一，奉仕者は御山着を着用する。
　　一，拝戴者も御山着が望ましい。
　　一，仁（玉持ち）智（鏡持ち）勇（剣持ち）のご神像の順に拝戴を進める。
　　一，御神像は，片手奉持しない。
　　　　自分の胸の高さ以上にて奉持する。
　　　　御神像の頭部，首部には，手を触れない。
　　一，拝戴は拝受者の背中のみとする。
　　　　身体の正面（吐く息がかかる）
　　　　腰より下（不敬である）は拝戴しない。
　　一，御神像の写真，ビデオ撮影等は不敬である。絶対厳禁とする。
3）製造販売元は，松田薬品工業株式会社（愛媛県松山市河野中須賀 318）発売元は，有
　　限会社石川健康堂（愛媛県西条市東町 336）である。
4）霊芝は，30 日分で標準小売価格 12,100 円である。
5）なお，霊芝は，DHC やサントリーウエルネス株式会社から販売されている。
6）2009 年 6 月から第二類医薬品として区分されている。また，第二類医薬品は，薬事
　　法の改正により，2014 年 6 月からインターネット販売が可能となった。
7）香川県では火葬番への差し入れを「山見舞い」（鈴木，2015）と呼ぶ。

参考文献
朝日新聞（2011）「聞きたがるんよ山が　石鎚山の法螺貝（愛媛県）」『朝日新聞デジタル
　　ひびき紀行』http://www.asahi.com/culture/hibiki/（2011 年 7 月 16 日アクセス）。
石鎚神社（2003）「第 6 章　戦争突入，戦後処理」『石鎚信仰の歩み・石鎚神社改訂千三百
　　年史』石鎚神社頂上社復興奉賛会。
石鎚神社（2011）『石鎚社報』平成二十三年先達通信号（2011 年 5 月）。
梅原猛（2011）『神殺しの日本　反時代的密語』朝日文庫。
国際宗教研究所（2016）「教団データベース」『宗教情報リサーチセンター（Religious In-
　　formation Research Center：RIRC）』。
西条市（2015）「西条祭りの紹介」『西条市ホームページ』http://www.city.saijo.ehime.jp/
　　soshiki/kanko/maturi2.html　2015 年 10 月 8 日更新（2016 年 4 月 9 日アクセス）。

鯖田豊之（1996）『肉食の思想―ヨーロッパ精神の再発見』中公新書。

鈴木正宗（2015）『山岳信仰　日本文化の根底を探る』中公新書。

四国森林局（2016）「石鎚山の様子」『四国森林局ホームページ』
http://www.rinya.maff.go.jp/shikoku/koho/2009isiduti.html（2016年3月31日アクセス）。

成文堂（2015）『鳥瞰図で楽しむ　日本百名山』成文堂出版。

高木啓夫（1998）「石の霊魂と再生伝承―石鎚山裏参道信仰史（石鎚山特集）」『山岳修
　　験』22巻，pp.41-52。

田中利典・正木晃（2004）『はじめての修験道』春秋社。

時枝務（2005）『修験道の考古学的研究』雄山閣。

西海賢二（1987）『生活の中の行道』福武書店。

西海賢二（1997）『石鎚山と瀬戸内の宗教文化』岩田書院。

西海賢二（1998）「石鎚信仰略史（石鎚山特集）」『山岳修験』22巻，pp.19-26。

野口圭也（2009）「石鎚山信仰と瀬戸内の宗教文化」『真言宗豊山派総合研究院紀要』14巻，
　　pp.127-138。

宮家準（1978）『修験道―山伏の歴史と思想―』教育社。

宮家準（2004）『霊山と日本人』日本放送協会。

与田準一（1998）「やまたのおろち　この世のはじまり」与田準一編集『古事記・風土記』
　　小峰書店，pp.6-24。

第 10 章

事例④＝「熊野三山(熊野本宮大社・熊野速
玉大社・熊野那智大社)」と「田辺市・那智
勝浦町・新宮市」

宮本　文宏

はじめに〜異界としての「熊野」

　熊野は遠い。その遠さは，地理的な意味でなく，存在そのものの比喩として
の距離を示している。熊野は，現在の社会から遠く隔絶し存在している。その
隔絶こそが熊野の魅力ともいえる。この隔絶とは，社会が近代化に向かってい
くなかで，熊野が時代の潮流に呑み込まれることなく独特性を維持してきたこ
とを示す。この在り様こそが，熊野がスピリチュアルゾーンである由縁だとい
える。

　こうした独自の存在を熊野が維持してきたのは，陸路から容易に人が入り込
めない地勢のためである。熊野は地図上では奈良や京都，大阪に近く，古代か
ら近代にかけて国家の中枢を担った都に接しながら，険しい山々に囲まれ，人
の往来を拒んできた。また，本州の南端に位置し，沖合を黒潮が流れることか
ら亜熱帯性の巨木が茂る独自の植生が深い森を生み，火山活動による巨石と巌
が他に無い風景を創ってきた。

　このように，熊野は独自の磁場を有し，異界にもたとえられる土地である。
異界といわれるのは，信仰の在り様や精神性が他の土地と熊野では異なるため
である。本章では熊野を取り上げ，その精神性を形成する背景や歴史を読み解

き，現在における地域デザインについてフレームワークを用いて考察する。具体的には熊野を象徴する熊野本宮大社，熊野速玉大社，熊野那智大社の三山に焦点を当てて，三山が形成する熊野のスピリチュアルゾーンとしてのブランドデザインを検討する。

第1節 地理・歴史から見る「熊野」の精神性の定義

　本節では，スピリチュアルゾーンとしての熊野の特徴を地理的な面と歴史的を面から捉えて描く。熊野とは地理的な領域である以上に，過去から積み重ねてきたストーリーによって独自の存在を示すスピリチュアルゾーンだといえる。その熊野がどのようにして形成され発展してきたかを明らかにする。

(1)　パワースポット「熊野」のプロフィール＝神話の土地

　歴史上熊野という名前が最初に登場するのは，日本という国の名前が未だ存在しなかった時代に遡る。日本書紀の日本の始祖神である伊弉諾尊と伊弉冉尊の神話では，伊弉冉尊が火の神を産んだ後に亡くなり，葬られた土地として記されている[1]。

　さらに，熊野は神武天皇による東征に登場する。高千穂に天孫降臨した邇邇芸命から三代目の神武天皇は大和の地を目指して船出し，近畿に赴く。だが，その土地の豪族の反撃に遭い大和に入れず，舟で紀伊半島を南下し，熊野の地に辿り着く。しかし，上陸後に女酋長の丹敷戸畔率いる一軍の襲撃を受け，呪術をかけられ軍勢は病に倒れる。神武天皇は，この苦難を天照大神のお告げにより剣を手に乗り越えて，軍を率いて八咫烏の先導で熊野の険しい山を越え大和に入る。そして，大和を平定後，即位し建国を成し遂げる。

　これらの神話は，熊野は死と密接に結びついた土地であり，熊野は呪術が存在する場所と捉えられてきたということを示している。現在も，伊弉冉尊の葬られたという由来のある神社や，神武天皇軍に呪術をかけた女酋長丹敷戸畔を祀る場所や由来する地名が各地に残る（天川，2013，p.40）。これらの痕跡から

神話を紐解くと，熊野には縄文時代の狩猟型社会の特徴が色濃く残っていたことがわかる。縄文時代の部族の特徴として，女系支配や，自然崇拝に基づく女性シャーマンの存在がある。熊野がスピリチュアルな土地とみなされてきたのは，こうした太古からの地続きと言える独自性と神秘性のためである。

　このように，記紀の時代から，熊野は神が隠れ籠る黄泉の国，死者の国として知られてきた。熊野という地名の起源には諸説があるが，熊野の熊の古語が「隅」や「陰国」を示し，神籠る国＝隠国から「隠野」となり，音が変化し熊野となったという説が有力である(豊島，1992，p. 17)。こうした語源とともに，熊野の険しい山々の中の道は危険性から死出の山路と呼ばれ，熊野は独自の神秘的な場所であり続けてきた。

(2) 「熊野」ブランドの浸透の課題

　熊野は和歌山や三重，紀伊よりも古い地名であり，現在の和歌山県と三重県にまたがる紀伊半島南部一帯を指し，一市には収まらない広域のゾーンを古くから描いてきた。しかし，現在は市区町村としては熊野市に名前を残すのみである。むしろ，熊野という名前は，熊野本宮大社，熊野速玉大社，熊野那智大社の熊野三社をはじめ，熊野川や熊野灘といった地名に見ることができる。これらの場所は現在の和歌山県に位置するが，熊野市は三重県に属する。熊野三社もそれぞれ別の市町村に分かれている(図表10-1)。

　このように，かつて熊野と呼ばれた場所は，大きくは熊野川を境に三重県と和歌山県に分断されている[2]。熊野をブランドとしてアピールする際に直面する困難さは，

図表 10-1　熊野三社の位置

同じ熊野であっても管轄が県や市や町で分かれており，統一したブランドとしてアピールしがたい点にある。現在のような形で熊野が分断されたのは，明治においてである。こうした熊野の分断には，熊野というブランドを意図的に消そうとする近代国家の意図が込められている。

　もともと，熊野が現在のように分断されたのは，明治維新の廃藩置県によってである。さらに，廃仏毀釈によって，熊野三社をはじめ数多くの仏教寺院が神道からの攻撃に遭って，寺や仏像が廃棄された。熊野を本拠地とする修験道も廃止令が出され，活動を止められた。明治維新以後，伊勢神宮が国家神道の中心であり，皇室の祭神として政府の保護を受けたのとは対照的に，熊野は政府から攻撃を受け，熊野としての繋がりを解体され，地名も公式には消された。

　ではなぜ，日本書紀に登場し，長い歴史と伝統を持つ古くからの土地である熊野の名前とブランドは消される対象になったのか。ひとつには，幕末に，熊野は幕府軍につき最後まで官軍に抵抗したことへの報復と，再び結集することを防ぐためだったと見ることができる[3]。2点目として，本質的に熊野や熊野が象徴するものが近代国家の形成にあたって邪魔な障壁であったためだと考えられる。熊野の象徴するものとは精神性としてのゾーンであり，熊野が古来より持ち続けていた過剰さと独自性だと捉えられる。

　現代において再び熊野をブランド化するには，このように近代国家に向かう際に邪魔なものと捉えられたものにあらためて着目し，デザインすることが有効だといえる。なぜなら，近代国家観の行き詰まりとともにこれらの要素が再び脚光を集めているからである。つまり，熊野を精神的ゾーンとして描き出し，分散されたモノとコトを再び統合することが，熊野ブランド復権の最大の課題であると同時に，これからの可能性でもある。

第2節　「熊野」ブランドのコンテクストデザイン＝信仰の根底としてのスピリチュアルゾーン

　本節では，スピリチュアルゾーンデザインの視点から熊野を捉えて，ブラン

ドとしてデザインするために，熊野信仰に焦点をあてる。デザイン検討のために，ZTCA デザインモデルを活用し，ゾーンとして現在の行政区分を超えた熊野三山を中心にした領域を描き，コンステレーションとして秘儀による関係性を展開し，トポスとしてのアジール(聖域)を描く。また，アクターズネットワークは，熊野を体現し展開した先達たちの系譜から熊野のブランドを形成する。

(1)　「熊野」のゾーンデザイン＝熊野三山を中心にした熊野

　歴史上，熊野は，現在の県や市町村などの公的な統治機構を超えた時間・空間的な広がりをもつ精神的ゾーンを形成してきた。このゾーンを形成する中心が熊野三山である。三山という「山」をつけて呼ぶ表現は仏教由来の呼び方である。熊野三山は3つの神社から成るが，権現信仰の中心として確立してからは各地から数多くの参内者を集めてきた(写真 10-1，10-2，10-3)。

　権現信仰とは，仏や菩薩が人々を救済するために神の姿をとり，この世に現れたとする権現に対する信仰である。もともとは土着の信仰から神道の神々の社が築かれていた場所に，大陸から仏教が伝来し国家の保護を受けながら民衆に普及していく過程で，神道と仏教の関係が問題になっていった。その問題を解決するために，密教の影響から，神道と仏教の融合がはかられた。こうした融合の結果生まれた信仰が権現信仰であった。平安時代には，仏が本体(本地)であり，神々がその顕われである(垂迹)とする本地垂迹説が広がり，神社には神と仏がともに祀られるようになった。

　熊野三山はこうした権現信仰発祥の地であり中心地であり，全国に3千社以上ある熊野神社の総本山である。もともと，霊力の強い磁場であり聖地として信仰を集めてきた本宮と新宮(速玉)と那智の3カ所には三権現として神と仏の両方が祀られている[4]。

　このように，熊野はかつて社寺一山として人々の信仰を集めてきた。特に，平安末期から鎌倉時代にかけて世の動乱とともに，末法思想が広がり，浄土への往生を願い，全国から数多くの参内者が訪れ「蟻の熊野詣」と言われたほど

写真 10-1　熊野本宮大社本殿

写真 10-2　熊野速玉大社

の列をつくった。各地には熊野三山の祭神を勧請した神社が建てられた。今でも各地に熊野神社が存在するのはこのためである。

　現在，再び熊野をブランド化していくには，かつての信仰の象徴であった熊野三山を中心とする精神的ゾーンをデザインすることが有効である。すなわち，これは国による行政区分を超えた時間・空間的な広がりをもつゾーンとして現在の熊野を描き直すことである。

(2)　「熊野」のトポスデザイン＝秘儀・秘教の修験道と信仰

　熊野の権現信仰を遡れば，巨石や巨木，滝などの自然に対する太古からの信仰へ至る。険しい山と雄大な自然への畏れが信仰となり，熊野は古代からシャーマンが生まれたアニミズムの強い土地柄であった。こうした土地柄から，熊野と吉野を結ぶ大峯山脈は修験道の聖地となってきた。

　修験道は，その土地のスピリチュアルな磁場に感応し，自然と一体化するために山岳地帯を修行の場とする。修験道者は山に籠り苦行を重ね霊力を高め，悟りをえることを目的に苦行を重ねる。役小角（役行者）によって7世紀頃の天武天皇の時代に開かれたとされ，古来の自然信仰に仏教の密教の教えを取り入れたアニミズムとシャーマニズム的な色合いの濃い秘教として知られる。修行による実践を重視し，書物が残されず宗教儀礼は秘儀として口伝で伝えられ，全容を部外者が知ることは難しい。修験道は神仏習合の信仰であり，神と如来や菩薩や明王がともに祀られる。熊野は，修験道の中心地として発展してきた。

　山口(1969)によれば，修験道は母胎回帰を象徴し，地底への下降を意味するという。山岳は天に最も近い場所であり，同時に下界と隔絶した迷路と死の暗喩でもある。修験道の修行者は，俗世界から離脱し，修行から悟りを得ることを目指すが，その過程は死，懐妊，母胎内での発育，再生の象徴的なプロセスを経ると捉えられる。このように，修験道において，山岳は上昇と下降(母胎＝冥界)の相反するものの統一を意味する修行の場である。

　熊野で修験道が生まれたのは，険しい山岳と木々が生い茂り昼も暗い森や，点在する巨石や滝等の自然が存在するためである。熊野のトポスは霊的な強い磁場を持つことであり，その源は人の存在をはるかに凌駕する圧倒的で濃密な自然である。熊野の自然は畏れの感情を人に抱かせる。比較するならば，熊野の自然は，屋久島や奄美などの黒潮の流れる南方の土地独特の，人を圧倒する生命力の強い風土と共通する。

　これらの荒々しい程の過剰さと周囲と隔絶した独自性を有するスピリチュアルトポスのもとで，熊野では既存の宗教も元の形を変え融合し，新たに権現信仰や修験道を生んだ。熊野のブランド化においては，スピリチュアルな磁場に注目し，かつて独自の信仰を育んだことに再び焦点をあてることが有効であると言える。

写真 10-3　熊野那智大社

(3) 「熊野」のコンステレーションデザイン＝アジールとしての熊野

　熊野では，未だ日本という名前を持たない縄文時代から，川と森と海の豊か
な自然に恵まれ狩猟を主とする人々が暮らしていたと推察される。やがて，稲
作が大陸からもたらされると，日本各地で森を切り開き，川の流れを変え灌漑
を行い，自然を支配する労働でつながった組織が誕生していった。富の蓄積に
より貧富の差が生まれ，力のある組織集団を中心に国家の原型が形成されてい
った。しかし，平地が僅かで自然からの収穫に恵まれた熊野はそうした動きと
は隔絶し，古来の狩猟を中心にした暮らしを続け独自の文化を保ってきた。熊
野が現世と隔絶した黄泉の国，根の国という異界として描かれてきたのは，稲
作文化が伝わる以前の生活の風習と文化を維持してきたためである。

　やがて，畿内で最も力を持った豪族が集まりヤマト王権を築き，各地に律令
制が敷かれ行政区分として分けられていくと，熊野には新たに紀伊国が置かれ，
熊野は国府のひとつとなった。このように，中央集権国家成立後は，熊野は政
治や経済の中枢から離れた辺境だと位置づけられてきた。近畿からの交通路が
山により遮断されていることや山岳と森に覆われて耕作地に向かないことなど
から，紀伊半島は中央から取り残された場所になった。

　しかし，精神性において熊野は中心的存在であり続けてきた。熊野からさま
ざまな信仰が生まれ，各地へ伝播していった。熊野権現や修験道，一遍上人に
よる念仏教（時宗）など熊野で生まれた信仰は日本の精神風土に大きな影響を与
えた。さらに，平安時代には熊野詣をはじめ，熊野山伏や熊野比丘尼たちによ
る熊野権現勧進のための諸国行脚など，熊野と各地を繋ぐ宗教的ネットワーク
が展開された。熊野三山を中心にした参詣を案内する先達と信者である檀那と
の参詣組織が各地につくられ，熊野信仰は日本全国に広がった。

　このように，熊野は時の権力と距離をおきながら，精神的アジールの地で在
り続けてきた。この熊野の信仰の独自性は，信仰を持つ人も持たない人も，男
性も女性も，貴賤も浄不浄も問わず，来る人を拒まず受け入れてきた点にある。
宗教的アナーキーと言えるほどに，熊野の宗教的磁場は多様な信仰を生み出し
てきた。熊野はスピリチュアリティに触れようとして訪れる多くの人を受け入

れてきた。また，吉野から連なる熊野の山々は権力闘争に敗れた人が隠れ住むには最適な場所であった。例えば，南北朝の争いで後醍醐天皇が逃れた場所が，吉野から熊野の地であった[5]。

　しかし，近代国家に向かうなかで国家のさまざまな施策とも相俟って[6]，熊野信仰は衰退し熊野は単なる一地方になっていった。熊野の精神的アジールは，近代化にも，近代化を推進するための天皇中心の国家神道の体系とも馴染みにくいものであったためである。

　熊野を再び地域ブランド化するには，熊野を精神的アジールの地として捉え直すことが必要である。コンステレーションデザインによって熊野三山を中心にスピリチュアルな場と精神的ネットワークを描くことで巡礼地のブランドを復活させ，多くの信仰を生み出した宗教的根源の地として熊野をブランディングすることが有効になる。

(4)　「熊野」のアクターズネットワークデザイン＝多彩な歴史上の人物

　平安時代末期から鎌倉時代にかけては，白河上皇や鳥羽上皇，後白河上皇や後鳥羽上皇などの歴代の上皇たちが繰り返し熊野詣を行い，熊野三山を訪れた。特に，白河上皇は，熊野の霊場をまとめて熊野三山を中心とした権現信仰の組織作りを行った[7]。熊野に関わりのある人物として，これらの上皇をはじめ修験道の開祖である伝説の役行者や一遍上人など，数多くの宗教的巨人が熊野のアクターズネットワークを形成する。

　それらの人の中から本項では，南方熊楠と中上健次の2人の存在に注目する。2人は，近代化へと向かい市民社会が成立し，熊野の存在が消され多くの人から忘れ去られようとしていた時に，熊野を自ら体現し著作や行動を通じて世にアピールした。

　南方熊楠は，熊野神から名付けられたという名前のとおり，生涯にわたって熊野を中心に活動した。特に，粘菌類の収集と研究に情熱を注ぎ，熊野山麓に暮らし山中を歩き回り膨大な目録を記した。奇矯な行動の数々から多くの逸話

を残したが，熊楠が最も拘り護ろうとしたのが熊野の自然であった。熊楠は森林伐採に反対し，エコロジーという言葉を日本に紹介した。

　また，中上健次は文学者として熊野を舞台にした小説群を執筆し，生まれ故郷の新宮を中心に人を集めさまざまな活動を展開した。中上はストーリーと格闘し，日本の近代文学を超え，古来の語りや説話にも光をあてた。中上が残した作品は，熊野サーガとも呼ばれ，濃厚で力に充ちた作品として文学史に残っている[8]。中上は，紀州を「神武以来敗れ続けてきた闇に沈んだ国。敗れた地霊どもが眠る隠国」と呼び，熊野を神話的世界として描いた(中上，1978)。

　これらの熊野ゆかりのアクター達に共通するのは，横溢する生命のエネルギーと従来の枠に収まらない存在の大きさである。彼らこそ巨人と呼ぶにふさわしい存在である。彼らは各時代の正統的な権力に抗い，既存の常識を打ち破り，境界を越えていく意思と行動力を持っていた。これらのアクターたちを熊野を中心につないでデザインをすることによって，熊野のエネルギーに充ちた生命のネットワークを地域ブランドとして描くことができる。

第3節　地域ブランドとしての「熊野」ブランドの発展方向

　本節では，これまで見た熊野のゾーンとトポスとコンステレーションとアクターズネットワークのデザインを統合し，熊野ブランドを再び築くための方向性を検討する。熊野をスピリチュアルゾーンとして地域ブランド化するには，熊野が持つ宗教性とその根源にあるものに着目することが有効である。

⑴　「熊野」ブランドの未来＝熊野三山秘儀ゾーンの確立

　前節で見てきたように，熊野のゾーンは物理的な空間を超えた意味的，精神的空間として描くことができる。そこで，現実の統治区分である県や市町村を越えたつながりを生むことがゾーンデザインの目的になる。また，山と川と海の自然に囲まれた熊野では，古代から自然への畏怖が祈りとなり，宗教的磁場を形成してきた。その磁場が多くの信仰を生み，神道や仏教，権現信仰などの

日本の信仰の発信地であり精神的アジールとして，日本の精神世界に多くの影響を与えてきた。

熊野を地域ブランドとしてデザインするには，これらの精神性と，これを生み出してきた熊野独自の風土に着目したデザインが有効である。つまり，熊野三山を核にした展開が期待できる。権現信仰の中心地として，熊野三山は神道の神と仏教の仏がともに祀られてきた。熊野は，神道と仏教と道教的要素を取り込みミックスし，独自の形に変える強靭さと奥深さを持つ[9]。熊野にはかつて観音浄土の世界にある補陀落山に渡ろうと，小舟を海に浮かべ成仏を願い，即身仏となった僧や修験者たちがいた。この補陀落山渡海は，近代的な視点で見れば僧侶の自殺行為でしかないが，生と死が密接に結びつき信仰が生まれ，黒潮に向けて舟を漕ぎ出していく姿は，熊野の精神性を表しているともいえる。

熊野はこのように濃密な宗教的磁場を持ち，熊野三山はその中心に位置している。那智大社の別宮には高さと水量ともに日本一である那智の滝があり，訪れた人を精神的トリップに誘う。3つの川が合流する中洲の「大斎原（おおゆのはら）」は熊野本宮大社が元々あった場所であり，川と密接に結びついた特異な場を形成する。また，それぞれの大社では古くからの伝統的な祭りが催される。それらの祭りは，那智の火祭りを始め，熊野本宮大社例大祭[10]や速玉大社の御船祭り[11]など，原始時代にさかのぼって根源的なものへと働きかける特異な祭りである。

さらに，これらの祭りは熊野三山の各大社と土地の特徴を示すと同時に，川と森と海の三要素を示し，火と土と水を象徴している。熊野のスピリチュアルゾーンのデザインとは，熊野三山を中心として川と森と海をつなぎ合わせ，日本人の始祖である川の民，山の民，海の民が畏れ敬った熊野古層のスピリチュアル性を地域ブランドとしてデザインすることである。

⑵ 「熊野」への貢献＝熊野三山によるゾーン形成とブランディング

熊野の川と森と海が形づくる自然は，那智の滝や花の窟（いわや）の巨石が示す圧倒的な力から，人に畏れを抱かせ，信仰を醸成した。古代からそれぞれの生活圏で暮らす川の民，山の民，海の民が聖地としてきた場所がやがて3つの大社とな

り，神が祀られ，やがて伝来した仏と習合し，独自の信仰を形成していったと
考えられる。

　熊野の名前が最も知られていたのは，平安末期から鎌倉初期にかけてであっ
た。この時代は，それまでの貴族を中心とした社会から武家勢力が台頭し，新
たな大きな変化が生まれた時代であった。権力争いによる戦乱が各地で起き，
それまでの価値観の変化が人々へ不安をもたらした。こうした社会の混乱から，
来世での救いを願う浄土信仰が広まり，浄土の地として熊野は人々の信仰を集
めていった。

　もともと，熊野は周囲と隔絶し，独自の自然と古の世界を保持してきた土地
である。熊野は，日本人の根源ともいえる古層の精神性を保持してきた。社会
が急激に変化し，混沌とした状況が生まれる時代においては，人々の目は精神
世界に向けられる。戦乱の世に，熊野の強い精神的磁場に感応した多くの人か
ら，浄土の地として熊野は信仰を集め，大きなブランドを築いた。このように，
時代の変わり目において，熊野は日本人が古代へと帰る精神的なルネサンス（再
生）の地として注目を集める場所になる。

　さて，かつての貴族社会から武家社会へと変化する混乱の時代と同様に，現
代もまた大きな価値変化に直面する時代である。それゆえ，心の不安からスピ
リチュアルなものへの関心が高まっている。かつてと同じように，熊野と熊野
が象徴するものが再び着目されてきている。古くから日本のスピリチュアリ
ティの源流を形成し，霊場として知られてきた熊野は，再び精神的な再生を遂げ
るための土地として地域ブランドを形成する時にある。

　熊野ブランドとして，熊野三山は日本の古層の精神性と自然から得てきた豊
かな生命力を体現する。また，熊野古道や那智の滝，熊野川，熊野灘を繋いで
おり，権現信仰や修験道の秘教と秘儀を象徴する。熊野三山は，かつて熊野か
ら各地に信仰を布教し伝播させてきた。再び精神的ネットワークとして展開し，
近代化とともに失われた精神性を見直すことが，時代的に求められている。

　このように，熊野のブランド化とは精神的ゾーンとして熊野三山を中心に熊
野の精神性を築き直すことである。それは，かつて近代化に向かう際に国家に

より分断され解体された熊野のブランドを取り戻すことである。近代化の次の
ステージへと社会が向かうためにも，この新たな変化の時代に熊野のブランド
は強い輝きを持つと考えられる。

おわりに～熊野ブランドの過去と現在と未来

　現在とは異なり，かつては熊野へ行くこと自体が大変な苦行であり，遠く険
しい山々を越え辿り着く場所であった。その険しい道を巡礼者は歩き，あたか
も現世から死の国へ下るかのように熊野を目指した。巡礼者たちの熊野への道
行は，修験道の修行にも似て，死を経てから生まれ変わる再生の儀式を象徴し
ているかのようであったと想像できる。

　その熊野への信仰が，時代とともに変化してきた。縄文時代のアニミズム的
な自然崇拝に端を発し，ヤマト王権による国家統一事業の中で神武天皇に平定
された土地として神話に登場する。やがて，仏教の伝来後は権現信仰が生まれ，
修験道の本拠地として全国に展開していった。

　しかし，熊野と熊野の信仰のネットワークは，政権の力が及び難い存在であ
り，統治体制確立の過程で邪魔な存在として表舞台から隠され解体されようと
してきた。江戸時代から明治国家樹立の近代化の過程の中で，各地への移動や
行脚は政権によって制限され，修験道は修行の道を絶たれてかつての秘儀性を
失っていった。さらに，明治期になると中央集権化のために，万世一系の天皇
を主神とする日本国民というストーリーが採用され，そのストーリーに収まり
にくい熊野は邪魔な存在として熊野川の左右で線が引かれて解体され，地名も
公式名からは消されてしまった。

　だが，熊野の精神世界は途切れることなく，地下水脈のように精神的アジー
ルを維持してきた。地域を分断することはできても，熊野の自然と地理的環境
から生まれ伝えられてきた精神性を奪い去ることはできなかった。この熊野の
精神性が，大きな変化に直面した現代にスピリチュアルゾーンとして再び注目
される。現在，熊野三山を中心にスピリチュアルゾーンをデザインすることで，

精神の再生の地として展開することが期待される。本章での議論と考察が，そのための一端となることを期待する。

注

1）日本書紀に「紀伊国熊野之有馬村に葬しまつる」とあり，さらに伊弉冉尊の御霊を祭り「鼓吹幡旗を用いて歌い舞い祭る」とある。現在も熊野市有馬町で年に二回七里御浜沿いでお祭りが行われる。

2）熊野川は熊野市を流域に含むが，熊野川の河口の町として繁栄したのは和歌山県側の新宮市であり，熊野川町も新宮市に位置する。また，熊野速玉大社は新宮市にあり，熊野那智大社は那智勝浦町，熊野本宮大社は田辺市に位置する。

3）第二次長州征伐で水野忠幹率いる新宮藩が官軍に大きなダメージを与えたと伝えられる（内田・釈，2015，p.90）

4）例えば本宮の祭神は家津御子神であり，森林の木を神格化した神であると同時に食物神として豊穣信仰の対象であったが，平安時代中期以降は，阿弥陀如来が神とともに祀られるようになった。
熊野三山に祀られた仏はそれぞれ阿弥陀如来と薬師如来と千手観音であり，阿弥陀如来は西方の極楽浄土を象徴し来世を司るとされ，薬師如来は東方浄土を持つと同時に現世利益の仏様として知られており，千手観音は南方浄土を司り慈悲と救済を示す。

5）鎌倉幕府に対して1331年後醍醐天皇が挙兵するが，戦いに敗れ，大塔宮護良親王は吉野から熊野に逃れる。再び勢力を盛り返した後醍醐天皇は北条氏を打ち破るが足利尊氏の反乱にあい，再び吉野に逃げて南北朝時代が始まる。

6）江戸中期以降は幕府の宗教政策によって居住の定着化が進展し，各地を巡る布教者や修行者の活動は制限される。彼らを中心に築かれた熊野信仰のネットワークは寸断し，熊野詣も衰退していく。他方，伊勢神宮を中心としたお伊勢参りが代わってブームになっていく。

7）熊野三山をつなげてひとつの霊場とし，熊野別当や熊野検校という地位を設けて熊野信仰を整備した。

8）中上にとってはその出自や血縁や地縁も含めて熊野とは複雑な関係を持っていた。文学の伝統やストーリーの在り方から，日本の歴史を捉え直し，新たに描こうと苦闘してきた。熊野は中上においてはラテンアメリカのような呪術的な存在でもあり，日本を象徴する存在でもあった。

9）那智大社には伊弉冉尊を擬したと言われる夫須美大神とともに千手観音が祀られ，速玉大社は速玉大神とともに薬師如来が祀られ，本宮大社には家津御子神とともに阿弥陀如来が祀られている。それぞれの仏は南方浄土，東方浄土，西方浄土を示し，熊野は浄土の地であった。熊野詣として多くの人が現世のご利益と来世の成仏を願い熊野を訪れてきた。

10）伊弉冉尊を花の窟から迎え花を奉じた故事に習い，神輿と稚児が唄を詠いながら野の

　　　花の中で列をつくる。
11）熊野川で豪快に舟を漕ぎ早船の競漕が行われる。

参考文献

内田樹・釈徹宗（2015）『聖地巡礼 Rising　熊野紀行』東京書籍。

環栄賢（2005）『熊野学事始め』青弓社。

天川彩（2013）『熊野　その聖地たる由縁』彩流社。

豊島修（1992）『死の国・熊野〜日本人の聖地信仰』講談社。

中上健次（1978）『紀州：木の国・根の国物語』朝日新聞社。

宮家準（2000）『役行者と修験道の歴史』吉川弘文館。

山口昌男（1969）「失われた世界の復権」山口昌男編『未開と文明（現代人の思想　第
　　15)』平凡社，pp. 18-22。

第Ⅳ部

"神話" による
「スピリチュアルゾーンデザイン」

第11章

事例① = 「出雲大社」と「出雲市」

原田　　保
宮本　文宏

はじめに〜出雲神話の土地

　出雲大社は，伊勢神宮とならぶ日本で最も著名な神社である。かつて日本で大社と名乗ることを許されたのは，唯一出雲大社のみであった。このことからも，出雲大社は特別な神社として扱われてきたことがわかる。出雲大社は，伊勢神宮の建立よりもさらに古い神話の時代に創建されたと考えられる(新谷，2009)。

　この出雲大社を中心にした出雲の地は，神話の舞台になった土地である。出雲の神々は，『古事記』や『日本書紀』における国生みから天孫降臨に至る神代とよばれる日本の黎明期の神話世界に登場しており，これらは日本の国づくりのストーリーと深く結びついている。この出雲を舞台にした神話は出雲神話と呼ばれており，古事記や日本書紀の中においても特によく知られており，日本人に親しまれてきた。

　他方で，この出雲神話から，古代日本の成立に関してはさまざまな説が唱えられており，議論が繰り返されてきた。神話は歴史的事実ではないが，それでも象徴であり，また始原的出来事を伝えるものであった。特に，出雲神話は記紀の他の部分と比べると異質であり，歴史を読み解く鍵が見出せると考えられ

写真 11-1　出雲大社拝殿

　てきた。こうして，神話の中において，出雲神話は特に強い磁場として人をひきつけてきた。

　出雲大社は，出雲神話を象徴する日本の最も代表的なスピリチュアルスポットである。しかし，それでも知名度の高さが直接地域ブランド展開に結びつくわけではない。むしろ，その知名度の高さによって，何となく知っているがために，あらためてそこを訪れようとは思わない場所になってしまっている。また，知名度を支えてきた神話の伝承が薄れていくにつれて，出雲大社は単なる地方の大きな神社のひとつになってしまった。現在では，神話自体が一部の研究者や古代史マニアのみが知る，普遍性のないものとなりつつある。

　このように，かつては高い知名度を持ち全国から多くの人が訪れ神話の象徴となってきた出雲大社も，現在から未来へ向けた大きな課題を抱えている。そこで本章では，これらの課題に対して，出雲大社を中心にした地域ブランド形成のために，神話を用いたスピリチュアルゾーンに対して地域デザインのアプローチから考察する（写真 11-1）。

第1節　地域ブランドとしての「出雲大社」の定義

本節では，まず出雲大社の地理的位置からここの成立から現在に至るまでの歴史をトレースしていく。また，地域ブランドの観点から捉えた現在の出雲大社の課題を抽出しながら，今後の方向性の検討に結びつけていく。

(1)　パワースポットとして著名な「出雲大社」の紹介

出雲大社は，現在の島根県の出雲市に位置している。島根半島の西側の湾岸にあって，日本海に近い位置にある。この日本海を挟んで朝鮮半島やその先のユーラシア大陸と対峙している。沖合には対馬海流が流れており，かつての日本の黎明期にはさまざまな文物や人が日本海を往来して，九州や山陰から北陸にかけて高度な文化を発展させた地域である(図表 11-1)。

この地に最初に出雲大社が築かれたのがいつなのかについては，現在でもはっきりしていない。これについては，神話時代を起源として，『日本書紀』では 659 年(斉明 5 年)に天皇の命によって国家の正式な宮として築かれたとの記載が見られる[1]。現在の出雲大社という社号は，1871 年(明治 4 年)に決められたものであり，それまでの正式名称は実は杵築大社[2]であった。この杵築とい

図表 11-1　出雲大社の位置

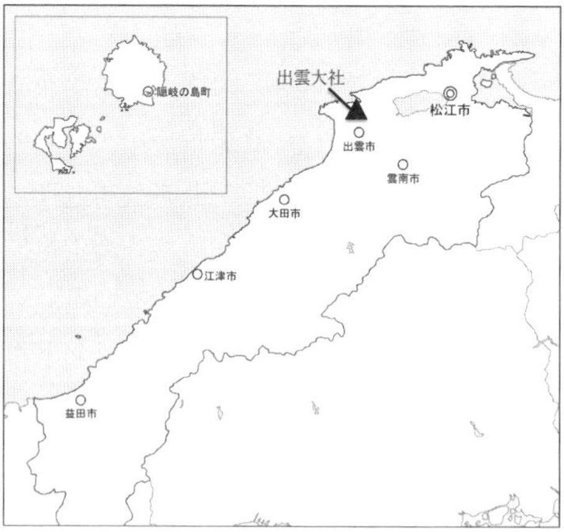

う名の由来は，『出雲国風土記』[3]によれば，八束水臣津野命の国引きの後に[4]諸々の神々が大社を国引き給うたさらに後，諸皇神達がこの大社を杵築きあげたことを語源にしている(伊藤，2013)。

伝承によれば，創建当時の本殿は 32 丈(約 96m)の高さがあったとされており，その姿は当時においては空中宮殿のような姿をしていたことになる。現在の姿からは

図表 11-2　古代の出雲大社イメージ

出所）福山敏男監修，大林組プロジェクトチーム(2000)
「古代出雲大社の復元」http://inoues.net/mystery
/izumo_nazo.html(2016 年 4 月 1 日アクセス)

想像しづらい常識を越える姿は，長く空想の産物とされてきたが，近年になっ
て遺溝が発見されたことで，これは絵空事の話ではなくなっている(図表 11-2)。
　出雲大社では，社殿の老朽化に伴い 60 〜 70 年に一度の遷宮が行われる。遷
宮では，御社殿から調度品に至るさまざまな物品は御神体とともに引っ越し，
新造と修造が行われる。このような伝統行事が行われる間にも，時代とともに
社会は大きく変化してきた。ヤマト王権から貴族が統治する世を経て武家の時
代へ移り，そして南北朝の騒乱から戦国を経て幕藩体制が確立していった。や
がて，西洋を模範とする近代国家が成立して，さらには第二次世界大戦の終結
とともに民主主義社会が到来した。その間も，出雲大社は，建造物の形こそ変
わっても，日本の黎明期から続く神社として日本の歴史的な変遷を見守り続け
てきた。

(2) 「出雲大社」の地域ブランディングのための課題の抽出

　出雲大社の遷宮については，基本は 60 年〜 70 年に一度行われる。近年では，
2013 年(平成 25 年)に平成の大遷宮が行われ，世紀のイベントとして大々的に
新聞や雑誌，テレビなどのメディアに取り上げられ，世間の耳目を集めること
になった。また，天皇家と出雲大社の宮司である国造をつとめてきた千家家と

の婚姻がニュースになり，出雲大社は一躍多くの人の関心をひくことになった。

　これらのニュースは時事ネタとして出雲と出雲大社の名前にあらためて関心をひくことになったものの，出雲大社のブランドに寄与したかについては疑わしい。すでに一過性のものとして人々の記憶からも薄れつつある。もともと，出雲大社は，縁結びの由縁のある場所として一部の若者や神話の神秘性から古代史の専門家，さらには愛好家から人気を集める場所である。しかし，出雲大社が点としての知名度を持っていても，広く出雲全体にわたるゾーンを形成し，地域ブランドとして展開するまでには至ってはいない。

　さらに，第二次世界大戦の敗戦によって国家神道が廃されて，神道の祭事も冠婚葬祭や正月のお参りなどの行事の一環と見なされるようになってしまい，宗教性は薄まっていった。戦前の皇国史観イデオロギーへの反省と重なり，また万世一系の天皇皇室を止揚するものとして，神話も触れられなくなった。これらによって，神話への日本人の記憶も薄れてきている。神話の伝承が薄れるとともに，伊勢神宮も出雲大社も宗教性が薄れてしまい，日本で唯一の特別な場所という存在が消えつつあるのが実態である。このため，出雲大社は縁結びの霊験がある場所としての評判は獲得していても，縁結びで着目されるようになった背景にある神話に目が向かなくなってしまった。

　こうした状況を脱して，出雲大社とその周囲の地域を含む広域を出雲の地域ブランドとして活用するには，再び神話に着目する必要が生じる。なぜならば，神話とは共同体における記憶を象徴として伝え，共同体をつなげてきたものだからである。神話は共同体における文化的遺産であり，内外に対する最大の地域ブランドになる。日本の神話とのつながりが最も深い地域が出雲地方であり，そして出雲大社はその象徴である。それゆえ，出雲の地域ブランド化のためには，神話と出雲をつなぎ，神話の舞台である出雲をスピリチュアルゾーンとしてデザインすることが有効な方法になる。

第2節　「出雲」ブランドのコンテクストデザイン＝「出雲大社」を捉えた神話の活用

　出雲をスピリチュアルゾーンとしてデザインするには，出雲の中心に鎮座する出雲大社によって出雲を神話世界のゾーンとして描くことが効果的である。さらには，出雲神話をトポスとして，また日本の祭祀の中心である伊勢神宮との関係をコンステレーションにして，アクターとしては神話世界における最大の英雄神である素戔嗚尊を中心にしながら，出雲を捉えた地域デザインを展開することが，期待される。

(1)　「出雲」のゾーンデザイン＝神話世界のゾーン形成

　出雲という名前の起源については，出雲大社（とその前身である杵築大社）と同様にはっきりしてはいない。出雲の最も古い記録である『出雲風土記』の冒頭においては，国引き神話で島根半島を本土に結びつけた八束水臣津野命が八雲立つと申され，以降は八雲立つ出雲とよぶようになったとされている（千家，2012）。この出雲の語の起源には諸説あり，出雲の海岸で古くから装飾品の材料となる藻がとれたために，美しい藻を示すイツ（美称）藻に起因するという説をはじめとして，アイヌ語で岬をエツ，静かな港湾をモイということからエツモイと呼ばれていたものがイツモとなったという説や，アイヌ語で東国を朝つ方としてアズマと呼ぶのに対して，西の国を夕つ方のイツモと呼ぶことを起源とする説など，数多くの説が唱えられてきた。いずれの説が正しいとは言えないが，古代においては雲に死んだ人の霊魂を象徴する表現が数多く見られることから，古くは出雲の地はスピリチュアルな場所とされてきたことは確かであろう（千家，2012）。

　このように，出雲は霊威をもつ神秘的な場所だと信じられてきた[5]。そのことが出雲を神話の舞台にし，神話とともに語り継がれてきた。この出雲のブランドを活かすには，出雲の象徴であると同時に信仰の中心である出雲大社を中心に神話世界における出雲のスピリチュアルゾーンを描くことが有効になる。

写真 11-2　出雲大社

　これは，現在の出雲は出雲市と松江市，雲南市などの複数の市に分かれているが，これをかつて出雲国とされた島根県の日本海側東部から西部一帯を神話によるつながりからひとつのゾーンとして一体化させる，という構想である。

　宍道湖と中海が広がる島根半島全域を意味的な空間として捉え，物理的空間や地理的環境を超えたいわば精神的ゾーンを描くことが，出雲の地域ブランドのデザインとして大いに期待ができよう。当然ながら，このゾーンの中心になるのが出雲大社である（写真 11-2）。

(2)　「出雲」のトポスデザイン＝神話が宿る「出雲大社」の活用

　出雲のブランディングに欠かせないのは，何といっても出雲神話である。この出雲神話には 2 つの系統が見出せる。そのひとつは古事記と日本書紀の神代の箇所で描かれた出雲を舞台としたストーリーであり，いまひとつは出雲国風土記に記された伝承である。いずれも当時の朝廷の命により編纂されて奉じられたものであり，同じ出雲を舞台にして同じ地名や神々が登場しながらも，こ

れらの内容は大きく異なっている。記紀の中の出雲の神々の世界は，高天原の天上の神々と対峙する国つ神の一大勢力圏を示している。これに対して，風土記の中の神々は素朴で土着神の色彩が濃くなっている。また，活躍の範囲についても，前者が全国に広がるのに対して，後者は出雲に限定されている（松前，1976）。

　このような記紀と風土記との差異をはじめとして，出雲神話は成立や内容には謎とされる点が多くある。これらの謎に魅せられて，これまでに多くの古代史研究者が出雲神話を解明しようとしてきた。これらの研究によって，出雲神話に関するさまざまな説が示されてきたが，そのひとつに，記紀における出雲神話は出雲をはじめとする各地域において信じられてきた神話や伝承が形を変えてヤマト王権の正史として取り込まれ，成立したとする見方がある。こう考えると，出雲の国つ神たちは，高天原の天つ神としての中央の神々との政治的，武力的な抗争に敗れて，征服され支配された各地方の古くからの土着の神々であり，また敗れた部族そのものを示していると捉えられる[6]。

　このように，出雲神話は象徴として強くストーリーを想起させる魅力を持っている。この出雲神話が持つ謎や神秘性については，日本が古代国家として成立する前から，後に正史とされた権力側の伝承や神とは異なる別系統の信仰が地域に存在したことを感じさせる。出雲がこれらの信仰の拠点であり，またスピリチュアルセンターであったことを神話は示している。

　このように，出雲は日本の創成以前に遡る古の国であり，また特別な地であった。出雲のスピリチュアルゾーン形成においては出雲神話をトポスに，神話の時代からスピリチュアルな場所とされてきた出雲を描くことが有効だと考えられる。

(3)　「出雲」のコンステレーションデザイン＝西北を重視する出雲大社

　出雲神話に見られる大きな特徴は，出雲の神々と農耕との結びつきが強いことと蛇神を祀る点である。

　まずは，前者の特徴としては，出雲の神々には川や稲の生育に関する名前の神々が多く[7]，このことが高天原に住まう天つ神とは大きく異なっていることがあげられる。いまひとつは，出雲においては，蛇神信仰が存在し，稲の生育に必要な雨水を供給する水神として祀られてきたという特徴である（松前，1976，p.14；p.92）。

　この後者の特徴が，蛇に人身御供を備える神事を示す素戔嗚尊の八岐大蛇退治の神話や，出雲の沿岸でウミヘビを神聖なものとして祀る伝統として残っている（新谷，2009，p.144）。

　こうした出雲の信仰に見出される特徴については，ヤマト王権の皇祖神である天照大神が代表する天つ神と対照をなしている。天照大神が太陽神として天上と地上を結ぶ絶対的な存在であるのに対して，出雲の神々は自然信仰的な霊性を色濃く保持している。

　このような対照性は，伊勢神宮と出雲大社の関係性に顕れている[8]。ヤマト王権の中心である大和地方の都から見て，太陽が昇る東方に伊勢が位置しており，これに対して太陽が沈む西方に出雲は位置している。方位として，政治の中心である大和から出雲は西北，すなわち戌亥にあり，この方角からは福や徳や幸いをもたらす祖霊が訪れてくるという思想が古くから伝わってきた[9]（千家，2012，p.123）。西方浄土という言葉は，後の時代の仏教の浄土思想によるが，仏教が日本に伝わる以前から陽が沈む西の地は霊魂が鎮まり還る地であり，祖霊が来臨してくる方角として捉えられてきた。それゆえ，都の西北に位置する出雲は，祖霊が鎮座するスピリチュアルな冥府の地と見なされてきた。

　つまり，伊勢神宮が三種の神器を納めた最高権威の神社であり，権力の中枢にある歴代の天皇の皇祖神を祀り，また王権を支える役割を果たしてきたのに対して，出雲大社は神話世界で大国主命を中心に多様な神々が住まうスピリチュアルで幽玄な場所であり，外部から王権を支える役割を担ってきた（新谷，2009）。歴史の中で権力は変遷してヤマト王権の権力は貴族社会に変わり，やがて武家による統治へと変化し，権力の中枢も東へ移っていった。その間も，出雲はずっと辺境の地にあって，権力の外部として存在し続けてきた。日本の

歴史を通して出雲はいつでも陽の沈む地であり，祖霊の還るスピリチュアルな場所であった。このように，日本の神話の土地であり，神秘性や他界性，異質性を象徴する存在が出雲であった。

　前述のように，出雲は伊勢神宮との関係において対称的な存在感を示しており，国つ神の集まるスピリチュアルな特別な場所であり続けてきた。それゆえ，出雲の地域ブランド化においては，東の伊勢神宮と西の出雲大社をつなぎ，コンステレーションとしてデザインすることが有効になる。

⑷　「出雲」のアクターズネットワークデザイン＝ノードとしての国造と「出雲大社」

　本宮の引っ越しを行う遷宮とは別に，出雲大社においては年間を通じて数多くの祭礼や神事が行われる[10]。出雲大社の祭礼や神事は古来の伝統に従い，五穀豊穣を願い，神への感謝を捧げる。これらの行事を司る宮司が出雲国造である。この国造とは神に仕える存在であり，もともとは 7 世紀のはじめに大和朝廷が勢力下の各地を国および県に編成した際に，それぞれの国を統治する役割として各地の豪族を任命した官職である。出雲においては，出雲臣が任命を受けた。この制度が出雲では現在にいたるまで続き，国造は家として受け継がれて，彼らは代々出雲大社の宮司を勤めてきた[11]。

　この出雲国造は，神事全般を司る特別な存在であり，伊勢神宮において祖神である天皇が生き神であるのと同様に，出雲において国造は生き神として捉えられてきた。かつての大和朝廷の時代には，出雲国造は政治と宗教の両面から出雲の地を支配してきた。出雲国造は，出雲巫覡[12]と呼ばれる全国で布教活動を行う集団の総帥であり，出雲を治める特別な存在であった。この出雲国造と出雲巫覡による活動によって，記紀の時代に出雲神話が成立し記紀へ取り込まれていったとする説も存在している。

　このように，出雲において特別な存在であった出雲国造であるが，時代とともに政治権力を失くし，祭事を司る宗教的存在になっていった。やがて，時代とともに出雲の支配者は京極氏，尼子氏，毛利氏と移り変わっていくが，出雲

大社の宮司である出雲国造は世俗とは異なる特別な存在として宗教的地位を保ち続け，また人々からの崇拝を受けてきた。

　出雲をスピリチュアルゾーンとしてデザインするには，この出雲国造を出雲神話と出雲大社と人々をつなぐアクターとして位置づけることが不可欠である。現在では出雲巫覡の存在は失われているが，出雲国造は出雲大社の宮司であり，祭礼や神事を司る存在として現存している。この出雲国造は，五穀豊穣や神霊への祈りである祭事を通して出雲大社に祀られた国つ神と人をつなぎあわせてきたのである。それゆえ，これらの祭事と出雲国造を由縁とともに示しながら，地域ブランディングを展開することは，ここ出雲周辺の地域価値の創造に多大な貢献が期待できるであろう。

第3節　地域ブランドとしての「出雲」ブランドの発展方向

　本節では，出雲大社を地域ブランドとして展開するためのデザインの未来展望を示すとともに，併せてスピリチュアルゾーン構築へ向けたアプローチ方法を示す。地域ブランド化の方法として，出雲神話によって出雲と伊勢と熊野を結びつけて，3つの神都によるスピリチュアルなトライアングルゾーンの形成に向けた提言を試みていく。さらには，神話世界をストーリーとして蘇らせ，日本のスピリチュアルセンターとして出雲の地域ブランド化を展開していく。

(1)　「出雲大社」ブランドの未来展望＝神話を感じるゾーン

　記紀の神話の中において最も名を知られた英雄は素戔嗚尊(須佐之男命)であろう。確かに，この名は英雄として刻まれている。最初の生誕については，古事記では黄泉国から戻った伊弉諾尊が，穢れを清めるために禊ぎをしたときに鼻から生まれたとされる。同じく，伊弉諾尊の両眼から生まれた天照大神と月読命とともに素戔嗚尊は三貴神と呼ばれている。太陽を象徴し高天原を治める天照大神と，月を象徴し夜の国を支配する月読命が，陰陽の二原理である日月を示すのに対して，素戔嗚尊は根の国である黄泉の国を支配する(鳥越, 2006)。

このように，素戔嗚尊は陰陽の原理から逸脱する破格の存在であり，天上の破壊者という特別な役割を担っている。素戔嗚尊は高天原で乱暴悪行を働き，天照大神を天岩戸に籠もらせたために，地上から太陽を消してしまう。天界を荒らした罪への罰として，素戔嗚尊は天上を追放され地上に落とされる[13]。追放された素戔嗚尊が辿り着いた土地が出雲であった。そこで蛇神の八岐大蛇を退治し，神剣を手に入れ，助けた奇稲田姫と結ばれ出雲国の祖神になる。

　こうした素戔嗚尊の冒険譚については，世界各地に伝わる英雄伝説と同様の構造を示している。Campbell（1949）によれば，英雄は運命に導かれ，故郷を離れた後，旅を通して力をつけ王になる。高天原を離れて，地上で冒険をし出雲の祖神となった[14]素戔嗚尊については，神話世界の英雄として捉えられる。

　このような英雄神である素戔嗚尊（須佐之男命）のもとを辿ると，須佐は地名であり，須佐之男命とは「須佐の男神」を意味するという（松前，1976，p. 104）。しかし，須佐がどこかということに関しては諸説があり，具体的にどこかは規定し難い。紀州熊野にも同様に須佐という地名があり，そこから来ているという説もある。記紀の神話では，素戔嗚尊と根の国との結びつきが強調されているが，この根の国とは死者の国や黄泉の国であるのと同時に，生命の根源の地を意味し，海上のはるか彼方の場所を示している。このように，素戔嗚尊はもともと，古代日本で海を舞台に活躍していた海人たちが崇拝した神であった。そのことを各地に残る海人たちの信仰の跡が物語る。これらのなかにおいても紀伊の須佐神社は古く，この神社の存在から熊野の海人たちによって祀られてきた素戔嗚尊が出雲に伝わり，神話の中でその名前が用いられたという説もみられる（松前，1976，pp. 107-116）。

　地域ブランド構築の観点からは神話をめぐる古代史の真偽よりむしろ，出雲と熊野のつながりに着目する必要がある。両地域は古くから根の国として知られてきた。根の国とは異界を示す言葉であり，生命の根源の国であり，遠方にある場所という連想から地下にある黄泉の国としても捉えられる。出雲と熊野が根の国と知られてきたのは，いずれも地理的に沿岸に海流が流れ，古代より海上交通が発達し，日本列島の彼方の土地と海の道で結びついてきたためであ

る。そのため，両者はスピリチュアリティの強い土地として知られてきた。このように，神話により出雲と熊野はつながる15)。そこで，それぞれの地域を象徴するスピリチュアルな象徴である出雲大社と熊野大社をつなぐことによって，古代の信仰におけるネットワークが築かれる。さらに，出雲大社と対称を成す伊勢神宮を結びつけることによって，3つの神都によるスピリチュアルトライアングルが描けることになる。このようなつながりによって，神話ブランドのスピリチュアルゾーンの形成が可能になる。

⑵ 「出雲大社」への活用＝出雲のスピリチュアルゾーン化

　現在でも，出雲では旧暦の10月を神在月と呼んでいる。出雲以外の地における神無月の月には，全国の神々が出雲大社に集結するという，民間の伝承のためである。神話では，八百万の神々は出雲大社の境内に集い，7日間にわたって相談をするとされている。相談の内容は，諸神の司る諸々の事から諸国の男女の縁結びの相談であり，そこから出雲大社は縁結びの神社と見なされるようになっていった(梅棹，2014，p. 386)16)。

　このような伝承は，時の流れとともに本来の起源が薄れていくことが多いが，神無月や縁結びのご利益は神話の国譲りに起因している17)。国譲りとは，高天原の天照大神から国を譲るように大国主命のもとに使者が遣わされて，最後は命に従い国を献上することに同意したという神話である。国譲りの結果，国は天つ神の系統である皇孫が治めることになり，大国主命は国つ神とともに幽界を治めることが取り決められた。こうして，目に見える現世は天照大神の皇孫が治めて，目に見えない幽世は大国主命が治める約束が成立し，出雲はスピリチュアルにおける中心地の役割を持つことになった。この約束に基づいて，出雲が国つ神の鎮座するスピリチュアルセンターであり，神都であることの象徴として出雲大社が伊勢神宮と反対の大和の西北の地に築かれることになった。

　出雲の地域ブランドデザインにおいては，こうした神話の背景を展開した上で，神都としての出雲のスピリチュアリティをブランド化することが有効である。それゆえ，神話の世界に焦点をあてて，日本創成のストーリーをコンテク

ストとしてスピリチュアルなゾーンへ広げていくことが，出雲ブランドのデザインにおける重要な対応になる。

おわりに〜「出雲大社」によるブランド化への期待

　アイルランド人の父とギリシア人の母を持ち，アイルランドで育ち新聞記者になったラフカディオ・ハーン（Patrick Lafcadio Hearn）は，明治期に日本を訪れた多くの欧米人のひとりである。若い頃からアイルランドの土着の宗教であるドルイド教に傾倒して，神秘主義に惹かれ当時のさまざまな心霊現象に強い関心を持っていたハーンが流れ着いたのが，文明開化を迎えた日本であった。やがて，日本でハーンはその半生を過ごし，小泉八雲という名で「怪談」をはじめとする多くの作品を残した。

　このハーンが日本に魅了されたのは，最初に日本で英語教師として赴任した土地が島根の松江であったことが影響しているといわれる。その名前に「八雲立つ　出雲八重垣　妻籠みに　八重垣作る　その八重垣を」という歌の枕詞をとったことからも松江への思いの深さをうかがい知ることができる。この短歌は日本最古の短歌と言われており，素戔嗚尊が八岐大蛇を退治し，辿り着いた場所から出雲を眺め渡した際に，その土地の美しさに感銘し詠んだ歌であるとされている。ハーンは出雲の地の美しさに出会い心奪われ，神話の故事からこの歌の枕言葉を名前に刻んだのである。ハーンは松江を最初に日本各地を転々と渡り歩いたが，最初に出会った出雲の地に抱いた特別な思いは終生変わることなく続いた（池野，2004）。

　ハーンは，当時の日本にかつての西洋が近代化とともに失った神秘性や精神性を感じて強く心を魅かれ，その姿を描いて世界に発信した。しかし，ハーン自身も予見したように，日本は近代化の道を歩み，伝統的な日本の姿は失われていった。その後に，第二次世界大戦と戦後の復興を通じて現在の日本はさらに大きく変貌して，ハーンが生きた明治維新の時代とは風景も風習も変化してしまい，現在ではハーンの愛した日本の美しさの多くは失われている。

　しかし，もっと大きな時間軸でみるならば，日本は古代から現在まで時代時代の中で常に変化し続けてきた。出雲大社は，神話時代に築かれて，歴史の中での権力の変遷を見ながら出雲の地に在り続けてきた。遷宮を繰り返して建物自体は変化しても，統治者や社会が変わるのを横目に見ながら，神話の象徴としての特別な場所であり続けてきた。出雲大社はかつても今も日本海を背にした太陽の沈む場所にあり，また宍道湖や島根半島とともに出雲というスピリチュアルな場所を形成する。

　このような神々が住まわれるスピリチュアルな場所として出雲をデザインすることが，今後の未来を描くことにも結びつく。ハーン＝小泉八雲が出雲の地に魅了されたのは，西洋近代の物質文明化とは異なる可能性を見出したためである。そこで，現在，近代化の推進とともにさまざまな問題が生まれているなかで，出雲の神秘性をスピリチュアルゾーンとして描くことが，日本と世界がこれから先の社会を描く上での大きなヒントになると考えられる。

注
1）「神之宮を修造させた」との記載が見られる。
2）出雲大社という名前は明治期につけられた名前であり，それまでの正式名称は杵築大社であるが，本文では出雲大社という現在の名前に統一する。
3）『出雲国風土記』は奈良時代の733年（天平5年）に聖武天皇に奏上された。
4）国引き神話とは，八束水臣津野命が朝鮮半島の当時の新羅と隠岐と北陸の土地を裂いて引き寄せ，本土に縫い合わせ，現在の島根半島をつくったという神話のことである。
5）出雲は国引き神話や遺跡の発掘などから，古代においては朝鮮半島や北陸地方をはじめ，日本海沿岸一帯の各地と関わり合いをもち，勢力を広げていたと見られる。
6）このような観点からすると，出雲神話で大国主命が天照大神に国譲りをする国譲り神話は，出雲地方の旧支配勢力がヤマト王権とのさまざまな闘争を経た後の政治的な駆け引きに敗れ，恭順を示した様を象徴したストーリーだと捉えることが出来る。
7）ヒカワヒメ，ミズマキ，ナツタカツヒなど。
8）天照大神を祭神として祀るのが伊勢神宮である。この伊勢神宮は通称であり，正式には日本で唯一，地名の付かない神宮という名前を名乗れるのは，ヤマト王権にとっての中心的存在であり，日本の総氏神として位置づけられてきたためである。同様に，出雲大社もかつては日本でただひとつの大社（たいしゃ，おおやしろ）であり，日本で最も古くに創建された場所として知られてきた。

9）民間の伝承として，長く屋敷の西北戊亥の隅に倉を建てることが良いとされてきた。

10）特に重要な行事として流鏑馬や田植舞などを行う 5 月の大祭礼，旧暦の 10 月に行われる神在祭，11 月にその年の新穀を神に捧げ神の霊力をいただく古伝新嘗祭などがある。

11）しかし，南北朝時代に継承権を巡る兄弟間の争いによって千家家（せんげけ）と北島家に分かれてしまう。以降，両家が領地を分割して統治し，出雲大社の神事をひと月ごとに交代で勤めることになる（梅棹，2014）。現在は，出雲大社の神事は千家家が担っている。

12）神に仕え神意を伝える役割を担った人々を巫覡と呼ぶ。

13）天照大神が天岩戸に籠もり，地上から太陽を消してしまう，天岩戸隠れの神話と素戔嗚尊の乱暴狼藉を重ねて捉えるのは神話上の創造だという説もある（松前，1976）。

14）やがて大国主命は出雲国を率い高天原の天つ神たちと対決し，地上の国を譲り，天孫降臨を受け入れることになる。

15）さらに古代において熊野から出雲への大規模な人の移動があったと見る説もある。

16）ただし，縁結びの神社というのは俗説であって，大国主命が縁結びの神でもなければ，出雲大社に縁結びに由来する場所がある訳ではない。

17）祭神である大国主命の神話における親しみやすさや，八百万の神々の頭領として幽界を治めるということから，次第に神無月に対する神在月や縁結びという逸話がつくられていったと想像できる。

参考文献

ワノフスキー，A.（2016）「火山と太陽　古事記神話の新解釈」桃山堂編，A.A. ワノフスキー・鎌田東二・野村律夫・保立道久・蒲池明弘『火山と日本の神話　亡命ロシア人ワノフスキーの古事記論』桃山堂，pp. 16-81。

池野誠（2004）『小泉八雲と松江時代』沖積舎。

伊藤ユキ子（2013）「出雲大社の起源と歴史」錦田剛志監修（2013）『出雲大社平成の大遷宮』山陰中央新報，pp. 131-141。

梅棹忠夫（2014）「日本探検（第 7 回）出雲大社」梅棹忠夫『日本探検』講談社学術文庫，pp. 365-402。

新谷尚紀（2009）『伊勢神宮と出雲大社～「日本」と「天皇」の誕生』講談社。

千家尊統（2012）『出雲大社　第三版』学生社。

千家和比古・松本岩雄編（2013）『出雲大社　日本の神祭りの源流』柊風舎。

鳥越憲三郎（2006）『出雲神話の誕生』講談社学術文庫。

福山敏男監修，大林組プロジェクトチーム（2000）『古代出雲大社の復元』学生社。

松前健（1976）『出雲神話』講談社。

吉田敦彦（2013）『日本神話の論点』青土社。

Campbell, J.（1949）*The Hero with a Thousand Faces*, PantheonBooks.（平田武靖・竹内洋一郎・浅輪幸夫・伊藤治雄・春日恒男・高橋進訳（1984）『千の顔を持つ英雄』人文書院）

第12章

事例②＝「天岩戸」と「高千穂町」

立川　大和

はじめに〜神話とパワースポットが集中する町ゾーン

　本章では，神話からのスピリチュアルゾーンの形成に向けた議論が行わる。ここ高千穂町は天岩戸があるということから，このような主題には最適の事例になると考えられる。この高千穂町は，宮崎県北部にあり山深い山間に位置している。面積は237㎢であり，人口が約1万3千人という小さな町であるが，ここに神話に裏付けられた多くのパワースポットが集中している。このような状況のなかで，高千穂町にある古来の自然と文化は，この町全体と隣接町村の一部をスピリチュアルなゾーンとして現在に継承しているといえよう。

　この地の神話には，多くの神々が関わっているものの，天照大神が大きな位置を占めている。古事記[1)]の中でも，この神が天岩戸にお隠れになったことから世界は闇夜に包まれ，困った八

図表 12-1　高千穂ゾーン

出所）Benesse 教育情報サイト　map. benesse.jp/school/（2016 年 1 月 11 日アクセス）より引用

写真 12-1　天岩戸神社

出所）高千穂町観光協会 HP http://takachiho-kanko.info/sightseeing/detail.php?
log=1338295932&cate=all&nav=1（2016 年 7 月 6 日アクセス）より引用

百万の神々が知恵を集めて相談した結果，めでたく岩戸が開けられた神話は有
名である。このストーリーの舞台が高千穂町にある天岩戸であり，この岩戸を
ご神体とする天岩戸神社が設けられている。
　その後，天照大神は孫神である邇邇芸命（ににぎのみこと）を降臨させるが，その降臨の地とし
て高千穂町の二上山やくしふるの峰が伝承されている[2]。また，邇邇芸命は降
臨に際して八百万の神々を伴っていたと伝えられている。そして，これらの神々
による国造りが始められるが，それに関する多くのストーリーが高千穂町に残
されて，パワースポットやスピリチュアルゾーンになっている。
　しかし，訪問者はいろいろな感性を持っており，そのニーズもまちまちであ
ろう。例えば，強くパワーを感じる人もいるし，それほど感じない人もいよう。
また，日常の生活に強くストレスを感じ心の救いを求めている人もいるし，半
分観光気分で来る人もいよう。しかし，それらを総合してもなおスピリチュア
ル性を感じるゾーンが存在するのであり，そのような場のひとつが高千穂町な
のである。

　この町のスピリチュアルスポットは，自然豊かな中に保存整備されており，町興しのコンテンツとして重要な位置を占めている。しかし，この町が町興しに努力を重ねているということは，課題も多いということの現れでもある。すなわち，人口は減少傾向にあり，高齢化も進んでいるのが現状である。ここにZTCA デザインモデルを用いて，この町のスピリチュアルゾーンとしてデザインを示唆してみたい(図表 12-1) (写真 12-1)。

第1節　高天原につながる「高千穂町」の史的な特徴

　高千穂町をスピリチュアルなゾーンとして捉える場合には，そこに点在するパワースポット(トポス)をまとめることが必要になる。それでは，この町にはどのようなトポスが存在しているのであろうか。それらは神社とか自然といったもので成り立っているが，この町の自然トポスは深山，眺望，そして渓谷から成り立っている。

　昼なお暗い山を分け入った場合，そこに霊気を感じるし，さらに古びた鳥居や社があれば心が清められ，新たな力が授かる気になろう。はるか眼下に山河を眺望すれば，山の霊気と景観によって雄大な気を授かろう。また，人気の乏しい崖間を流れる清水と，所々に迸る滝水はやはり人の気を清めてくれる。これらの場所が高千穂町には揃っているのである。

　そのような自然環境の中で育まれたこの町の文化から，独特な芸能や料理などが生まれ育っている。しかも，その内容は神話と密接につなげやすい。そして，これらも地域デザインを行う際のトポスになり得るのである。

(1)　神々を肌で感じる「高千穂町」のゾーニング

　この町が持つパワースポットは，一般社団法人高千穂町観光協会 HP (2015)に掲載されているように数多い。概要は後述するが，特に神社数は多く，ホームページで紹介されているものだけで 29 社にのぼる。また，パワースポットとして町が紹介するものに，展望のよい場所や渓谷等も揚げられている。この

ホームページをもとにゾーニングを行うと下記のようになる。

すなわち，このホームページが紹介している神社，自然スポット，文化をトポスにしてコンステレーションを紡ぎ，その範囲をこの町のゾーンとしたいのである。そこで考えられるのは，八百万の神々が降臨された二上山やくしふるの峰を中心に，町が推薦するパワースポットを包含したエリアである。高千穂町の沿革によれば，1889年，三田井，押方，向山が合併し高千穂村になっている。その後，1920年に町制施行により高千穂村は高千穂町になる。さらに，1956年の町村合併促進法の影響を受けて田原村，岩戸村と対等合併し，1969年に上野村を編入して現在に至っている。

そして，下記に述べるトポスはほとんどこの町内に収まることがわかる。したがって，多少のズレはあるものの高千穂町を地域ブランディングするためのゾーンは行政上のものとほぼ同じ範囲とみてよい(図表12-1参照)。ただし，この地域のパワースポットを利用してコンステレーションを考察する場合に，大きな疑問に突き当たる。それは，この町が高天原であったのか，葦原中国(地上のわが国)なのかという疑問である。

天岩戸は高天原に上った素戔嗚尊の乱暴に堪えかねた天照大神がお隠れになった場所であり，天安河原は八百万の神々が集まって解決策を練った場所である。したがって，古事記にも記されているように，これらの場所は高天原である。このままに解釈すれば，高千穂町は高天原であったことになる。

他方，邇邇芸命は多くの神々とともに天下ったが，この場所が二上山やくしふるの峰とされている。すなわち，高天原から葦原中国への降臨であることから，現在の高千穂町は葦原中国と解釈される。このように，高千穂町は高天原だったのか，葦原中国だったのかが問われることになるが，ここでは，高千穂町に異なった神話の継承があり，各々が神聖な場所として崇められているために，パワースポットになっていると解釈する。

(2) 神々に抱かれた町を指向して

天孫降臨で多くの神々が二上山と周辺の山々に降り立った。もちろん，この

神々は邇邇芸命の国造りに必要な機能を担うために降臨したのであるが，その神々は業務を遂行するための基盤が必要であったろう。特に農業はその中心となるもので，現在でも穀物をはじめとしてさまざまな産物をこの地では産出している。しかも，その製法は古来より伝承されていることも多く，これが認められて国連の農業遺産に認定された[3]。

　この新聞の記事によれば，認定理由は焼き畑農業と棚田農法等を組み合わせた内容でそれが評価されたとしている。認定地域は高千穂町や椎葉村などを含んだものであり，高千穂町のみの認定ではない。しかし，この認定は神代の時代から山深いこの地で創意工夫して開墾，改良し，その農法を現代に継承したことを示している。現在では，この地の穀物としてソバやヒエなどが生産されているが，さらにそのブランド化に努力している。また，世界農業遺産は，次世代に継承すべき農法や文化などの保全が目的になっていることから，神代の時代から続くこの地の農業とそれに関連する産業を神話と関連付けながら発展させていくことが期待される。

　これらの食に関する産業，観光および文化的産業を宮崎県高等学校社会科研究会歴史部会編(2012)，および一般社団法人高千穂町観光協会HP(2015)が発行する書籍内容からまとめると下記のようになる。

　農産物としては，ソバやヒエといった穀物の他，芋類，椎茸などのキノコ類，その他の山菜が挙げられる。また，高千穂牛，地鶏，イノシシや鹿，ヤマメなどの川魚，さらに蜂の子といった動物性タンパク質が挙げられる。これらの農産物の中には，山菜や茸，川魚やイノシシ，鹿のような天然のものと，家畜や穀物等のように飼育や栽培されたものとがある。

　神話に関連しやすい地元料理としては，上記の食材等を活用したソバやうどん料理をはじめとして，焼酎やカッポ酒等のアルコール類，地鶏やイノシシ等を使った鍋類，焼き魚，山菜を主とした漬け物や煮しめが有名である。また，現代風なものとして高千穂牛のステーキ，ラーメンやスイーツも揃っている。

　文化的遺産として有名なのは，何と言ってもまずは神話と直結している夜神楽があげられる。なお，これは国の重要無形民俗文化財となっている。毎年

11月から2月にかけて，各地域の選ばれた民家において行われる神楽は夜を徹して奉納される。起源は，天照大神が天岩戸に身を隠された折に，天鈿女命（あまのうずめのみこと）が岩戸前で舞ったことに発していると言われている。この夜神楽は33番あるが，約1時間に簡略化した夜神楽は毎夜高千穂神社の神楽殿で催されている。

　もうひとつの文化財として継承されているのが，刈干切唄とその全国大会である。この哀調をおびた民謡は全国的に有名なこともあって，毎年11月下旬には高千穂町で刈干切唄の全国大会が開催されている。この大会には全国から民謡の愛好者が集まるだけでなく，都会へ巣立った人たちがこれを機会に帰省する事例も多い。このようなイベントは，うまく神話と結びつけて発信することが求められる。

　また，高千穂町への交通は便利とはいえない。自家用車を利用した場合，延岡市からは1時間弱，福岡市や宮崎市からは2〜3時間必要になる。路線バスや鉄道も利用できるが本数も限られており，自家用車利用より時間がかかる。したがって，交通のメインになるものは自家用車か観光バスになろう。ただし，この交通上の不便さは，地域デザイン上のメリットである。この交通環境が神々の息吹を感じるスポットの維持に貢献し，町に付加価値を付けているからである。

　この地域の観光は，次節で詳述するようにパワースポットを中心に，独特の芸能等を数多く持っている。これらを生かすために町では観光協会等と協力して，ハードとソフト両面から内容の充実を図っている。例えば，トポスの整備，イベントの充実，おもてなし方法などに力を入れている。また，観光の情報化は高いレベルにあり，ホームページをはじめeブックスの発行，関連情報とのリンクなど充実させている。

　ここに掲載された事項は現在も創意工夫がなされており，伝統を守りつつ内容を高めている。特に，スピリチュアルゾーンとしての地域デザインを行う場合に，神話に関連付けた付加価値を考慮することが鍵となろう。心の癒やしを提供する場として，高いコンテンツの創出が実現されることを期待している。

第2節　「高千穂」ブランドのコンテクストデザイン＝神話に見られる神々の活用

　高千穂町は，山深く分け入ったところにある多くのパワースポットが魅力となっている。これらの中から町が推薦するいくつかのトポスを紹介して，その特徴を述べるとともにコンステレーションへとつなげることにする。しかし，神社や他のパワースポット以外に，多くの食産業や文化・観光がトポスとして参入してこよう。これもこの町のコンステレーションの中で輝くはずである。

(1)　「高千穂」のゾーンデザイン＝神話が織りなすトポスの集積ゾーン

　高千穂町のホームページを参照すると，下記のようなパワースポットが掲載されている[4]。これらのパワースポットはもともと神話ゆかりの地であり，古くから信仰対象として地元の人たちによって礼拝されてきた場所である。

　これらのトポスは，下記に記したようにひとつのトポスがひとつのパワースポットになっていることもあるが，ひとつのトポスに複数のパワースポットが存在するところもある。また，山そのものがパワースポットの対象になっているところもあるが，これらが入り交じって信仰の場になっているところが高千穂町である。そこには，一般の観光地と違って，訪問する人達にそれなりのスピリチュアルなマナーが求められることになる。そのため，これはこの地の地域デザインをする場合の主要なキーワードとなろう。

(2)　「高千穂」のトポスデザイン＝神話の中の神々の存在

　この地域は，わが国では神話との関係がもっとも多大な地域であるため，高千穂神社，天岩戸などという神話の世界で見出せる著名なトポスが数多に存在している。そこでここでは，このような著名なトポスについての紹介を行っていきたい(図表12-2)。

　第1は高千穂神社である。この神社には，邇邇芸命とともに天孫降臨を行っ

た主立った神々も祀られている。この境内にはパワースポットとして鎮石と夫婦杉がある。鎮石は，これに手を触れると悩みが解消されるといわれている。また，町のホームページによると，人によっては触れた時に電気が走ったように感じるそうである。夫婦杉は，2本の杉の木が根本でひとつにつながっていることからこの名が付けられたというが，樹齢も800年以上といわれている。これらのこ

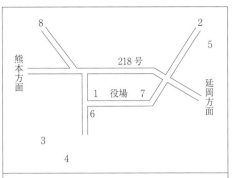

図表12-2　高千穂町の主なパワースポット

1：高千穂神社　2：天岩戸神社と天安河原
3：二上神社　4：秋元神社　5：八大龍王水神社
6：高千穂峡　7：天真名井戸　8：国見ヶ丘

とから将来にわたって離れないことを意味し，パワースポットにもなっている。

　第2は天岩戸神社・天安河原である。この神社は，天照大神が弟の素戔嗚尊の乱暴に困り果て身を潜めた天岩戸の付近に鎮座している。また，この一帯は地元の人にとっては神聖な場所であり，天岩戸のみならずこの地域の山や川も神聖な場所として崇拝対象になっている。また，高千穂町の神楽は天岩戸前で踊った天鈿女命の舞いが始まりだとされている。そのことがあって，毎年11月に岩戸神楽三十三番大公開祭りが開催されている。

　この神社には3つのスポットが紹介されている。1つ目は天岩戸遥拝殿で，谷を挟んで天岩戸を遥拝できるようになっている。ここは，天岩戸から離れていてもパワーが感じられるという。ましてや，ご神体である岩戸近くではより強いパワーが得られることになろう。

　2つ目は天安河原で，天照大神が天岩戸にお隠れになった時，八百万神が相談のため集まった場所である。ここで神々が知恵を出し合った結果，天鈿女命の舞いをはじめ，いろいろな策を巡らし，力の神である手力雄命によって目出たく岩戸を開けることに成功している。ここは，天岩戸神社から川沿いに7〜8分歩いたところであり，やはりパワースポットである。八百万神が知恵を

出し合ったこの場所には未だに神気の気配が感じられる雰囲気だと紹介されている。また，この河原にある石を積み上げ願い事をすると，それが叶えられるともいわれている。

　3つ目が，たいこ橋で天岩戸神社と天安河原の間にある。小さな橋であるがこの下に強いパワースポットがあり，30分ほど心を研ぎすますとよいとされている。現代人にとって，30分は短い時間ではないので，それなりの心づもりが必要になる。

　第3は二上神社である。天孫降臨の地として崇められている二上山があり，山全体がご神体とされている。神社はこの山の中腹にあるが5)，急坂の参道とそこにある長い階段を上らないと参拝できない。この神社から山頂をあおぐと山の尾根が広がり，天空からパワーが降り注ぐように感じると紹介されている。天孫降臨は，多くの神々を従えて行われたものであるから，二上山全体に神々が宿られたと考えられる。そのため，この神社を中心に山全体がパワースポットになっていてもおかしくはない。

　第4は秋元神社である。この神社は，山深くかつ崖に囲まれた場所にある。小さな神社であるが境内全体がパワースポットになっている。拝殿は鬼門を向いており強力なパワーをもっているといわれる。また，社殿横にある神木のイチョウの木も強いパワーがあるといわれ，木に触れるとピリピリするという人もいる。交通の便は良くないが，崖に囲まれた神秘的な雰囲気はそれなりにスポットになっており，稀にみる名水といわれる御神水も湧いている。

　第5は八大龍王水神社である。この神社も木々に囲まれた場所にあるが，境内には御神木の榎が繁っている。しかも，奇妙なことにこの御神木をはじめ境内やその周辺の木々は幹や枝が曲がっている。これは，八大龍王のエネルギーであると信じる人もいるが，強い波動を感じた人もいるという。この神社にも，御神水の湧き出る井戸があり，自然の豊かさの中に身を置くことができる。

　第6は高千穂峡である。高千穂町のみならず，九州でも有名な渓谷である。阿蘇山の噴火で流れ出た火砕流によって形成された台地を，川が浸食して渓谷としたものである。柱状の岩肌は断崖を造っているが，その高さは80～

100m に達する。

　この渓谷全体からパワーが感じられるといわれているが，谷底からの景観も神秘的である。この渓谷には真名井の滝があり，多くの人がパワーを感じているという。くしふるの峰も天孫降臨の地といわれており，中腹にくしふる神社がある。二上山と同様に，山全体がパワースポットになっている。ここも木々が茂りマイナスイオンが多そうな神山である。また，くしふる神社から坂道を上ると高天原遥拝所に着く。ここは，この地に降り立った邇邇芸命や神々が故郷の高天原を遥拝したことからこの名が付けられたといわれているが，この地もパワースポットになっている。

　この近くに四皇子峰があるが，ここは邇邇芸命から四代目の四皇子が誕生した場所とされている。その四代目の皇子である神倭伊波礼毘古（かむやまといはれひこの）が初代天皇である神武天皇になられた神である。そして，この峰も強いパワーが感じられるといわれている。

　第 7 は天真名井戸である。くしふる神社の下手にこの井戸はあるが，透明度の高い水が湧き出ており，ここからパワーが感じられるという。天孫降臨の時，この地に水がなかったため天村雲命（あめのむらくものみこと）が高天原へ水種を取りに引き返し，この水源としている。この水が地下を通り高千穂峡の「真名井の滝」になっているといわれている。

　第 8 は国見ヶ丘である。神武天皇の皇孫である建磐立命（たていわたつのみこと）が筑紫統治のために阿蘇へ向かう途次にこの丘に上られ，四方の国々を眺められたことからこの名が付けられたといわれている。眺望の良さだけでなく，山々に低い霧がかかる様や雲海を眺める際は神話の世界の感を深くするといわれている。ここも，パワースポットである。

⑶　「高千穂」のコンステレーションデザイン＝神々とのコンタクト

　このように，狭い高千穂町に多くのパワースポットが散在する。これらをどのようなコンステレーション（星座）に概念付けしたらよいのか検討する。ここのパワースポットは，天岩戸の時代から，天孫降臨に至り，邇邇芸命が宮崎の

平地に去るまでが中心になっている。天岩戸の場所的概念は神話学者に任せるとして，八百万の神々とその中心的存在である天照大神が織りなした天岩戸近辺がこの町のトポスの始まりになってくる。

　その後，長い時間が過ぎ，高天原と出雲の国が和解したことから天孫邇邇芸命の降臨となるが，八百万の神々を伴っている。神々は二上山やくしふるの峰に降臨されたことからパワースポットが生まれている。その後，神々は国造りに精を出されることになるが，その間この地での神話は作り続けられてパワースポットも増えていく。そして，この間の神話の流れとそれに関連する文化や産業が結びついてこの町のコンステレーションになると捉えたい。

　そして，邇邇芸命が木花佐久夜毘売と会ったことからもわかるように，その後の神話の中心は宮崎市方面に移っていく6)。

(4) 「高千穂」のアクターズネットワークデザイン＝主役としての天岩戸の天照大神

　ここには多くのトポスが見られるが，しかし日本人に最も身近な存在は天照大神であろう。天照大神は太陽神であり，これとの関係から知られる天岩戸の神話については現在でも音楽，芝居，アニメなど，実に多くの領域でいろいろと取り上げられている。その意味では，現在もスターとして活用が可能と考えられる代表的な神であろう。天照大神の活用は，すべての価値発現のために有効な手法であると思われる。これは，ゆるキャラよりは効果のある地域におけるキャラクターとして今後期待ができる。

　ここで展開される芝居では，天岩戸はさしずめ舞台であり，もちろん主役は天照大神であろう。しかし，これが芝居としての価値を持つのは踊りの名手である天鈿女命であろう。この神の存在がこの神話を現代化させることができることから，いつの時代においても神話を想起させる。そうなると，併せて高千穂も連想されるようになり，高千穂は地域ブランドとしての価値を増大させることができる。

第3節　地域ブランドとしての「高千穂」ブランドの発展方向

　スピリチュアルゾーンとして高千穂町を考えた場合，簡単に来訪できない条件が幸いしている。そのため，産業化が阻止され，その結果としての宅地化もなされていない。この緑豊かな山奥は，神々の息吹を感じる環境を残しているのであり，神話とパワースポットの宝庫となっている。

　しかも，鉄道や自動車を使えば数時間はかかるものの，誰でも疲れた心を癒やしにくることができる場所でもある。それでも，町の高齢化と人口減は進行しており，舵を誤れば過疎化は免れないであろう。そこにブランド戦略が必要になるのであり，気がついた点を上げておくことにする。

(1)　山間の緑が神を留める要素のトポスネットワークの確保

　この狭い町全体は神話とそれを肌で感じる環境に満たされている。この緑と自然の環境が保全されている限り神々は宿り続けるであろうし，パワースポットのパワーも発揮し続けるはずである。したがって，このような環境を押し進めることが戦略の基本にならねばならないであろう。

　次は，訪れる人たちをどのように選別するかの問題がある。この町を宣伝しても，あまりに多くの人たちに訪れてもらっても困るのである。大量来訪者に対応するために自然が壊され，神々が去ってしまえば元も子もなくなるからである。たとえば，高千穂峡の両岸に高層ホテルが建ち並び，真名井の滝がライトアップされたら神は留まるであろうか。

　また，訪れる人は，四国のお遍路さんのような信仰心の高い人もいようが，心を癒やしたい一般の人もおり，これらの人たちを包含して歓迎すべきであろう。ただし，単なる観光とは一線を引いておくことが求められるはずである。先に掲げた神社やその他のパワースポットは同じ町内といっても歩いて回るのは困難なうえ，足場もよいところばかりではない。また，多くの観光バスや自家用車に押し掛けられるべき場所でもない。したがって，各パワースポットをスムーズに巡れるサービスの工夫が必要になるのである。

　それには，2015 年（平成 27 年）から運行を開始した町内回遊バスや，7 ～ 8 人のグループ毎に対応できるタクシーが有効であろう。この戦略がスピリチュアルゾーンの活用であることから，パワースポット，鉄道駅，旅館やホテル，駐車場，観光施設等をネットワーク化し，快適な心の癒やしができるよう企画するとよい。そのためには，利用者情報を上記の関係機関で共有することができれば質の高いサービスが提供でき，利用者満足が高められることになろう。

　この町の企画観光課や観光協会は，IT 化には非常に積極的である。現在でもさまざまな町や観光企画等の情報をホームページや Facebook，Twitter，その他のインターネット活用で広く社会に発信している。この取り組みを進めればプロアクティブに発展可能であることから，利用者の情報をネットで事前把握し，各機関との情報共有を行い，十分な個別準備が可能になる。これによって，質の高いサービスが提供できるはずである。

⑵　神と融合したエソテリックな地域としてのブランディング

　高千穂町をスピリチュアルゾーンとしてデザインする場合，緑深い山々を基盤にしてパワースポットが浮き出るような企画や仕掛けを工夫したい。このキーワードは先に述べたネットワークと，神々との触れ合いが適切と思われる。現在行われている夜神楽や刈干切唄大会といった芸能は，この地に溶け込んだものであり高く評価されている。これからのイベントのいくつかは中高校生をはじめ若い世代に検討させ，実施させるのも一考であろう。若い人目線の新感覚で神を取り込んだ企画は世間の若者を引きつけるとともに，若者の地元への定着も促進しよう。若者が去っていく地域に繁栄はあり得ないことから，考察する価値は高いと思われる。

　そして，これらのイベント情報と神社やパワースポット，交通機関，さらに旅館を含めた観光施設等を有機的に結合すれば新たな町興しが期待されるはずである。すでに活用されている Facebook，Twitter を発展させてプロアクティブに進化させれば，社会を巻き込んだこの戦略は実現するであろうし，若者の出番も多くなるはずである。

おわりに～古代パワーの未来への伝承

　高千穂町のホームページに載っているパワースポットは前述した通りである。また，天岩戸や天孫降臨に関係した場所も多く記述した。しかし，この他にも多くの神社やパワースポットが地元にはあるであろう。交通の便のあまり良くない山深い土地だからこそ，非日常的な霊場体験のできる環境なのである。

　このような環境の中でゆっくりと心を癒やしたい人，パワーをもらいたい人は，成果主義の現在においては少なからずいると思われる。期待すべきではないが，これらの人はこれからも増加しよう。そのような中，この町のスピリチュアルゾーン戦略は，山深さをメリットとして捉え，積極的に活用することを提案した。訪れた人に，非日常である神話の世界を彷徨してもらい，パワースポットと人のおもてなしからパワーを回復してもらうことは，社会へのひとつの貢献となろう。現代に継承されている神々のパワーを，より工夫された企画によって未来につながるよう期待したい。

注
1 ）本章では，古事記の内容について福永武彦（2012）『現代語訳 古事記』河出文庫と武田恒泰（2015）『現代語 古事記』楽天ブックスを参照している。
2 ）天孫降臨の地として定まっている所はない。宮崎県内でも，南部にある霧島連峰の高千穂峰（宮崎県高原町）と北部にある二上山やくしふるの峰（宮崎県高千穂町）が各々伝承されている。
3 ）正確には 2015 年に国連食糧農業機関（FAO）によって認定されたものであり，「高千穂郷・椎葉山の山間地農林業」として登録された。2015 年には，この他に「清流長良川の鮎」（岐阜）と「みなべ・田辺の梅栽培」（和歌山）が認定されている（読売新聞，2015 年 12 月 16 日，朝刊 38 面）。
4 ）ここにあげたパワースポットは，宮崎県高等学校社会科研究会歴史部会編（2012）や高千穂町ホームページ「観光と文化」（2015）を基にしている。http://www.town-takachiho.jp/culture/car129/post 76.html（2016 年 1 月 11 日アクセス）。
5 ）二上神社は，同じ山の五ヶ瀬町内にも建立されている。そのため，高千穂町側の神社は東宮，五ヶ瀬町側のものは西宮とよばれている。現在は二上山 9 合目の岩屋に社殿が建てられ「日向二上山西本宮三ヶ所神社の奥宮」となっている。
6 ）邇邇芸命が宮崎市方面へ移動された後のパワースポットは，第 14 章を参照されたい。

参考文献

一般社団法人高千穂町観光協会 HP（2015）http://takachiho-kanko.info（2016 年 1 月 11
　　日アクセス）。
宮崎県高等学校社会科研究会歴史部会編（2012）『宮崎県の歴史散歩』山川出版社。
宮崎県高千穂町編（2015）『高千穂町』http://www.town-takachiho.jp/administration/
　　history/outline.html（2016 年 1 月 11 日アクセス）。

第13章

事例③＝「高天彦神社」と「御所市」

鈴木　敦詞

はじめに～イマジネーションによるブランディング

　奈良県というと，奈良時代の中心である奈良市や，その前史である飛鳥時代の中心である明日香村や斑鳩町に注目が集まるが，それ以前の歴史や神話に登場する個性的な地域も少なくない。例えば，大神社や纏向遺跡で注目を集める三輪（桜井市）は，ヤマト王権に関わりのある地域であり，多くの人が足を運ぶ。そして本章のテーマとなる御所市も，ヤマト王権成立前の神話と密接な関係のある地域なのである。

　神話ゆえに議論百出となり，あるいは神話と歴史を同一レベルで語ることがタブー視されるなど，なかなか学説としての統一的見解が得られず，奈良の他地域のような多くの人が知っている史跡や社

図表 13-1　御所の位置（広域地図）

写真 13-1　高天彦神社　　　　　写真 13-2　高天彦神社参道入り口

　寺，あるいは歴史的ストーリーを提示することが難しい。しかし，すでにでき
あがったストーリーがないからこそ，神話を核として人々の多様なイマジネー
ションを刺激するようなブランディング，すなわち本書で提示するスピリチュ
アルゾーンデザインが有効な地域であるともいえる。

　そこで，本章では御所における神話によるイマジネーションを核としたスピ
リチュアルゾーンデザインによるブランディングと，御所と奈良＝やまととの
地域ブランディングの共創についての考察を行う。具体的には，第1が御所の
神話の中核になり得る高天彦神社の神話性の理解，第2がZTCAデザインモ
デルによる御所の地域ブランディングの構想，そして第3が御所とやまととの共
創による発展方向の提言である（図表13-1）（写真13-1，13-2）。

第1節　地域ブランド「御所」の概要とこれを捉えた課題形成

　御所を，神話によってゾーンデザインを行うのはなぜなのか。まずは，この
ことについての理解を深めたい。神話といっても，御所における神話は出雲神
話のように多くの人の記憶にあるものではない。そこで，本節ではまず神話の
核となる高天彦神社と高天原への理解を深めるとともに，いま御所が抱える課
題を提起することで御所における高天彦神社の意味について言及する。

(1)　パワースポットとしての高天彦神社プロフィール

　高天彦神社は，もともと後背の白雲岳を神体山として祀った神社とされており，三輪山を神体山とする大神神社と同様，神奈備信仰[1]に由来する古社であることがわかる。由緒によると，高天彦神社のご祭神は高御産巣日神（高皇産霊尊）[2]であり，古事記で天地のはじまりのときに高天原で成った神のひとりで[3]，国譲り神話や神武東征などの重要な場面に登場する神であり，天照大神と同じく皇祖神という位置づけを与えられている神であるという（平藤，2008）。そして，高御産巣日神や天照大神が坐しましたところが高天原であり，高天彦神社の所在する地が「高天」と呼ばれ，高天原伝承地のひとつとなっている（写真13-3）。

　もちろん，高天原をどう捉えるかについては諸説がある。以下では，安本（1989）による整理を通じ，高天原への理解を深める。本居宣長による天上説（天上と記されているのだから，わざわざ高天原を地上に求めるのは古典を蔑ろにすることになるという説），山片蟠桃や津田左右吉らによる作為説（神代の記事は後世の作為だから，わざわざ議論する必要がないという説）のように，高天原を地上のどこかに比定すること自体に意味がないという説も，もちろんある。しかし一

写真13-3　「高天」を示す看板

方で，地上説も唱えられ，国内説と海外説があり，国内説では大和説，九州説，常陸説，伊勢説，近江説など，さまざまに議論がある。そして，このなかで高天原＝大和説は室町時代から提示されていた説であり，江戸時代もさかんに論じられた説であるという。

　ここで，それぞれの高天原説の妥当性や正当性について論じるつもりはない。いま御所の地域デザインを考えるうえで重要なのは，室町時代の頃から高天原＝大和説があり，御所には「高天」と呼ばれる地が存在し，そこに古事記において重要な役割を果たす高御産巣日神が祀られた高天彦神社がいまも残されているという事実である。これらの事実があれば，御所を古事記の重要な舞台であった高天原を核としたスピリチュアルゾーンデザインでブランディングすることに無理はないだろう。

(2)　未確立な御所ブランド

　「御所」と聞いて，どこにある，どのような地域なのかをすぐに思い出せる人は少ないだろう。ましてや，訪れたことがある人はさらに少ないのではないかと思われる。御所市商工会による資料（中小企業庁，2015）によると，御所の観光として，江戸時代の陣屋町の風情が残る御所まちや，葛城山麓の神話伝承地，葛城山のフラワーツーリズムなどがあげられている。しかし，これらの資源が有効に活用されているともいえない状況にあり，御所市の観光客数は近年70万人台で大きな増減もなく推移しており，課題としては交通面でデメリットを抱え，通過型観光であることが指摘されている。

　確かに，鉄道での御所市へのアクセスは決してよいものではなく，近隣には知名度で勝る競合も存在する。例えば，街並みでいえば重要伝統的建造物群保存地区[4]にも指定されている橿原市今井町と五條市五條新町が近くにあり，歴史的な視点で言えば古代の史跡や遺跡が豊富に存在し世界遺産登録を目指す橿原市や明日香村がある。

　このように考えると，他にはない御所に特有の資源となるのは，やはり神話伝承地としての葛城であろう。この点に注目してか，すでに葛城の道では道標

が整備され，奈良県が主催するホームページ『歩く・なら[5]』などでも紹介されている。しかし，いざ当地を訪れてみると，神話伝承地としての打ち出しはしたものの，整備が十分に行われているとは言い難い状況にある。例えば，神話伝承の核となる高天彦神社では社務所もなく，ただ放置されているような感じを受ける。いまのような鄙びた感じがパワースポットらしいという人もいるだろうが，ここを訪れる多くの人にとっては，神話伝承地としての意味を知ることもなく，単に「スポット」としての神社を訪れたことを記憶するに留まるだろう。そもそも，わざわざこの地を訪れる人自体が限られる。このような状況が，御所を通過型観光地に留まらせ，行ってみたい，あるいはまた来たいと思わせることができない地域としている理由ではないだろうか。

第2節　「御所」ブランドのコンテクストデザイン＝「葛城」ブランドへの転換

　前節で確認したように，御所には日本神話の核となる高天原があり，そこに神話の中心となる神を祀る高天彦神社がある。しかも，観光の方向性のひとつとして「神話伝承地」を打ち出している。しかし，御所の現状は，さまざまな課題を抱え，地域ブランドを形成できないでいる。そこで，本節ではZTCAデザインモデルにより，神話伝承地を捉えた御所についての地域ブランディングの構想を検討する。

(1)　「御所」のゾーンデザイン＝「葛城」にフォーカス

　ゾーンデザインとは，ブランディングすべき地域の範囲を定めることであるが，その前提には地域をどのようなコンセプトで定義づけるかということが必要になる。いま，御所のコンセプトを神話伝承地とし高天原をその核に据えることは論をまたない。しかし，これだけでは，御所のゾーンデザインとしては弱い。そこで，高天彦神社のもうひとつの起源となる葛城氏のストーリーについても検討を行うことにする。

図表 13-2　御所（葛城）のゾーンとトポス

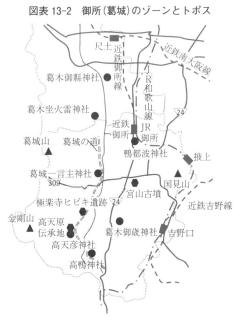

高天彦神社のご祭神である高御産巣日神は葛城氏の祖神とも言われており（平藤，2008），現在の御所市と葛城市の一帯は葛城地域とも呼ばれている。そして，葛城という地名は古事記においても，神武天皇から開化天皇まで[6]の幾代かにおいて宮が置かれた地とされており，鳥越(1987)はこの時代に葛城王朝が存在したという説を唱える[7]。さらには，高御産巣日神をご祭神とする高天彦神社と同じ御所にある高鴨神社のご祭神が事代主神（ことしろぬしのかみ）であることから，高天原の高御産巣日神が大国主神（おおくにぬしのかみ）に国譲りを迫った際に，子である事代主神が承諾を進言するという古事記での国譲り神話は，この葛城の地で起こった（葛城氏が鴨氏を従えたという）歴史的事実をひな形にしたものではないかともいう（鳥越，1987）。

　いずれも定説とはなっていないが，神代における神話のストーリーとしては興味深いものであり，御所における神話伝承として，この葛城にまつわる神話を活用するのが，より深い御所のブランディングに寄与することになるだろう。また，御所という地名よりも，葛城という呼び名の方が，一般に知られているという面も否めない。そこで，御所のゾーンデザインとしては，高天彦神社を中心にするものの，「葛城」としてブランディングすることが適切だろう。葛城の範囲だが，平林(2013)によって検討されている，葛城氏の基盤地域である北は葛木御縣（かつらぎみあがたじんじゃ）神社のある葛城市南部エリアから，南は御所市までとする（図表13-2）。

⑵　「御所」のトポスデザイン＝史的ゾーンである「葛城」の復権

　御所のゾーンデザインを，葛城として広く捉えることとした（そこで，以下では「御所（葛城）」という表記を行うこととする）。では，このゾーンにおけるトポスとは何だろうか。以下では，この点について検討を行う。

　御所（葛城）のスピリチュアルゾーンデザインの核が神話伝承地であるとするなら，それは古事記において高御産巣日神や天照大神などの特別な神々が活躍する高天原が中心となる。この地のシンボルとなるのは，葛城氏の祖神である高御産巣日神をまつる高天彦神社であるが，高天彦神社から葛城の道に沿って行くと10分ほどで辿りつく高天原伝承地も重要なトポスとなる。次項のコンステレーションデザインでも詳しく述べるが，この地で目にする風景や感じることができる静謐さは，まさに神話の里と呼ぶにふさわしい感慨をもたらすスピリチュアルスポットである。

　さらに，国譲り神話への想像を導くスポットとして，葛城氏所縁の神社である高天彦神社と一言主神社，鴨氏所縁の神社である鴨都波神社（下鴨社），御年神社（中鴨社），高鴨神社（上鴨社）が重要となる。他にも，葛城氏との関連があるとする説をもつ宮山古墳，極楽寺ヒビキ遺跡，秋津遺跡なども，重要なトポスと位置づけられる。

⑶　「御所」のコンステレーションデザイン＝神話の地「葛城」

　ここでは，いま一度，高天原の意味性について考えてみたい。高天原は，古事記の冒頭，天地がはじまった時にあらわれた天上世界であり，国生み，天の岩屋戸，国譲り，そして天孫降臨といった神話の舞台となった地である。このように，高天原は神話において特別な意味を持つ地であり，ある意味において日本はじまりの地ともいえる。

　そこで，高天原伝承地へ足を向ける。高天原伝承地は，金剛山の中腹にあり，高天彦神社から葛城の道を辿り，高天集落を抜けた所に開ける台地である。そこからは，背後に金剛山や葛城山，遠くには奈良盆地や吉野山が望め，まさに日本の原風景であり，神々が地上界を望んだ地としての空気感を湛えた場所で

写真 13-4 「高天原」の風景

ある。この地に立つと，日本を形作る神話のストーリーへの想像が掻き立てられる。

　このように，御所（葛城）の地は神話世界を想像させるにふさわしい地となる。しかし，そこにあるのは山を抜ける古道であり，広々と広がる台地であり，背後にそびえる山々であり，史跡といっても奈良市にある寺社のような壮大さとは異なる鄙びた神社である。つまり，具体的なコンテンツをベースとして想像を巡らせるのではなく，古事記に記された神話を味わい，その地の由緒を知り，その上でこの地に立ち体感することによって，はじめて可能となるイマジネーションの世界なのである（原田，2013）。

　しかし，だからこそ，訪れる人がある意味自由に，イマジネーションを巡らせることができる，そしてスピリチュアル性を感じることができるのである。これこそが，神話伝承地としての御所（葛城）のコンステレーションデザインとなる（写真 13-4）。

⑷ 「御所」のアクターズネットワークデザイン＝「葛城」を捉えた組織化

　奈良県は，広く県内各地を紹介し価値を高めることで，その集積である奈良県としてのパワーを高める地域戦略を取っているように思われる。たとえばホームページも，奈良県として『歩く・なら』や『なら記紀・万葉[8]』といった単なる観光紹介ではない，コンテクストをベースとした紹介を行っており，『歩く・なら』においては「葛城の道・神々のふるさとをたずねて[9]」といったコンテンツもある。そして，葛城の道は整備され道標も設置されている。このように奈良県には，他県ではあまりみられないような県と各市町村のネットワークがあるとはいえ，この点はこれからもより緊密で強固なものにしていきたい（写真 13-5）。

　しかし，奈良県内地域間の連携という点でみると，未だ十分ではないように思える。まずは，近隣の葛城市，五條市，橿原市などとの連携を取りながら広域でのブランディングを行うことも必要になってくるだろう。また，奈良全域における御所（葛城）の位置づけや連携を考えることで，それぞれのパワーをより強化することができると思われるが，この点については次節において，さらに詳細に検討を行う。

　さらには，奈良県を超えて神話をベースとしたネットワークも考えられるだろう。古事記神話とのゆかりが深い出雲や九州は元より，より焦点を絞った高天原伝承地間での連携は，御所（葛城）のコンステレーションをより深めることになる。

写真 13-5　葛城の道の道標

第3節　地域ブランドとしての「葛城」ブランドの発展方向

　これまで，高天原をデザインの核とした ZTCA デザインモデルにより，御所（葛城）のブランディングについて言及してきた。しかし，御所（葛城）のブランディングの可能性は高天原のみではなく，さらに奈良県というコンテクストの中での御所（葛城）の位置づけも考える必要がある。本節では，高天原以外の神話創造の可能性と，広域ブランドへの活用のヒントを探る。

⑴　高天原以外の神話の創造＝「御所」から「葛城」へコンテクスト転換

　御所（葛城）の発展方向を考えるときに，高天原を通る葛城の道以外のエリアを巡るコンテクストも視野に入れることができる。これらを加えても，御所（葛城）の神話によるイマジネーションを核としたスピリチュアルゾーンデザインの構想は揺るがない。なぜなら，これらのエリアも，神話を巡るエリアであり，葛城氏や鴨氏の痕跡を巡るエリアであり，実際に目にすることができない遺跡や鄙びた神社，あるいは神秘的な空気感を宿す日本の原風景を巡るエリアとなるからである。

　すでに，御所市でもエリアを区切って観光訴求をしているが，その地図に則って各エリアの特徴について見ていく（御所市観光協会・御所市商工観光課，2016）。

　まず，御所市の東部に位置する巨勢（こせ）の道エリアである。中鴨社とされる葛城御歳（みとせ）神社や伊弉諾尊（いざなぎのみこと）・伊弉冉尊（いざなみのみこと）を祀る巨勢山口神社，天武天皇の頃に時代は下るが日本書紀に現われる巨勢寺塔跡，7世紀の頃と思われる水泥古墳，巨勢氏[10]のものとも考えられている新宮山古墳などを見ることができる。

　そして，御所市の北東部に位置する秋津洲（あきつしま）の道エリアである。ここでは，まず秋津洲のいわれについて確認したい。日本書紀の神武天皇の項に，天皇の巡幸の折に，腋上（わきかみ）の嗛間（ほほま）の丘に登って国のかたちを望見し，山々が連なる美しさを蜻蛉（あきつ）（とんぼ）にたとえ，これによって秋津洲の名ができたという記述がある（宇

治谷，1988）。鳥越（1987）は，ここに表れる腋上は現在の御所市掖上のことであ
り，嘩間は御所市本馬であるとし，さらには神武天皇が即位した橿原も御所市
柏原であるとしている。この説も正式に認められたものではないが，自身で国
見山からの風景を眺め，神武天皇社に立ち寄ることで，神武天皇の事跡による
国見神話を体感してみたい。

　秋津洲の道では他にも，下鴨社と言われる鴨都波神社や，葛城氏の祖とされ
る葛城襲津彦の墓であるとの説もある宮山古墳，6世紀後半のもので巨大な玄
室や石棺が見られる條ウル神古墳，日本武尊が死後に白鳥になって立ち寄った
とされる日本武尊白鳥陵などがある。

(2)　「葛城」と「やまと」のコンステレーションブランディング

　奈良を「やまと」と捉え，いくつかの地理（空間）的，歴史（時間）的に異なっ
た価値のある地域を多重的に集合された複合的な地域と捉えるコンステレーシ
ョン（星座）としてのブランディングを提言したものに原田他（2013）がある。こ
こでは，奈良の一等星，すなわち特に価値の高い地域として「三輪・葛城」「飛
鳥・斑鳩」「平城京・藤原京」の3つが設定されている。以下では，この奈良
＝やまとのコンステレーションブランディングを，新たに読み解き，奈良＝や
まとにおける御所（葛城）の価値についての検討を行いたい。

　まず，上記の一等星についての歴史的な位置づけを見るならば，三輪は崇神
天皇以降の人代の舞台，飛鳥は推古天皇から天武天皇に至る国家形成の舞台，
そして奈良（橿原）は持統天皇以降の国家成立の舞台とすることができるだろう。
すなわち，奈良＝やまとは日本の歴史のはじまりの地として位置づけられる。

　このようななかで，葛城は三輪とセットとし，いわゆる記紀の世界で一括り
とされている。しかし，多くの人が指摘するとおり，三輪は実在性が高いとさ
れる崇神天皇との関連が深い地であり，ヤマト王権成立という歴史の中心とな
る。一方で，御所（葛城）は，これまで検討してきた通り，古事記での神代の中
心となる高天原の舞台であり，かつ神武天皇から欠史八代と言われる確かに神
話・伝承の時代の舞台であるといえる。つまり，御所（葛城）を神話伝承の地と

図表 13-3　御所（葛城）とやまとのコンステレーションデザイン

出所）原田他（2013）参照

打ち出すことによって，これまで人代の時代からの地であった奈良が，さらに神代の時代からの奈良としての訴求が可能となり，奈良＝やまとブランドの厚みと深みが増すことになるのである。

　スピリチュアルゾーンデザインにより，御所（葛城）のブランディングが確立することが，奈良＝やまとブランドの厚みと深みを増し，奈良＝やまとブランドの日本の歴史のはじまりの地としての厚みと深みが増すことが，御所（葛城）の神話性へ目を向けるきっかけとなるのである。ここに，御所（葛城）と奈良＝やまとの共創関係が成立する（図表 13-3）。

おわりに〜御所から葛城へ

　これまでの記述から，御所（葛城）が，神話性に富んだ，まさにスピリチュアルゾーンであることが理解できたであろう。本文では触れることができなかったが，日本書紀には，蘇我馬子が推古天皇に対し葛城の地は蘇我氏ゆかりの地であると主張したものの，推古天皇はこれを拒んだという逸話もある。馬子と推古天皇の関係からしても，この拒否の意味は重く，天皇家にとって葛城がい

かに大切な地であったかということがうかがえる。

　しかし，御所（葛城）は神話伝承地という打ち出しをするものの，十分にこれ
を活用しているとは言い難く，一層の地域ブランディングが求められる。そこ
で，御所（葛城）の差別性となる神話，特に高天原伝承地と高天彦神社を核とし
ながら，ZTCA デザインモデルによるスピリチュアルゾーンデザインを行う
ことで，より強いブランディングを行うことが期待される。

　そして，御所（葛城）の神話によるブランディングは，奈良＝やまとにおいても，
国家形成の地としての特徴を人代の時代からではなく，神代の時代からの時間
軸で訴求ができるようになり，奈良＝やまとの地域ブランディングの可能性を
一層深めることになる。

注

1）山そのものを神とする信仰である。
2）高御産巣日神は古事記における表記であり，高皇産霊尊は日本書紀における表記であ
　　る。由緒では「高皇産霊尊」の表記を使うが，ここでは古事記を中心に論を展開す
　　るために「高御産巣日神」の表記を使う。
3）古事記では，つぎのように記されている。「天地初めて発くる時に，高天原に成りま
　　せる神の名は，天之御中主神。次に高御産巣日神。次に神産巣日神。此の三柱の神
　　は，みな独神と成り坐して，身を隠したまふ。」（中村訳注，2009，p.23）
4）1975 年に創設された，城下町，宿場町，門前町などの歴史的な集落や街並みを保存
　　する制度。その中でも特に価値が高いと判断されたものが，重要伝統的建造物群保
　　存地区として指定される（文化庁，2016）。奈良県では，橿原市今井町と五條市五
　　條新町の他にも，宇陀市松山が指定を受けている。
5）『歩く・なら』ホームページ　http://www3.pref.nara.jp/miryoku/aruku/（2016 年 3
　　月 26 日アクセス）。
6）神武天皇，およびその後の 8 代の天皇（欠史八代と言われる）については，実在が確
　　認されていない。
7）時期は異なり，また葛城王朝論は否定するものの，平林（2013）や門脇（2000）も葛
　　城の重要性を主張する。平林（2013）は 5 世紀代においてヤマト王権と並ぶ権勢を
　　葛城氏が誇り，磯城・磐余地域を本拠とする天皇家と葛城地域を本拠とする葛城家
　　が奈良盆地南部を二分する関係にあったとする。門脇（2000）も統一国家となる前
　　の奈良盆地には地域小国としての「倭国」と「葛城国」が存在していたとしている。
8）『なら記紀・万葉』ホームページ　http://www3.pref.nara.jp/miryoku/narakikiman-
　　yo/（2016 年 3 月 26 日アクセス）。
9）『歩く・なら―葛城の道・神々のふるさとをたずねて』http://www3.pref.nara.jp/

miryoku/aruku/dd.aspx?menuid=1205（2016 年 3 月 26 日アクセス）。
10）古代の豪族のひとつ。

参考文献

宇治谷孟（1988）『日本書紀（上）全現代語訳（講談社学術文庫）』講談社。
門脇禎二（2000）『葛城と古代国家（講談社学術文庫）』講談社。
御所市観光協会・御所市商工観光課（2016）「奈良県御所市観光 HP―散策コース」
　　　http://goseshikankou.jp/sansakuko-su_top.html（2016 年 4 月 2 日アクセス）。
中小企業庁（2015）「御所市商工会　経営発達支援計画」
　　　http://www.chusho.meti.go.jp/keiei/shokibo/nintei_download/29-05.pdf（2016 年 4 月 2 日アクセス）。
鳥越憲三郎（1987）『神々と天皇の間　大和朝廷成立の前夜（朝日文庫）』朝日新聞社。
中村啓信訳注（2009）『新版古事記　現代語訳付き（角川ソフィア文庫）』KADOKAWA。
原田保（2013）「『三輪・葛城』のブランド戦略」原田保・武中千里・鈴木敦詞『奈良のコンステレーションブランディング』芙蓉書房出版，pp. 53-78。
原田保・武中千里・鈴木敦詞（2013）『奈良のコンステレーションブランディング』芙蓉書房出版。
平林章仁（2013）『謎の古代豪族葛城氏（祥伝社新書）』祥伝社。
平藤喜久子（2008）「天孫降臨と日向三代　高天彦神社」井上順孝監修『すぐわかる日本の神社　「古事記」「日本書紀」で読み解く』東京美術，pp. 104-105。
文化庁（2016）「文化庁―伝統的建造物群保存地区」
　　　http://www.bunka.go.jp/seisaku/bunkazai/shokai/hozonchiku/（2016 年 3 月 26 日アクセス）。
安本美典（1989）『高天の原の謎〈日本神話の世界〉（徳間文庫）』徳間書店。

第 14 章

事例④ = 「宮崎神宮」と「宮崎市」

立川　大和

はじめに〜いま求められるスピリチュアルゾーン

　海外から日本への観光客数は，政府の方針も手伝って急増している。この結果，テレビのニュースなどで理解されるように主立った観光地は外国人で溢れている。浅草しかり，富士山しかり，京都しかりである。ここでは，日本人がスピリチュアルな雰囲気の中で自分の立ち位置を奪われていく。例えば，従来の時間感覚で神仏と向き合うことも困難であるし，定宿の確保も困難になる。

　そもそも，わが国の神道は自然崇拝の宗教であり，森や樹木に神を感じていたのである[1]。それが日常の生活の中で常態化し，神仏との関連を深めたといえよう。この文化が，樋口・伊沢（1995）のいうように，

図表 14-1　「宮崎市」の位置

出所）世界地図 http://www.sekaichizu.jp/atlas/japan/prefecture/map_n/n_miyazaki.html（2016 年 7 月 6 日アクセス）

農業，漁業，工業といった生産的な行為にも取り入れられた。これらは現在でも継承されている。例えば，農業，漁業はもとより最先端を行く工場の生産現場でも，年末になると産業用ロボットにしめ縄と餅と清酒を手向けていることからも明らかであろう。

三橋（1997）が述べるように，神々は各家庭の中へ入って各々の守り神となった。すなわち，祖霊をまつるための神棚の設置をはじめとして，玄関，居間，台所やトイレなど，その家にとって大切な場所にお札を貼って神のご加護を祈念したのであり，そこは一種のスピリチュアルゾーンとなっていたのであろう。この場所で神々との交流が得られ，心の安らぎが得られていたはずである。ただし，現在特に都市化の進展とともに急速にその文化が姿を消している。現代風マンションや建売住宅には，神棚の位置すら考慮されていない。

それでいて，繁華街で多くみられるように，安らぎを得られない子供たちが深夜に放浪している。その理由の多くは，両親の心の不安定からくるものであり，家庭崩壊へと連なっていく。確かに，われわれは経済的な豊かさを手に入れた。しかしその反面，第2章（第4節(4)）で触れたように，社会との関連が薄れ，孤立化した現代人は心に不安感を募らせている。

写真 14-1　宮崎神宮

出所）ブログジャーナル宮崎版より引用

　このような状況の中で，日本人が心の拠り所となる場所，スピリチュアルゾーンが必要になっていると考えられる。そのなかのひとつとして，「宮崎市」をあげたい。それは，古事記上巻に登場する神話の約3分の1が宮崎市周辺を舞台にしており[2]，実際に「宮崎市」は「神話のふるさと」として売り出しているからである。

　そして，次節で取り上げるように，市内およびその周辺には神話にまつわる数多くの神社が存在しているのである。すなわち，これらの神話は邇邇芸命の天孫降臨からはじまり，火遠理命（山幸彦）そして鵜葺草葺不合命と代を重ねる。これを日向三代[3]と呼び，さまざまな神話を生んでいく。初代天皇である神武天皇は鵜葺草葺不合命の子供であり，宮崎における最後の神話を残して美々津の港から東征へと船出して宮崎の神話時代は終焉を迎える。

　このような神々の活動による神話は，神社と結びつけられており「宮崎市」とその周辺に多くのスピリチュアルゾーンを現代に残している。したがって，これらの豊富なトポスは「宮崎市」の地域デザインにある程度は活用されているだろうが，ZTCAデザインモデルを用いることで新たな展開が期待されるであろう（図表14-1）（写真14-1）。

第1節　神話で読み解く「宮崎市」の実相

　前述したように，「宮崎市」の神話は主として日向三代と神武天皇東征までが対象となる。それゆえ，「宮崎市」の戦略的なゾーニングもこれらの神話に対して行われることが効果的と思われる。この戦略的ゾーンとして，特徴的なスピリチュアルトポスである神話と神社を概括的に捉えることにする。そのため，現在の行政単位である「宮崎市」とは正確に一致することにはならない。そこで，第1章で述べた追加型ゾーンデザインを行うことにする。

　このゾーン内では，現在でも町内会や商工会議所等が主催する各神社の大祭が行われており，神話を紹介する観光ツアーもさかんである。また，豊富な「海の幸」と「山の幸」が産出されているので，これも神話と結びつければより有

力な産業資産になるはずである。したがって，神話に特化した観光，地域イベント，農業，漁業など，それらに関連した数々の産業が地域デザインに活用されるはずである。

(1)　ゾーンとしての「宮崎市」のプロフィール

　はじめに，「宮崎市」の地域ブランドを考えるのに際して，そのゾーンを明らかにしたい。神話と神社を中心にした当地のゾーニングを行う場合，前述のようにこの地域にある多くの神話とそれに関わる神社が対象となる。これらのトポスは個々に魅力あるスピリチュアルトポスとして成り立っているが，「宮崎市」の場合はこれらのトポスを総合化したゾーンを設定したい。

　これは，伊勢神宮や富士山といった単一のトポスによるゾーニングとは大きく異なるものである。伊勢神宮や富士山はその単一のトポスがもたらす地域価値をどこまで拡大して活用するのかを考察してゾーンが決められた。第1章で定義したように，これを追加型ゾーンデザインとよぶ。しかし，「宮崎市」の場合は後述するコンステレーションが地域価値をもっているのであり，この地域価値をどの範囲で活用するのかでゾーニングされる。これも追加型ゾーンデザインであろうが，複数の体系化されたトポスによるものであり「宮崎市」の特徴といえよう。

　それでは，どの範囲が「宮崎市」ゾーンになり得るのかを考察する。このゾーンは，邇邇芸命の天孫降臨から神武天皇が東征のため日向の地を離れるまでの期間に，神々が活躍された地点をプロットした地域になる。邇邇芸命が降臨されたといわれる場所としては，鹿児島県との県境にある霧島連峰内の高千穂峰（宮崎県高原町）と大分県に近い高千穂町の二上山がよく知られている[4]。しかし，この両所は「宮崎市」からはあまりにも離れているためゾーンに含まないこととする。特に，高千穂町は天照大神のストーリーが展開される場所でもあることから第12章で論じている。

　また，「宮崎市」の北に隣接する日向市には美々津があるが，ここの港が神武天皇東征の地といわれ，立磐神社も現存している。この地は「宮崎市」から

少し離れるが，日向三代の最後を飾る重要なスピリチュアルトポスであることから「宮崎市」のゾーンに含めることが適切と判断する。同様な意味から，南に隣接する日南市には鵜葺草葺不合命と豊玉姫に関する舞台となる鵜戸神宮があることから，ここもゾーンに含めることにする。したがって，「宮崎市」のスピリチュアルゾーンは宮崎市に日向市の一部と日南市の一部を含めた地域となる。

(2)　神話と関連付けられる「宮崎市」の産業

　「宮崎市」の産業で，スピリチュアルゾーンと関連付けられるものを列挙すると以下のようなものがある。

　第1は海の幸についてである。このゾーンは，海岸線が長いことから海産物に恵まれている。また，伊勢エビ，あわびをはじめとした魚介類が多くとれる。しかし，このままでは他の地域との差別化にはならないので，火照命（海幸彦）と関連付けるなどによって付加価値を付けることが考えられる。

　第2は山の幸についてである。質の良い野菜，果物，家畜等が生産される。また，野菜ではズッキーニ，キュウリ，里芋，大根など，果物ではマンゴー，日向夏，金柑など，そして家畜では鶏肉，豚肉，牛肉が有名である。このなかにはブランド化に成功しているものもあるが，神話に結びつけた例はほとんどない。また，焼酎を始めとするアルコール飲料も山の幸に含まれよう。上述した山の幸については原材料となるもので，これらを利用した料理品も後述するように多く提供されている。ただ惜しいことに，神話に直結した料理は耳にしない。

　第3は交通網についてである。まず，鉄道，高速道路，航空便，海上交通について現状を整理する。鉄道は，新幹線が整備されていないので在来線に頼るしかない。高速道路網は整備が進んでいるが，九州全体のネットワークが完成しても関西以東からの乗り入れはポピュラーとはならない。そこで，「宮崎市」を訪れるには航空便が主力になるが，これは全国主要空港と結ばれているので一応整備されているといえよう。また，ゆっくりと船旅を楽しみながら，ある

いは自家用車とともに「宮崎市」を訪れたい場合はカーフェリーが必要になるが，現在宮崎港と神戸港間のみ運行されている。

　第4は観光業についてである。観光については市としても力を入れており，パンフレット，案内所，ホームページなどで情報発信している。また，大手観光会社もあり，名所を巡る定期観光バスを走らせているが，神話にまつわるスピリチュアルトポスはツアーの一部に取り入れられているに過ぎない。すなわち，従来型の駆け足ツアーの中に入っているのであり，ゆっくり神話を体験し，心に清涼感を得たり，新たなる力をパワースポットからもらったりすることは困難であろう。宿泊施設はリゾートホテルやビジネスホテルが多数あるので，普段はスムーズに予約が取れる。ただし，宮崎神宮の例大祭などの大きなイベントがある場合はその限りではない[5]。

　ここに掲載された産業を神話に関連付けた場合，付加価値の高いコンテンツが実現されると思われるので，今後の創出が期待される。

第2節　「宮崎市」のコンテクストデザイン＝日向三代の活用

　前節では神話に関連付けることが可能な産業について，そのコンテンツのいくつかを挙げた。そこで，本節ではトポスの中心になる主な神社とその関連地を紹介し，そのうえでこれらのトポスが輝きを放つためのコンステレーションを描くことにする。ただし，このゾーンには神社やその他のパワースポットが多く存在するので，すべてを掲載することは困難である。そこで，コンステレーションに組み入れやすいもののみを取り上げることにした。

⑴　「宮崎」のゾーンデザイン＝市の宮崎と県の日向

　すでにゾーンとしての宮崎市のプロフィールについては紹介したが，ここではなぜ宮崎ブランドを地域に対して使用するのかについて考えてみたい。宮崎市は宮崎県の県庁所在地であり，そのため県内唯一の政治，経済，そして文化拠点になっている。しかし，近年の県内の人口減を考えるならば，宮崎市だけ

は何としても人口減を阻止しなければならないことは明白である。そのために
は，この宮崎市というゾーンをいかにブランディングし，また地域価値を増大
させるためにいかなるデザインを行えばよいのかを考えることが必要になる。

　ここで問題になるのは，わが国の多くの県において見出される県名と県庁所
在地の市の名称が同一になっていることである。そうなると，アイデンティテ
ィの確立に向けて地域ブランディングの転嫁が混乱してしまうわけである。こ
れを回避するには，県と市のブランディングを明確に区別する必要が生じる。
例えば，京都府の場合には，京都市のみが京都ブランドを使用し，残りの地域
は丹波等を使用するのが適当な対応になる。こう考えると，宮崎の場合には，
市には宮崎，また日向市があるので，県には日向という名称を使用するのが望
ましいと思われる。そして，宮崎ブランドは未来創造のために活用するブラン
ドして，日向古代回帰を指向するブランドとして活用することというのが，ひ
とつの戦略的対応であるかもしれない。こうすれば，県全体としては，現在を
起点にしながら，未来と過去という 2 つの方向を捉えたブランディングを共存
させた展開が可能になる。そこで，ここでは宮崎は市の宮崎を表している名称
として使用することにした。

⑵　「宮崎」のトポスデザイン＝いたるところにある多くの歴史的神社

　現在，「宮崎市」内にある神社は 90 社以上にのぼる。さらに，その中で神話
に関わるものは約 2 割に達する[6]。これらの中から，日向三代と神武天皇に密
接な関係をもつものを幾つか大分県寄りから取り上げることにする。すなわち，
「宮崎市」のスピリチュアルゾーンを北から南に目を向けて，その代表的なト
ポスを紹介する[7]（図表 14-2）。

　第 1 は立磐神社と美々津港である。この神社は，「宮崎市」の北にある日向
市にある。神武天皇率いる東征軍が宮崎からここへ移動し，船出する間に戦勝
と海上安全を祈願した場所とされている。もちろん，東征軍には武人のみなら
ず官僚など多くの関係者が含まれていたであろうから，それら全員の無事を祈

248

ったものと思われる。また，この神社には神武天皇が腰掛けたといわれる大きな岩が祀られている。

美々津港は交易にも適した良港であり，ここに船団を集結して神武天皇は東征された。このとき，軍船を護衛に付けたことから海軍発祥の地となっており海上自衛隊に引き継がれている。

第2は皇宮神社と皇宮屋である。宮崎神宮の西北にある丘の上に皇宮神社と皇宮屋がある。神武天皇は現在の高原町で誕生された後，15歳の時に現在の市内へ移られ

図表 14-2　宮崎市ゾーンの主なパワースポット

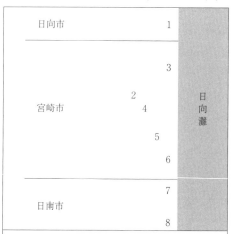

1：立磐神社と美々津港　2：皇宮神社と皇宮屋
3：江田神社　4：宮崎神宮　5：木花神社
6：青島神社と青島　7：鵜戸神社　8：駒宮神社

45歳の東征まで住まわれていたが，その地が皇宮屋といわれている。すなわち，神武天皇の皇居跡である。ここからの眺望は素晴らしく，西方には高千穂峰が遠望される一方，眼下には大淀川が流れ宮崎の街並みが一望される。また，皇宮神社は宮崎神宮の本宮となっている。

第3は江田神社とみそぎ池である。国作りのため高天原から降臨された伊弉諾尊が伊弉冉尊の死を悲しみ，黄泉の国へ行くが汚れを受けて逃げ帰る。このとき，汚れをはらったところが阿波岐原にある「みそぎ池」であり，みそぎから生まれた神が天照大神，素戔嗚尊，月読命などといわれている。この伊弉諾尊と伊弉冉尊を祀ってあるのが江田神社である。この神社は森の中のパワースポットとして最近注目されている。ここは，日向三代と神武天皇に直接関係していないが，重要なトポスとして無視できないことから掲載しておく。

第4は宮崎神宮である。「宮崎市」の中でも中心となる神社で，神武天皇とその父母神である鵜葺草葺不合命と玉依姫（たまよりひめ）が祀られている。この神社は，神武天皇の孫に当たる健磐龍命（たけいわだつのみこと）が建立したと伝えられており，現在も緑深い環境

が保たれている。この神宮の大祭は「宮崎市」の一大イベントとなっており，飛行機やホテルの席を取ることが困難になる。この祭りは「神武さま」の名で親しまれており，夜は駅前大通り一杯に夜神楽や出店で賑わう。

　第5は木花神社である。この神社は，市内から南に下った熊野の丘上にある。もちろん，木花佐久夜姫（このはなさくやひめ）と邇邇芸命を祀っているが，木花佐久夜姫に関する神話を中心とする神社である。例えば，境内には邇邇芸命の疑念を晴らすため姫が産屋に火を放って皇子を無事出産した無戸室跡や，三皇子の産湯に使った霊泉桜川がある。この三皇子が，火照命（海幸彦），火須勢理命（ほすせりのみこと），そして火遠理命（山幸彦）である。

　第6は青島神社と青島である。木花神社より少し南に青島があり，その島内に青島神社が鎮座している。この地域は火遠理命が中心となってストーリーを展開している。全国的に知れ渡っている「海幸彦と山幸彦」の話は青島とその付近の海と山が舞台になっているといわれている。釣り針をなくした山幸彦は海神の綿津見大神（わたづみのおおかみ）の宮殿で針を見つけてもらうが，その娘の豊玉姫（とよたまひめ）と結ばれる。この宮殿は青島沖にあったといわれていることから青島神社はこの二神を祀っている。

　第7は鵜戸神宮である。青島神社をさらに南下すると日南市に入る。この海岸沿いに鵜戸神宮があるが，交通の便が悪い。火遠理命と豊玉姫が結ばれた後，姫は身ごもったため，現在鵜戸神宮のあるこの地に鵜の羽で産屋を作ったが間に合わなかったことから，この皇子は鵜葺草葺不合命と呼ばれるようになった。姫は出産時に決して産屋を覗かぬように火遠理命に頼んだにもかかわらず覗いたところ，姫はワニの姿になっていた。そのため，姫は皇子を残して海に戻ってしまう。しかし，子育ては大変であろうと姫は妹の玉依姫を送るとともに，岩屋にあった乳岩からしたたる水を乳代わりに飲ませるよう伝えている。この地にある岩屋の中の鵜戸神宮と乳岩は現存している。

　第8は駒宮神社である。この神社は，日南市の平山に鎮座している。鵜葺草葺不合命は，豊玉姫が養育のために送ってきた妹の玉依姫と結婚した後，この地で生活したといわれている。すなわち，この神社の地は当時の宮殿跡である。

この二神の皇子として神倭伊波礼毘古命（神武天皇）らの神々が誕生する。神武天皇が阿比良姫を迎えた後も鵜葺草葺不合命は現在の駒宮神社の地に住まわれていたが，その後現在の「宮崎市」の皇宮屋へ移られた。

⑶　「宮崎」のコンステレーションデザイン＝日向三代と神武天皇

　以上，論述してきた各神社という星をどのように繋ぎ，星座（コンステレーション）として天空に輝かせたらよいのか。いろいろなアプローチが考えられようが，本章では神話をコンセプトにしているので日向三代と神武天皇を軸とした。天照大神の命を受け，天孫降臨した邇邇芸命を初代とした神々の系図は下記のようになる（図表 14-3）[8]。

　この系図は壮大な神話を形成しているが，これが「宮崎市」のコンステレーションになる。前述したトポスをこの系図にしたがって再構成すると，以下のようになる。

　江田神社とみそぎ池は，このコンステレーションを展開するもとになるもので，日向三代以前のコンステレーションとの連携を示すためのトポスとなる。初代の邇邇芸命と木花佐久夜姫のストーリーが展開されるトポスとして木花神

図表 14-3　邇邇芸命を初代とした神々の系図

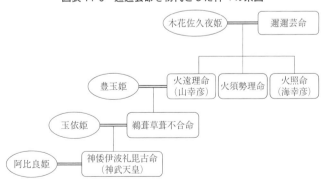

出所）ひむか神話街道「神々の系図—50 の物語集—ひむか神話街道」http://www.kanko-miyazaki.jp/kaido/50story/keizu/（2016 年 7 月 8 日アクセス）より筆者作成

社がある。二代目の火遠理命と豊玉姫には，海幸彦と山幸彦と豊玉姫のワニへ
の変身の神話が有名になっていることもあってか，青島神社や次の世代に繋が
る鵜戸神社が輝く。三代目の鵜葺草葺不合命と玉依姫の代になると駒宮神社で
の生活がうかがえるようになるが，この神社によって神倭伊波礼毘古命（神武
天皇）と阿比良姫の代へと引き継がれていく。神倭伊波礼毘古命は初代天皇と
なる神であることから，「宮崎市」でも特別の扱いとなる。そのため，幼少時
代の駒宮神社，皇宮神社と皇宮屋，東征の出発に関する立磐神社と美々津港，
さらにその遺徳をたたえた宮崎神宮とトポスが連なる。

第3節　地域ブランドとしての「宮崎」ブランドの発展方向

　前述したトポスは「宮崎市」にある多くの日向三代と神武天皇に関するもの
のうちの一部である。したがって，この他のトポスを含めて他のコンステレー
ションを構想することも可能となる。それゆえ，いろいろな視点から議論を重
ねて「宮崎市」の地域デザインがなされることを期待するものである。

　ここでは，スピリチュアルゾーンとして「宮崎市」におけるコンステレーシ
ョンの一例を提示した。このようなアプローチでゾーンデザインを行う場合，
以下の3点について検討する必要が出てこよう。

(1)　心の時代を先導していく宮崎市

　一条（2008）が述べているように，日本全国にパワースポットとしての神社が
多く存在する。その中にあって，「宮崎市」全体はパワースポットを多く持つ
特徴あるスピリチュアルゾーンであることを演出する必要があろう。そのため
には，心の文化が危機的状態に陥っているわが国において，この地こそ心の古
里，あるいは癒やしのメッカであることを発信すべきであろう。

　近年，日本の経済を維持，発展させるため，男女総出でビジネスマン，ビジ
ネスウーマンになれとの風潮が圧倒的に強い。しかも，現在のビジネスは知的
創造活動を行う頭脳労働が主となっている。すなわち，定刻に退社した後は仕

事を忘れ，子育てや家事に専念できる状態ではないのである。問題を解決し，課題をまとめない限り，食事中も入浴中も布団に入ってからでさえも頭の中は仕事のことでいっぱいである。まさに，現代はストレス社会といえよう。

　このような社会では，心の癒やされる場所が必要であり，新たなパワーの得られる場所が求められるのである。このような時なればこそ，「宮崎市」は日向三代と神武天皇の神話に基づくコンステレーションを形成する心の憩いの場になれるのである。そこには，従来の宮崎観光とは異なる取り組みが求められてくる。

⑵　豊かな「海の幸」と「山の幸」

　「宮崎市」には，前述したように多くの海産物と農産物，畜産物がある。現在でも，これらを楽しめることは当地の大きな魅力である。当地では，地鶏を使った「チキン南蛮」，アジやイワシ，焼きみそ汁，豆腐とキュウリなどを使った「冷や汁」，エビやかまぼこ等を使った「レタス巻」など多くの料理が提供されている。これらの料理は，地元の人が地元の食材を使って創出した優れたものであり，地産地消の域を超えて観光客や地域外の人にも愛用されている。

　しかし，神話やパワースポットと関連付けられた料理は少ない。もちろん，神代の料理がどのようなものであったかわかるべくもないし，ましてレシピが残されているわけでもない。それゆえに，想像を逞しくして各種の創作料理が可能になるのである。そのためには，神話に精通した人，料理人，飲食店，宿泊業，観光業などの人々の協力が必要になるのであり，関連する人材ネットワークとそれを取りまとめるプロデューサーが鍵になる。すなわち，神話にふさわしい料理の開発を行い，それを消費者のもとへ届け，アフターフォローのできる体制が必要なのである。

　わが国では，昔から「お伊勢参り」を代表とする遠方の神社・仏閣への参拝が行われている。これは，心を清め，穢れをはらい，新たなる希望に向かう英気をいただくためであった。この神聖な神事を有り難く，神妙な態度で受けた人たちが，そのままの心を抱いてまっすぐに帰路へ付くことは少なかった。神

社の門前町には食事処，お土産店が多数あり，遠方から来る人のための旅籠がならんでいる。すなわち，スピリチュアルゾーンと歓楽街は共存するのである。これもわが国の文化であろう。

　したがって，敬虔な心になれるパワースポットの充実と，その後にリラックスできる施設やコンテンツの提供が必要になってくる。

(3)　内なる創造と外への発信

　このアプローチを成功させるためには，まず市民が宮崎に関係する神話に精通することから始まる。どのような創発もこの神話を土台とするからである。公立学校では，歴史は教えても神話は教えてくれないであろう。もしそうだとすれば，どこかで教育し神話への理解を深めることが必要である。そして，神楽のような伝統的な文化を継承するとともに，新たな若者による各種コンテンツの創発も求められる。若者が地域に魅力を感じなければ，彼らは流出する。そのような地域の活性化はあり得ないのである。

　また，いくら魅力あるコンステレーションが出来あがっても，世に知られなければ意味がない。そこで，広く世に知ってもらうための仕掛けが必要になってくる。特に，インターネット社会の現在，このコンステレーションをそれに載せて「宮崎市」へ来訪してもらうことが求められよう。ここでも，若者の出番が待っているのである。

おわりに～豊かな環境と文化を求めて

　「宮崎市」全体をスピリチュアルゾーンとして概略的デザインを描いてみた。太陽が輝く南国宮崎は緑濃く，海青く心を明るくしてくれる土地である。また，市内に入ると都会の雰囲気も味わうことができる。このような環境の中に，心を癒やすパワースポットが多く息づいているのである。しかし，「宮崎市」は世に知られた有名な市ではなく，きわめて地味な存在として佇んでいる。神武天皇生誕の地でありながら，である。今こそ，心の癒やしのメッカとして市全

体の興隆を図っていくことが期待されるのである。

注
1 ）梅原猛（1996）『日本とは何なのか』（p. 19）は，神道は自然崇拝の宗教であり森の宗
　　教であると述べている。また，薗田稔（1998）『神道 日本の民族宗教』（p. 7）は，
　　自然と人事が一体化した，日本風土に結びついて日本のコスモロジーが形成され，
　　神道の基盤をなしていると述べている。
2 ）宮崎市発行『神話のふるさと みやざき』（2015.11.1），http://www.kanko-miyazaki.
　　jp/shinwanofurusato/hometown.html/（2015 年 11 月 22 日アクセス）。
3 ）日向三代については，神野志（1994），pp. 6-8 による。
4 ）例えば，宮崎県発行（2015）「神々が舞い降る天孫降臨」『ひむか神話街道』，http://
　　www.kannko-miyazaki.jp/kaido/50story/shinwa/010/（2015 年 11 月 22 日アクセス）
　　では，この説を紹介している。
5 ）「宮崎市」の産業については，宮崎市役所，（公社）宮崎市観光協会の資料を参考にした。
6 ）これは，『宮巡〜神主さんが作る宮崎県の神社紹介サイト〜』（2015）から，「宮崎市」
　　のものを取り出し，整理したもの。http://m-shinsei.jp/modules/gnavi/index.
　　php?cid=1/（2015 年 11 月 22 日アクセス）。
7 ）この項は，注6）の『宮巡〜神主さんが作る宮崎県の神社紹介サイト〜』，宮崎市，
　　美々津市，日南市の観光協会サイトを基にしている。
8 ）この系図は，神野志（1994），p. 6 などを参照している。

参考文献
一条真也（2008）『パワースポット「神社へ行こう」』PHP 研究所。
神野志隆光（1994）『古事記をよむ 下 NHK 文化セミナー「歴史に学ぶ」』日本放送出
　　版協会。
渋谷申博（2008）『おもしろいほどよくわかる日本の神社』キャプス。
薗田稔編（1998）『神道 日本の民族宗教』弘文堂。
樋口清之・伊沢元彦（1995）『神道からみた この国の心』徳間書店。
三橋健（1997）『わが家の守り神』河出書房新書。
宮崎市観光協会「交通アクセス 九州内からのアクセス」http://www.miyazaki-city.tourism.
　　or.jp/traffic/index2.html（2015 年 11 月 22 日アクセス）。

第Ⅴ部

総括編

第15章 スピリチュアルゾーンブランドのコンテクスト転換

原田　　保
立川　丈夫
西田小百合

はじめに～3つの分析枠組みの確認

　前章まで，多くのパワースポットに関する事例分析と，それを捉えた地域デザインの方向性について議論してきた。本章では，これらの事例の論述にあたって設定された分類枠組みを確認してみたい。これらは，第1が神秘，第2が秘教，第3が神話という3つの枠組みであった。

　よく考えれば，本書で論述した神社や仏閣のようなほとんどのスピリチュアルなパワースポットは，これら3つのアプローチ軸のすべてと深く結びついている。しかし，本書はこれらのパワースポットを活用した地域価値の発現を指向した著作であることから，とりわけゾーンデザインにおいて最も有効に活用できると考えられるものをひとつにフォーカスした考察を行ってきた。それゆえ，事後的な説明になるが，このことを改めて確認しておく。

　このように，パワースポットというトポス，とりわけ神社には，これらの3つの要素がビルトインされている。それゆえ，パワースポットを地域デザインに活用する際には，これが存在するゾーン全体に対して神秘，秘教，神話をコンテクスト転換の側面からスピリチュアリティを拡張していくことが，戦略的な課題への対応になる。

　このような問題意識から，本章ではスピリチュアルゾーンを特徴づける2つのコンテクストに関する考察を試みる。具体的には，第1が圧倒的な妥当域に支えられるスピリチュアルトポス，第2がスピリチュアルトポスに見出される編集域についての議論である。

第1節　圧倒的に強力な妥当域に支えられているスピリチュアルトポス

　多くの神社や仏閣が人を引き付けることができるのは，これらが通常の施設や場所とは比較にならないほどの大きな妥当域を持っているからである。これが大きければ大きいほど，より多くの人々をより遠くから引き寄せることができ，これを活用して組織の拡大も追求できる。これが，スピリチュアリティを見出せるトポスに装備されている優位性である。これは，近年全国各所に見出されるマンガやアニメなどの聖地とは異なるものである。つまり，前者の妥当域はスピリチュアリティであり，後者の妥当域はスターシップである。そこで本節では，このスピリチュアリティによる妥当域についての考察を試みたい。具体的には，第1が妥当域についての概括的理解，第2がカトリックの神父に見出せる妥当域，第3が幸福会ヤマギシ会に見出される妥当域についてである。

(1)　妥当域についての概括的理解

　ここで取り上げる妥当域とは，ある特定の主体が，その背中に背負っている権力によって自身が他者に対して行使できる範囲のことである。これは，例えば一国の総理大臣や会社の社長になれば，その人の個人的な能力の範囲を超えた多大なパワーを発揮できることに類似する概念である。また，これは遠い過去から人間社会の秩序維持や権力の正統化のために多様に使用されてきた概念でもある(以下，原田，2001)。

　例えば，江戸時代にはわが国は幕藩体制によって国家の秩序が維持されていた。ここで注目したいのは，各地に飛び地的に存在する天領[1]の存在であり，

　その監督官であると考えられる代官[2)]の存在である。代官の管理地域の周りは大名の所領である藩に囲まれているが，当然ながら藩は代官には何の手出しもできない。また，天領の領民に対する支配力は通常の藩よりは強力であり，代官は領民に対して絶対的な支配力を保持していた。

　天領は文字通り将軍が直接支配する所領であり，国家レベルで戦略的に重要な地域に置かれていた。それゆえ，大名よりもはるかに禄高が低いにもかかわらず，代官は大名を凌ぐほどの権力を発揮することもできた。これは，下世話な言い方をすれば，虎の威を借る狐とでもいえるが，自身の背中にきわめて多大な権力を背負っていることに依拠した権力行使にほかならない。将軍は国で一番大きな権力を保持していたことから，これを自身の妥当域にしている代官はそれに匹敵する権力を行使できることになる。

　この仕組みは，当事者の力を超えて多大な力を現出する権力創出装置のようなものであり，これを巧みに運用すれば，他者に対して強力な影響力を行使できる。このような仕組みは，多くの人々を遠くからも引き寄せることのできる力を保持することができ，またこれとの関係から権力主体は多大な利益を獲得することもできる。その意味では，これはまた経済利益創造装置にもなっている。

　このような支配のための装置は多様に構想できるが，特にスピリチュアルなトポスでは，その背景に何らかの宗教的権威が存在していることが多く，それゆえ他者に比較して圧倒的に強力な支配力を構築できる。例えば，神社の拝殿の前方には神が宿る神聖な山が存在するため，その拝殿はきわめて神聖な場所であるとされる。このように，神聖な場所にスピリチュアルな力が顕在化するのは，その背景に圧倒的な権威が見出せるからである。多くの場合には，これが大きければ大きいほど望ましいということになる。それゆえ，わが国においては伊弉諾尊や伊弉冉尊，あるいは天照大神の祀られている神社が，スピリチュアルなトポスとして特段大きな権威を保持している。また，庶民レベルの宗教においても，全国各地に見出せる八幡神社は，庶民においても多大な妥当域を保持する存在を欲していることの証左であろう。

　このように，妥当域の構築がトポスに特段の力を与えることになることから，

この妥当域が多大であればあるほどよいということになる。たとえば，大きな宗教組織は全国各地にその影響力を行使できるシステムを確立できる。これは，スピリチュアルなパワーがその範囲を超えて，政治的，経済的，そして文化的かつ社会的な力を包含することを意味している。

(2)　カトリックの神父に見出せる妥当域

　本書で取り上げた事例は日本のものに限定されているが，スピリチュアルといえば西洋に根づいたキリスト教を巡る妥当域の議論が不可欠となる。例えば，キリスト教の教会は歴史があり，トポスとしての存在感が大きいものも数多く現存する。それゆえ，スピリチュアルゾーンの研究では，本来教会を捉えたゾーン形成の分析が必要になるが，これについては今後の課題としたい（原田，2001）。

　ここでは，キリスト教のなかでもカトリック教会における神父[3]と信者との関係について考察を加えていきたい。なぜ，神父が謙虚な信者から多大な尊敬の念を獲得できているのか。その理由としては，神父が尊敬に値する人であることは言を待たないものの，彼の背後にイエス・キリストが存在していることが考えられる。

　見方を変えれば，神父は神であるイエス・キリストの力を借りて信者に対する支配的な関係を確立していることを意味している。また，ある信者が信頼される中核的な構成員である場合には，その信者の家族全体に対しても支配的な関係を構築できる。このように，信者の保持する妥当域の存在によって，自身の力を超える影響力を他者に対して行使できるようになる。

　こう考えると，トポスが影響力を他者に対して行使するには，自身の背中に保持する妥当域が多大であれば多大であるほど望ましいことになる。そして，トポスの妥当域が多大であれば，トポスがその影響力を行使できるゾーンも拡大していく。これから理解できることは，ゾーンデザインがトポスの保持する妥当域に大きく左右されるということである。

　観光ビジネスでは，日本の神社や仏閣はヨーロッパの教会とグローバル競争

に晒されている。その意味では，これらの競争の行方はそれぞれのトポスが保持する妥当域の大きさに影響を受けると考えられる。また，この妥当域による影響力の大きさを巡る競争という点では，教会も神社・仏閣においても全く同様の地平における戦略展開が主体になっている。このような認識から，日本の宮島（廿日市市）とフランスのモン・サン＝ミシェルは相互に提携関係を構築しているわけである。

(3)　幸福会ヤマギシ会にも見出される妥当域

　ここでは，宗教とは異なるが，その組織の主宰者が宗教の教祖と同様な影響力を行使する組織を捉えて，妥当域についての考察を試みる。これは，かつて山岸巳代蔵によって設立された集団の妥当域に関する考察である。たとえ組織が宗教的なものでなくても，これと同様に創設者の影響力を活用して多大な妥当域が構築できる事例である（原田，2001）。

　このヤマギシ会における組織運営は，基本的には創始者の巳代蔵の構築したものが踏襲されている。これは，彼のカリスマ的な要素に依拠して創造された

図表 15-1　ヤマギシ会にみられるビジネスモデル

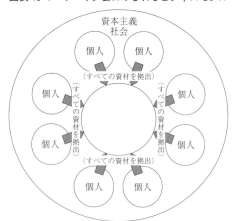

出所）原田（2001），p. 141，図-6 を一部改変

ものであろう。このヤマギシ会は，共同組織型の農業法人とでも言えるものである。かつての中国共産党が始めた農村経営に見られる共同体に近いものであるが，近年では中国サイドがその共産主義的運営を学ぶために訪れるような優れた共産主義の農業運営組織であるとされている。

　ここでは，個人の財産所有は基本的には認められておらず，組織の共同財産として管理されることが義務付けられる。そのために，時にはここに参加する会員の家族との間でトラブルが生じることもある。ここでは，個人の組織への取り込み方が宗教組織よりもはるかに厳格であり，また会員に対する組織的な支配が確立している（図表15-1）。

　ヤマギシ会では，このような仕組みによって，数百名の人が広大な地域でかつての循環農法を採用した共同作業がなされている。この循環農法で作られた農作物や加工食品は，全国の5万人ほどの会員に利用されている。また，ここでは会員との関係も他の農業組織に比較して圧倒的に強い形態になっている。これは，会員に対してヤマギシ会の求心力が完全に機能していることを意味する。

　ヤマギシ会は，共産主義の本場である中国からも注目されるほどのトポスが保持する求心力とこれを起点とした影響ゾーンの拡張性を提示している。これは，組織としてスピリチュアルな活用が展開されているためである。宗教組織と同様に，トポスの人間に対す影響力やトポスのゾーンへの影響力，そして人を引き寄せる組織構築を行う点で，大いに参考になる。その意味では，このヤマギシ会は宗教組織よりも妥当域が大きいとも考えられる。

第2節　スピリチュアルトポスに見出される編集力

　前節の議論から，トポスの組織への求心力と外部への影響力の大きさが宗教組織やある種のカリスマ型組織の特徴であることを理解できたであろう。これはすなわち，彼らの他者に対する関係編集能力の圧倒的な優秀さを示している。自らの価値観に周りの人を洗脳していくような仕組みがスピリチュアルな組織

には内包されている。本節では，このスピリチュアルなトポスが保持する関係
編集能力について，コンテクストの視点から考察を行いたい。具体的には，第
1が伊勢神宮の成功要因，第2が山と神社との関係形態，第3がスピリチュア
ルトポスとスピリチュアルゾーンの関係性の議論である。

(1) 伊勢神宮＝日本最強のスピリチュアル神社の成功要因

　神社や仏閣，そして教会においては，これらが保持するスピリチュアリティ
によって，全国的に，そして世界的に多大な存在感を見せている。人々は，こ
のスピリチュアルトポスに引き寄せられ，古代から各所で巡礼による信仰のた
めの仕組みが確立してきた。このため，全国的なレベルで，交通や宿泊への対
応が各スピリチュアルトポスやその関係者によって行われてきた。これは俯
仰（ぎょう）の旅であり，また神に触れる経験を指向した旅であった。観光旅行は，この
ような宗教体験を指向する人々の行為からはじまったものである。

　いつの時代においても，遠方の各所から数多くの人々を誘引することができ
る，最も人気のあるスピリチュアルトポスが存在する。このトポスが神社や仏
閣，そして教会などであり，時代とともに変化することもあるが，その人気が
現在に引き継がれているものも多い。わが国で，古代からずっとこのような位
置を維持してきた代表的なスピリチュアルトポスのひとつが伊勢神宮である。

　伊勢神宮が全国から数多くの信者や観光客を引き付ける理由として，以下の
2点を取り上げることにする。ひとつめは，伊勢神宮に祀られている天照大神
が日本における神としてきわめて高い地位にあることである。次に，伊勢神宮
は，古代から天皇のための神社であり，日本で最も格式がある神社としてのア
イデンティティを確立してきたことである。

　伊勢神宮は，崇神天皇[4]の命によって倭姫命[5]によって祀りの場の探索がな
され，その結果伊勢の地に大神である天照大神を祀ることが決定されたといわ
れている。そして，大神という神が祀られる神社ということで別格なものとし
ての位置を獲得している。それゆえ，天皇に治められたわが国の国民にとって
は，特別の畏れや憧れを感じる最もスピリチュアルな神社として，コンステレ

ーションのように心の奥底に深く刻み込まれた(渋谷，2007)。

　また忘れてならないのは，伊勢神宮関係者により人々を引きつけるための戦略的対応が行われていたことである。江戸時代には庶民の生活水準が高まり，多くの人々が信仰と遊興を兼ねた旅に出る機会が増加した。そこで，各神社においてはこれらの人々を誘引するために，旅に関係する宿泊や歓楽などのサービスを提供するようになった。

　御師とは，社寺に所属して参拝者の参拝，宿泊，案内等のサービスを行う者のことであり，この仕組みを活用したシステムビジネスともいえる観光ビジネスが展開された。当時の物見遊山や巡礼を行う人々の吸引装置の構築戦略，つまり御師による地方のお伊勢参りの囲い込み戦略が行われたのである。この当時の伊勢の御師_{おんし}は，当時のライバルであった富士の御師_{おし}と双璧と言えるほど数多くの人々を，参拝という名目を前面に押し出して，伊勢神宮に引き寄せるための旅行エージェント的な機能を担っていた(図表15-2)。

　このように，伊勢神宮では，有能な御師が伊勢神宮と遠国との連携に成功し，伊勢神宮は圧倒的な競争優位を確立できた。この伊勢神宮に代表される各神社のいわば全国御師ネットワークの確立が，多くのトポスの中においては神社の

図表 15-2　御師による伊勢神宮と各地の講の連携

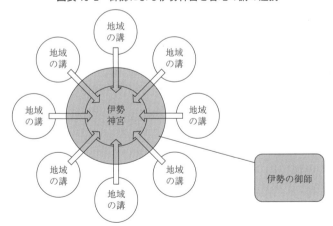

圧倒的優位性を確立させることになった。これこそが，伊勢神宮をはじめとする神社のトポスとしての価値発現を可能にしたのである。しかし，明治になって御師に対する規制がかけられたために，伊勢神宮においても集客装置とでもいえる神社への顧客誘引システムが崩壊してしまった。これに代わる新たなトポスへの顧客誘因方法が必要となり，これによって次第にトポスがあるゾーンの充実や拡大が行われた。

(2)　山と神社との関係形態＝伊勢神宮，富士山，大神神社の比較から

　庶民の旅が日常的に行われるようになった江戸時代において，最も隆盛を誇ったスピリチュアルトポスに霊峰富士があった。この霊峰は，江戸時代には伊勢神宮と並び称されるほどの人気トポスとして全国から多くの人々を引きつけていた。また，ここの御師は伊勢神宮の御師と同様に優れた活動を展開したために，当時の人々は安心して富士講に参加できた。

　富士講では，わが国最大級の強力なスピリチュアルトポスの存在と，トポスの繁栄の要因が優れたアクターである御師の活動による貢献が大きかった点がお伊勢参りとの共通の特徴である。一方，伊勢神宮は信仰の主体が神社自体であるのに対して，富士山には著名な浅間神社[6]があるものの，主たる信仰の対象は霊峰富士である点に差異が見出せる。

　また，このことから，わが国における山と神社の関係についての特徴も見出せる。その好事例として，奈良県にある大神神社があげられる。これには，わが国における山に対するアニミズム[7]的な信仰が反映していると推察できる。大神神社の祭神は大物主大神[8]であるが，この神社は古くから関西地方では格式の高い神社であり，また人気もある著名な神社として全国的に知られている。ここでは三輪山が神聖なトポスであり，これに伴い大神神社もスピリチュアルトポスとして隆盛するようになったと考えられる。そして，あくまでも山が主であり神社が従であって，またこれらがワンセットであるというような関係が現出している（図表15-3）。さらに，この大神神社はわが国の初期の頃の神社に見られる特徴として本殿がない構造になっており，山を仰ぐ拝殿しか必要がな

図表 15-3　神社と山がセットである大神神社と三輪山

い神社である。

　ここで，富士山の浅間神社と三輪山の大神神社との関係の相違についてみて
みよう。両者は形態的には山と神社がワンセットであるように思われるが，そ
の関係は両者で異なっている。前者の富士山の場合には，その神社の創設理由
が，富士山のスピリチュアリティを恐れ仰ぐことから創設されたのではなく，
地震の前触れのような大きな山のうなりに対する恐れから創設されたと言われ
ている。つまり，目的は厄除け的なものであり，山そのもの霊性に対して全面
的に信仰することではなかった。これが，大神神社と比較して，浅間神社に神
社としてのありがたみをやや低く感じてしまう理由である。

(3)　スピリチュアルトポスとスピリチュアルゾーンの関係性

　スピリチュアルトポスのトポスとしてのパワーは，例えば神社に祀られてい
る神の格式と，神社と全国各地を結びつけるアクターである御師などの能力に
左右されることが理解できたであろう。しかし，トポスとしての神社や仏閣，
あるいは教会が，それぞれ自らを中心にしたゾーンのブランド形成において，
いかほどの影響力を保持しているのかという疑問が生じる。

　本書で取り上げた事例は，トポスがゾーンブランドの形成に有効に貢献して
いるものを集めている。そのなかでも，特にスピリチュアルトポスと同様の名
称がついているのは，伊勢神宮と伊勢市，日光東照宮と日光市，秩父三山と秩

父市，白山神社と白山市，身延山久遠寺と身延町，出雲大社と出雲市，宮崎神宮と宮崎市である。これらについては行政単位の地域名称とトポスの名称が同じであることから，トポスによるゾーンブランドへの活用か，ゾーンによるトポスブランドへの活用かのいずれかによる戦略的な対応はさほど難しくはない。

検討が必要になるのは，トポスとゾーンの名称が異なっている場合である。例えば，著名なトポスが数多ある東京や京都のようなゾーンにおいては，トポスブランドをゾーンのブランディングにダイレクトに活用する必要はないが，新潟市と弥彦神社の場合にはかなり難しい。ゾーンとして新潟市を前面に出しても，弥彦神社には大きなメリットはない。また，両者間に明確な関係編集はできず，そもそも新潟（ここでは市）というゾーンは，政令指定都市では北九州や相模原と同様にブランド価値が見出せないゾーンである。それゆえ，弥彦神社は新潟県西蒲原郡弥彦村にあることを踏まえ，狭域なゾーンに沿いながら，これとトポスの名称を合わせることが望ましい。

また，多様な対応が可能なため，戦略的な絞り込みが困難な場合もある。例えば，熊野三山を大きなトポスと考える場合がそうである。熊野三山とは熊野本宮大社，熊野速玉大社，熊野那智大社のことであり，それぞれの神社は田辺市，新宮市，那智勝浦町に位置している。しかし，観光客にとっては三山がどの市にあるのかはほとんど問題にはならない。それゆえ，行政単位の地名のゾ

図表 15-4　熊野三山を捉えたゾーンデザイン

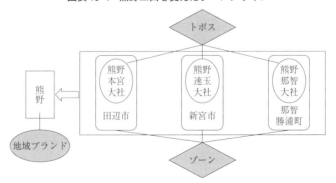

ーンとしての活用には無理が生じてしまう。このような場合には，熊野三山は
すべて名称に熊野という地名が入っていることから，歴史的，文化的にはひと
つのゾーンとしての熊野ゾーンを構想するのが常識的な対応であろう（図表15-
4）。

　こう考えると，ここでの戦略は世界文化遺産である熊野三山をひとつのトポ
スとして，3つの行政単位の地域をまとめて「熊野（戦略ゾーン）」とするゾー
ンデザインを行うことが現実的な対応になろう。したがって，熊野三山につい
ては，熊野という地域ブランドを前面に打ち出した地域デザインを展開すべき
である。

　しかし，ここには世界遺産を捉えたゾーンとして多大な問題点がある。世界
遺産に登録されているトポスは，和歌山県に含まれる高野山と熊野三山，そし
て奈良県に含まれる吉野である[9]。この文化遺産ゾーンをゾーンブランド化す
ることも戦略レベルでは問題ない。とはいえ，吉野は奈良県に含まれるため，
どちらかというと吉野と大峯をワンセットにしたブランディング（吉野・大峯）
が望ましいと考えるだろう。したがって，少なくとも日本人に対しては，これ
と高野山を切り離して，単独でトポスの熊野三山とゾーンの熊野というブラン
ディングを行うことが最適な対応になろう。

　もちろん，個々のトポスとゾーンの熊野三山の関係は個々には異なってくる
だろう。トポスとしてもゾーンとしても，いかなる戦略を展開するのかはかな
り難しい課題である。それゆえ，ここでの戦略構築には，優れた地域プロデュ
ーサーの登場が大いに期待されている。

おわりに〜トポスが先か，ゾーンが先か？

　地域デザインをコンテクストによって展開するには，既存のコンテンツから
いかに多大な地域価値を現出するかが最大の課題になる。それは，地域活性化
や地域再生という問題が，地域価値をいかに増大させるかということとほぼ同
義だからである。ここで問題になるのは，これらの主だったデザイン対象が行

政単位，すなわち市町村や都道府県であるということである。このような地域
単位が，地域価値発現のために最適な単位であるとは限らない（原田，2014）。

　そこで，ゾーンデザインという考え方の活用が大事になるのである。ゾーン
デザインとは，簡単にいえば，地域価値を最大化するような特別な区画を設定
しようとする方法である。それゆえ，これに依拠すれば，地域デザインの対象
は既存の行政単位をいかようにも超えられる。

　われわれが直視すべきは，繁栄する地域もあれば，また衰退する地域もある
という事実である。すでに人口半減が現実になりつつある昨今，このような冷
静な考え方を持つことが不可欠となる。そこで大事になるのは，地域デザイン
を行う際にトポスを先にするのか，それともゾーンを起点にするのかというこ
とである。もちろん，これは個々のケースによって異なった対応が必要になる
ことは確かであろう。本書で取り上げた事例においても，トポスを起点にした
方がよいケースもあれば，ゾーンを起点にした方がよいケースもある。そうな
ると，これを的確に嗅ぎ分けるのは，地域プロデューサーの仕事となってくる。
この地域プロデューサーの役割を地域デザイン学会が担いたいというのが，本
学会の希望なのである。

　これにはいくつかの段階的な解もあるため，これをいかに積み上げていくか
が今後の課題になる。すでにわかっていることとして，以下のようなものがあ
る。それは，例えば世界遺産や強烈なスピリチュアルトポスが存在する地域に
おいては，トポスを地域デザインの起点にすべきであり，瀬戸内やアルプスの
ような県単位を超えたコンテクストで表現できる地域についてはゾーンを地域
デザインの起点にすべきであるということである。

　また，わが国においてはスピリチュアルトポスが数多く存在することから，
これを地域デザインに活用することは当然の対応であろう。もちろん，宗教に
関わる問題であるため調整が困難な課題も数多くあるだろうが，これは克服す
べき課題として捉えながら，関係者との間にコラボレーションを指向すること
が期待される。スピリチュアルトポスやスピリチュアルゾーンを地域デザイン
に持ち込むということは，このような困難に対して立ち向かわなければならな

いことを示している。

注
1）江戸時代の江戸幕府直轄領であり，幕府領，幕領とも言われる。
2）一般的には，領主に代わって任地の事務を司る者や，その地位のことである。この場合には，将軍である征夷大将軍の代理となる。
3）カトリックに見られる特徴のひとつである。
4）第 10 代天皇。
5）第 11 代垂仁天皇の第四皇女である。
6）正式名称は，富士山本宮浅間神社である。
7）これは，生物・無機物を問わないすべてのものの中に霊魂，もしくは霊が宿っているという，わが国独自の宗教観である。アニミズムそのものは，世界各地にみられ，現在でも脈々と生き続けている。
8）大国主命のもうひとつの姿と云われ，大黒天とも呼ばれる。古くから国の守護神である一方で，祟りもなす強力な神である。
9）世界遺産としての正式名称は，紀伊山地の霊場と参詣道である。

参考文献
渋谷申博（2007）「天皇のための神社・伊勢神宮」鎌田東二監修『面白いほどよくわかる日本の神社』キャップス，pp. 134-139。
原田保（2001）『場と関係の経営学　組織と人材のパワー研究』白桃書房。
原田保（2014）「地域デザイン戦略論のコンテクスト転換」地域デザイン学会誌『地域デザイン』第 4 号，pp. 11-27。

第16章

スピリチュアルゾーンデザインの発展方向

原田　　保
西田小百合

はじめに〜トポスとゾーンをめぐる問題意識

　前章で論じたように，本書で試みられるスピリチュアルゾーンデザインの特徴は，コンテンツではなくコンテクストに依拠していることである。本章では，このようなコンテクストによって価値発現を可能にするゾーンデザインにおいて，その起点になっている神社などのスピリチュアルトポスが存在するゾーンをスピリチュアルゾーンとして成立させているアジール(聖域)性についての考察がなされる。スピリチュアルトポスにはアジール性が充満していることがその所以であり，このアジール性が強ければ強いほどスピリチュアルトポスは，ゾーンに対してその影響力を広範に行使できるだろう。

　このような認識から，スピリチュアルトポスが保持するアジールの本質的理解と，このアジールの地域デザインにおける可能性が議論される。アジールとは，古代ギリシア時代から西洋において脈々と流れてきたものだが，これは日本の神社においてもまったく同様に脈々と受け継がれている。これは，時の権力主体が権力的支配を正面切って権利を主張しづらいトポスとして，公界ともいえる位置づけが行われている。つまり，アジールではすべての人は神の前に平等であり，時の権力主体にほとんど縛られない状況が担保されていることが

特徴になっている。

　したがって，スピリチュアルトポスは，民衆にとっては憧れの場所になり，多くの人が苦難を伴っても訪れようとするようなパワーを内蔵している。これらを踏まえて，トポスのパワー論からの考察が行われ，これらのパワーの最大化を指向すべくゾーンの戦略的デザインの方法が提示される。この際に，議論の中心になるのが，権力のコンテクスト転換による価値発現方法の地域デザインへの戦略的活用である。このような観点から，以下の2点についての考察が行われる。具体的には，第1がアジールなトポスに見出されるスピリチュアルなパワー，第2がドイツのロマンティック街道から学ぶコンテクスト統合についてである。

第1節 アジールなトポスに見出されるスピリチュアルなパワー

　アジールは聖域であるということから，通常宗教との密接な関係が見出せる。それゆえ，西洋においては教会の存在が，日本においては神社や仏閣の存在が，アジールの成立には不可欠であるとされてきた。しかし，近年では例えばアニメの聖地に代表されるように，宗教的なものとは何ら関係なく，疑似的な聖なるパワーを保持する非宗教的な領域が注目されている。地域デザインにおいては，これらのスピリチュアルなパワーの発現の主体としての活用も可能になっている。このような認識から，以下においては，第1に宗教権力が公権力の支配から逃れるためのツールとしてのアジール，第2にアジールに見出される特徴としての「無縁・公界・楽」，第3に宗教，政治，そして芸術をめぐるパワー関係が論述される。

⑴　アジール＝宗教権力が公権力の支配から逃れるためのツール

　アジールなトポスとは，俗界の大きな権力である政治的な権力から距離のある存在として独立性が認められている場所である。それゆえ，アジールでは，そこにいる人々は政治的権力から解放された自由を謳歌し，またこの自由によ

図表 16-1　中央＝政治権力から地方＝宗教権力

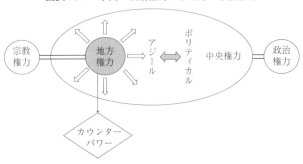

って生きる存在主体である人間としての精神的な活力の獲得や，これを踏まえた明日への希望の獲得ができる。つまり，アジールなトポスはこれが保持する聖なるパワーを個人に対して付与する超常的パワーの移転装置である。

　多くの人は，自身の生をいきいきと生き抜くためにアジールの醸し出すパワー，つまり霊性（スピリチュアルなパワー）に触れたいと望む。それゆえ，全国的に各地からアジール性が強いトポスに向けた多様な旅が生まれ，これに伴い宿泊施設も生まれてきた。このように，アジールは地域の産業振興に貢献しており，多くの人々がそこに吸引されていった。このようなアジールが中央権力に支配されない独自のパワーを発揮するためには，アジール性の強いトポスとしての中央権力からの独立性の獲得と，その存在する地域に対する独自の影響力の行使が必要となる。つまり，アジール性の強いトポスとして機能するためには，オルタナティブなパワーとしての中央権力からの独立性を獲得できるパワーを保持することが必要になる（図表 16-1）。

　同様に，地域におけるトポスがパワーを獲得するためには，中央あるいは地方の政府に対するカウンターパワーの発揮が不可欠になる。それゆえ，アジールを強力なカウンターパワーに仕立てていくための不断の努力が要請されてくる。その意味では，アジールは，トポスにとっては闘争力をレバレッジにしながら，可能な限り多くの人々を自身に引き寄せるための戦略的な要素になる。

　例えば，地域が何らかの方法によって中央から権力を奪取できるなら，地域

のトポスに多大な吸引力を保持するゾーン形成ができる。そうなると，アジールを地域が戦略的なツールとしていかに活用できるかが地域のブランディングにおいて課題となる。その意味では，特に地方のアジールなトポスが大きな吸引力を人々に発揮するには，地方権力の中央権力への闘争，そして宗教権力の政治権力への闘争が必要になる。

(2)　アジールに見出される特徴としての「無縁・公界・楽」

　それでは，このようなアジールなトポスに見出される特徴を，網野(1994)の中心的な「無縁・公界・楽」の考え方から導出していく。網野(1994)の歴史観はきわめて特異なものであるが，彼の考え方は西洋のアジール思想に影響を受けている。それゆえ，特に中世の捉え方は，公的権力に対する私的権力の闘争が突出している時代認識に依拠している。

　網野(1994)によれば，戦国時代以降において権力者が保持するパワーを公的な権力(公権)として発揮させざるをえなかった理由は，社会のなかで活動する人民の保持する対抗的なパワーの存在であった。また，これらの人民の保持するパワーの源泉は，権力者が容認せざるをえなかった「無縁・公界・楽」にあった。このような網野の考え方を捉えたものが，図表 16-2 である。

　この「無縁・公界・楽」における関係は，既存の主従関係や親子関係などに見られる決まり事としての個人に対する縛りからの脱却である。無縁とは，まさに縁によって縛られないという意味で無縁なのである。この「無縁・公界・

図表 16-2　無縁＝関係のコンテクスト＋公界・楽＝場のコンテクスト

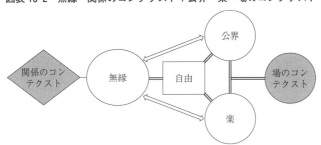

楽」の特徴として，不入権，地子・署役免除，自由通行の保証，平和領域・平和集団，私的隷属からの解放，賃借関係の消滅，連座制の否定，老若の組織化がある。これらこそが，日本の戦国時代に強く現出していた，権力で民衆を完全に縛ることは困難であることを示す証左である（網野，1994）。このような状況は，地域や時代にはまったく関係なく，多様な形態で現出する。

　これら3つの概念のなかでは，最初の無縁が関係に関わる概念であるのに対して，続く公界や楽は場を強調する概念である。それゆえ，公界や楽についてはトポスとしての性格が強く表れる。つまり，関係概念の無縁と場概念の公界と楽をセットとして捉えれば，これは場と関係のオルタナティブな解釈になる。これらのうち，特に後者の楽については元来極楽浄土[1]を構成する十の楽，つまり極楽[2]を示していた。前者の公界は，仏教関係者が使用する仏界に対する対抗概念であり民衆が使用する場として捉えられるが，多くは俗界とは縁の切れた修行の場としての役割が強く見出される場であった。

　しかし，公界も楽も権力者との関係によって，そのポジションは多様に変化していく。それは，民衆のパワーと権力者のパワーが対抗関係にあり，それらが時代によってどちらかに傾斜するからである。わが国では，戦国時代以降には，公界は寺院によって，また楽は武家によって，ともにパワーを奪取されてしまった。その意味では，公界や楽が強いパワーを保持していた時代は，民衆のパワーが強かったといえる。

⑶　宗教，政治，そして芸術をめぐるパワー関係

　これまでは，スピリチュアルトポスに見出されるアジールと無主・無縁の人々によって影響を受けてきた公界と楽についての考察が行われた。本項では，これらを踏まえて地域への影響力の行使に関する議論を行いたい。すなわち，各トポスの支配力とその存在する地域に対する影響力に関するパワー論からの考察である。

　わが国における神社や仏閣，あるいは西洋や中東における教会やモスクはスピリチュアルトポスとして存在する。これらはすべて，それぞれに存在する地

域に対して宗教を梃にして人々に対して多様で多大な影響力を行使してきた。しかし，地域の人々に影響力を行使する場としては，これ以外にも政府や地域の行政機関がおかれる城や行政府，あるいは大学や博物館などの文化・芸術関連施設などが存在する。そうなると，実際にゾーンデザインを展開する際には，少なくとも工業や農業などの産業で地域のブランディングが困難な地域では，これら3要素の戦略的な活用，場合によっては統合的活用が不可欠になる(図表16-3)。

　わが国では，第二次産業や第三次産業によって地域デザインを行うことが困難な地域においては，スピリチュアルトポスを戦略的に活用した地域ブランディングが有効である場合が多く見出せる。例えば，伊勢市のようにそこに存在するトポスが国全体に影響力を行使できるような場合には，唯一のアジール性の強い場所としての伊勢神宮が伊勢ゾーンのブランディングにおける唯一のトポスになる。また，例えば熊野ゾーンを行政の範囲を超えて設定すれば，そこに異なる3つのスピリチュアルトポスとしての神社(熊野本宮大社，熊野速玉大社，熊野那智大社)が一体となってゾーンブランディングを促進するトポス群になる。

　別の事例として，神田[3]について考えてみる。神田のように，明治大学，日本大学，東京電機大学などの大学群とこれに続く神保町の古本屋街，かつては電気街として，そして近年はアニメ&ゲーム街として著名な秋葉原，そして商売繁盛の神社である神田明神や正教会の大聖堂であるニコライ堂，さらには順天堂大学医学部附属順天堂医院や東京医科歯科大学医学部附属病院などの大病

図表16-3　地域の宗教・政治・芸術のパワー関係

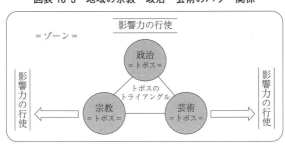

院群などが，複合的・重層的なトポス群を形成している場合には，一体いかなるブランディングを行うべきか。この場合には，神保町と秋葉原については神田ゾーンのトポスとしての扱いではなく，むしろそれぞれが独立した狭域ゾーンとして捉える方がよいと考えられる。

このように，ゾーンにスピリチュアルトポスの他にも多様なトポスが見出される場合にも，スピリチュアルトポスをコアにしたスピリチュアルゾーンの設定は可能である。しかし，このようなゾーン形成を可能にするには，スピリチュアルトポスとしての神社や仏閣，あるいは教会やモスクが他のトポスに比較して圧倒的な吸引力を保持する強力なアジール性を発現していることが必須の条件になる。

第2節　ドイツのロマンティック街道から学ぶコンテクスト統合

トポスの種類やトポスの保持するパワーの大きさによって，いかなるトポスを中心にしてゾーンデザインを行うのか，あるいはいかに複数のトポスの連携を行うのかは異なってくる。それゆえ，地域デザインを行う際には，このような課題を解決するための地域プロデューサーが必要とされている。

本節では，このような課題を解決した事例を紹介すべく，ドイツのロマンティック街道の事例について，コンテクストから読み解くことにした。具体的には，第1が「ローマ街道」から「ロマンティック街道」へのコンテクスト転換，第2がロマンティック街道に見出せる多彩なトポスの魅力，第3が広域ゾーンとしてのロマンティック街道の権力構造についてである[4]。

(1) 「ローマ街道」から「ロマンティック街道」へのコンテクスト転換

ここで取り上げるロマンティック街道(Romantische　Storabe)は，現在ではドイツ国内のみならず，日本をはじめ世界中から数多くの観光客が訪れる地域として大変有名である[5]。このロマンティック街道が，もともとはローマ[6]に

通じる道(ローマ街道，Via Romana)であったことを知っている人は，おそらく西洋史に関心がある人だと思われる。このように，ロマンティック街道は，元来はローマ時代に作られた政治的・軍事的，さらには経済的な目的から構築された，きわめて国家政策的色彩が濃厚な統治のための街道であった[7]。

　この街道の存在は，ローマ帝国の政治的・宗教的な影響力がドイツ西部にまで及んでいたことを示している。このような本来では観光とはまったく無縁であると感じられる街道が，現在ではヨーロッパにおける観光のための街道として，確固たるゾーンを確立したことには驚きを隠せない。そこで，当初は政治や軍事目的などで構築された街道が，いかにして観光のための街道へと転換できたのかを考えてみたい。

　ドイツの高速道路であるアウトバーンは，悪名高きヒトラー(A.Hitler)がつくったものであり，ナチス唯一の遺産ともいわれる。これは主に軍事目的で構築したものであることから，きわめて機能性が高く優れた道路である。しかし，第二次世界大戦後には，皮肉にもこの道路を使用して多くのドイツ人が隣国などに観光に行くようになってしまった。その結果，ドイツ西部への観光客は激減し，この地域の経済状況には多大な問題が生じた。

　そこで，ドイツ国内からドイツ人の流出を食い止めるために構想されたのが，ロマンティック街道である。かつてのローマ街道は，アウトバーンが存在しない，アウトバーンの少し西側にあるさほど広くはない道である。この街道は，複数のロマン溢れるトポスを結びつけるための新たな意味が付与されて，ロマンティックな街道という新たなコンテクスト創造によって再生された。今では，ロマン溢れる街道というイメージが完全に定着している。こうして，中世以来の歴史があるトポスが数多くあるロマンティック街道を捉えたゾーンが，世界的な観光ゾーンとして地位を確立している。

　この街道沿いには，日本人も好むトポスとして，古城(ノイシュヴァンシュタイン城，ホーエンシュヴァンガウ城など)，教会(カトリックとプロテスタント)，そしてメルヘンチックな中世都市(ローテンブルクなど)が多くあることから，女性を中心にしたグループで日本人観光客も数多く訪れる。このようなトポスに

図表 16-4　ドイツにおけるロマンティック街道の位置

恵まれる地域を，コンテクスト転換によって再生したものが，南北に長い広域ゾーンである（図表16-4）。

　ここには，複数の優れたトポスが複合的かつ重層的にちりばめられており，またこれらが街道からさほど離れていない場所にあるため，まとまったひとつの広域ゾーンとして適切なゾーンを形成できている。また，国際空港のあるフランクフルトに近く，外国人のアクセスも容易であったことにより，政治や軍事，そしてかつての経済の街道を新たに観光のための街道へとコンテクスト転換できた。

(2)　ロマンティック街道に見出せる多彩なトポスの魅力

　ロマンティック街道という戦略的に構築された広域ゾーンには，魅力的なトポスが数多く存在しており，このことがこのゾーン構築の契機になった。そこで，この戦略的かつ人為的に構築された広域ゾーンとしてのロマンティック街道に含まれる主要都市や，これらに見出せる多彩なトポスについての考察を試みる。なお，ここでの主要なトポスは，例えば「城」，「教会」，「中世都市」である（図表16-5）。

　このようなロマンティック街道は，「地球の歩き方」編集部(2004)によれば，古都ビュルツブルクから中世の街並みの残るローテンブルク，そして古い城壁が印象的なネルトリンゲン，2000年の歴史を誇る帝国都市アウグスブルク，そしてアルプスの麓の町であるフュッセンに至る約350kmものドイツ西部に

図表 16-5　ロマンティック街道の位置関係と近辺のメイントポス

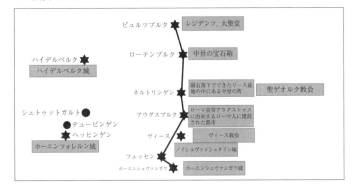

ある南北に走るルートである。海外からの飛行機の利用を想定すれば，北のフランクフルトか南のミュンヘンの空港がゲートになる。

　観光という観点から，この街道の中で特に多くの観光客がそれぞれの心の奥底に自身のコンステレーションが構築できる可能生が高いと思われるいくつかのトポスを紹介したい。ロマンティック街道およびその周辺地域にあるトポスの多くが各地域の政治的，宗教的，芸術的なコア拠点であるため，ロマンティック街道は歴史的な都市の連鎖として捉えたデザインが有効になる。

　そうなると，まず触れなければならないトポスは，3つの著名な城がある都市である。これらは，第1が「ノイシュヴァンシュタイン城」があるバイエルン州シュヴァーベン地方にある「フュッセン」，第2が「ハイデルベルク城」があるバーデンヴュルテンベルク州にある「ハイデルベルク」，第3が「ホーエンツォレルン城」があるシュヴァーベン地方バーデン・ヴュルテンベルク州にある「ヘッヒンゲン」である。

　また，これらの城を中心にした地域に加えて，以下に述べる3都市もまた魅力的なトポスである。第4が世界遺産の「レジデンツ」があるバイエルン州の郡独立都市である「ビュルツブルク」，第5がバイエルン州南部にある世界遺産のヴィース教会がある「ヴィース」，第6がバイエルン州ミッテルフランケンにある「中世の宝石箱」と称されるおとぎの中世都市「ローテンブルク」で

ある。

　第1の「フュッセン」は，隣国オーストリアに接する国境の都市であり，人口は約1万2,000人あまりの小さな町である。ここでは州もそこにある町自体も単独でひとつのゾーンを形成するには限界がある。城を捉えたブランディングを行うならば，選ばれたトポスとしての「ノイシュヴァンシュタイン城」にとっても，またゾーンとしてのロマンティック街道にとっても，ともに望ましい戦略的な連携が可能になる。この地の最大の売り物のトポスである「ノイシュヴァンシュタイン城」は，ルートヴィヒ2世[8]が1869年から建設をはじめ，1886年には居住できるまでの進捗があり，現在では日本の姫路城と提携関係にある。中世騎士道に強く憧れたルートヴィヒ2世のいう「作品」として建てられた白亜の殿堂は，きわめて洗練度が高く，ロマンティックな佇まいを見せている。それゆえ，ここにはロマンティック街道のハイライト的なスポットとしての役割が期待されている(写真16-1)。

　第2の「ハイデルベルク」は，人口が15万人程度の中規模都市であり，ライン川とネッカー川の合流点に位置している。ハイデルベルクは，ハイデルベルク大学のある大学の町であり，町全体におしゃれで美しいという特徴が見出せる。加えて，ここにある多くの歴史的な観光資源が観光客に対して心の奥底にそれぞれにコンステレーションが描けるトポスとして機能している。ここでの最強のトポスは，何と言っても「ハイデルベルク城」である。これはドイツでも著名な城のひとつであるが，元来この城はプファルツ選帝侯[9]の居城として使用されていた。ここは戦火によって破壊されていることもあって，正確には城址という位置付けになっている。しかし，廃墟であるがゆえに著名なハイデルベルク伝説[10]が書かれることになり，多くの旅人にインパクトの強いコンステレーションが描かれるような魅力的なトポスになっている。

　第3の「ヘッヒンゲン」は，チュービンゲンから約20km南にある歴史的な地域である。ここはイタリア北部にあるドイツの片田舎という佇まいを見せている。それゆえ，ここには「ホーエンツォレルン城」しか見るべきものはない。ここでは，地域の名称にはまったく意味がなく，むしろ城の名称に意味がある。

写真16-1　ノイシュヴァンシュタイン城　　写真16-2　レジデンツ（ビュルツブルク）

出所）筆者撮影（以下同様）

　この著名な「ホーエンツォレルン城」はプロイセン王家であるホーエンツォレルン家[11]の発祥の地であり，11世紀にはこの城は存在した。その後破壊にあったが，後にノイシュヴァンシュタイン城の建設と同時期（1869年から）に再建された。この「ホーエンツォレルン城」は無骨ともいえる城であり，ロマンティックな「ノイシュヴァンシュタイン城」とは対照的な存在である

　第4の「ビュルツブルク」は，人口が12万5,000人ほどの都市である。ここはマイン川沿いに位置する交通の要衝として歴史的に栄えてきた。ここには8世紀に司教座がおかれ，それ以来長い間にわたり，聖職者が権力の中枢を握ってきた地域であった。現在では，この地は世界遺産の「レジデンツ」があることで知られる。ここは，1720〜44年に大司教の宮殿として建てられたバロックの代表的建築物である。第二次世界大戦で崩壊したが，現在ではおおむね修復が終了している。ビュルツブルクはロマンティック街道の起点であることから，ロマンティック街道との関係からのブランディングを行う方が，地域にとってはトポスとしての価値が高まると思われる（写真16-2）。

　第5の「ヴィース」は，世界遺産の巡礼教会があることで著名な小さな村である。ここは，1745年から1754年にかけて建てられた「ヴィース教会[12]」のみが傑出したトポスである。ここは，外観は広大な牧場の中に質素に立つ教会に見えるが，その中はロココ調のライトブルーなどを基調にした実に華やかな

写真 16-3　ヴィース教会内部

写真 16-4　ローテンブルク

空間である。なお，この教会の完成は1775年であり，これはドイツロココの巨匠であるドミニクス・ツインマーマンによって設計されている（写真16-3）。

　第6の「ローテンブルク」は，今も残る中世都市であるが，ドイツでは最も美しい都市といわれている。ここは，ロマンティック街道のハイライト的なトポスであり，人口が約1万100人の小さな都市である。ここは，12世紀にできあがっていたが，17世紀まで自由都市として繁栄していた。レーダー門を入るとまもなく広場にでるが，これがマルクト広場13)である。ここには，市議宴会館などの観光名所が見て取れる。また，細いストリートの店舗は観光客で賑わいを見せている。ここは，町全体がそのままトポスであり，そこにあるさまざまな観光名所は単独でアイデンティティを確立するにはやや小粒であることもあって，このようなまるごとトポスという地域が形成されることになった。それゆえ，ここに踏み込むことによって，多くの観光客はそれぞれにコンステレーションを描くことが可能になる（写真16-4）。

(3)　広域ゾーンとしてのロマンティック街道の権力構造

　上述したとおり，優れたトポスがさほど遠くなく，しかも数多く点在している状況を捉えて，新たなコンテクストによってロマンティック街道という戦略

的な広域ゾーンが形成された。その結果，この地域は類稀なる多大な地域価値
が発現したことについて理解できたであろう。当初は，国内の顧客を誘引でき
ればということでスタートしたこの戦略展開は，ドイツ西部にあるアウトバー
ンのルートから外されて活気のない地域を，今では広く世界から数多くの観光
客を誘引するまでの，ドイツ観光におけるドル箱にまで高めている（原田，
2012）。

　このように，コンテクスト転換によって戦略的なゾーンが構築できることが
わかる。これによって，ゾーンに含まれるトポスとしての地域や構築物は，ゾー
ンを構成するコンセプチュアルに統合されたトポス群として，今までにない
多大な地域価値の発現に成功している。ここで紹介したロマンティック街道の
場合には，地域価値の発現に成功したトポスとして，「城」，「教会」，そして
「中世都市」があげられている。特に「中世都市」の場合には，そこに見出さ
れる市役所，広場，市場などの小規模なトポスも地域価値を発現する場所とし
ての役割を担っている。

　確かに，ロマンティック街道ではそこにあるトポスが保持する潜在的な地域
価値は多大であったとはいえ，その価値を顕在化させることができたのは新た
な広域ゾーンの構築による。それでは，このようなロマンティック街道が保持
する人々に対する吸引力とは一体何なのか。これは，人を吸引する巨大な権力
と，これにレバレッジ効果を発揮させる妥当域である。

　後者のトポスの妥当域については，この地域では遠い過去から存在しており，
そして過去の方がそれの妥当域が多大であったトポスが数多く存在したことか
ら，過去から現在に至るまでの妥当域のすべてを現在の時空間において統合的
に現出させれば，それぞれのトポスの妥当域は圧倒的に拡大する。

　このような時間的統合に加えて，空間的統合もトポスの妥当域の拡大に大き
く寄与する。それゆえ，例えばトポスの保持する政治的妥当域，宗教的妥当域，
そして芸術的妥当域を統合することで，個別の要素（例えば政治的妥当域）から
では獲得できない巨大な統合的な妥当域を獲得できる。

　妥当域の時間的統合と空間的統合，そしてこれらの統合を行い，しかもそれ

それのトポスがそれが存在するゾーンのコンテクストと整合性を維持できるならば，それぞれのトポスはより多くの人々をより遠くから吸引できる。これが，妥当域の二次元的統合によるトポスの地域価値発現に向けた戦略的対応の考え方である。しかし，ここで大事なことは，過去の権力を統合的に現在化させると同時に，個別の権力（例えば政治）を融合的に統合するような戦略を描けるか，そしてこの統合が戦略的に設定されたロマンティック街道という広域ゾーンの巨大な権力装置を確立するための対応になっているかという課題の克服である（原田，2001）。

　以上の考察に加えて大事なことは，コンテクスト転換の存在である。ここで取りあげたロマンティック街道では，獲得できた二次元的統合権力が，支配者による支配のための「権力のコンテクスト」へと，人々の権力に対する「憧れのコンテクスト」に転換されている。確かに，人は権力に引き寄せられる。しかし，これを自身の憧れに転換することによって，人は他者との強い結び付きを主体的の求めるようになる。また，こうすることによって，人はトポスからコンステレーションを描けるし，これによってトポスの地域価値の増大が実現できる。そして，結果的には戦略的に設定されたゾーンに対して多大な地域価値が付与される。このような価値の連鎖は，地域価値が人によってつくられることの証左になる。

おわりに〜スピリチュアリティのパワーからデザインの競争へ

　本章での主たる目的は，いかにすれば元来のスピリチュアルなパワーを超えて，スピリチュアルトポスの地域価値を高めることができるのかを考察することであった。このスピリチュアルトポスの価値を増幅できる装置として，戦略的に設定されたゾーンが構想された。そこで，スピリチュアルなトポスが数多くありながらも長く低迷を続けていたトポスや，それらがある地域が価値ある新たなゾーンに生まれ変わった事例として，ドイツのロマンティック街道の戦略的対応が紹介された。

　また，本章では，地域に人を引き寄せるものはパワーであり，そのパワーの保持する権力性がより多大であればあるほど人が地域に吸引されるということが，パワー論の視点から論じられている。これに関しては，妥当域の考え方が適用され，この妥当域の拡大がスピリチュアルなトポスをはじめ，多くのトポスにおいてそれぞれのトポスの地域価値を増大することが論じられた。

　さらに，本章では，ゾーンの地域価値やトポスの地域価値を増大するには，トポスが保持する複数の権力を統合することで権力の増大を図り，この巨大な権力によって人を地域に吸引できることが主張された。ここでは，その統合すべき権力として政治権力，宗教権力，芸術権力が紹介され，これらの戦略的統合を図るべきであるとの主張がなされた。特に，城については，政治的権力，宗教的権力，芸術的権力の統合が可能なトポスとして存在していると考えられた。

　このような権力の空間的捉え方に加えて，トポスが保持する権力の時間的統合についても言及がなされた。それは，たとえ今はさびれていても過去には多大な地域価値が見出されるトポスについては，可能な限り過去のトポスを保持した編集力を現在化することが，トポスに新たな価値を吹き込むことになる。これは，過去に対する人の保持する尊敬を取り込むために必要な対応である。

　今回紹介したロマンティック街道の場合には，そこにあるトポス，すなわち「城」，「教会」，「中世都市」の過去の権力を現在化した好事例である。しかし，トポスへの対応とは異なるアプローチが，トポスが数多く存在するゾーンであるロマンティック街道には適用されている。そこでは，歴史的なコンテクストのロマンティック（ローマに通じる）を，空間的なコンテクストであるロマンティック（ロマンを感じる）に転換することによって，ゾーンとしての新たな地域価値の発現が追求されている。このように，ロマンティック街道の場合には，権力の増幅に対するアプローチは，トポスとゾーンとではまったく異なる。

　また，ロマンティック街道においては，権力の観光ビジネスへの適用に関するコンテクスト転換が明確に読み取れる。これは，「支配のための権力」から「憧れの対象としての権力」へのコンテクスト転換であり，地域の価値は人が

つくるものであることを捉えた大胆なコンテクスト転換である。憧れは人をトポスやゾーンに対してコンステレーションの次元においてしっかりと結びつけられるため，人の心の奥底にすばらしいコンステレーションが描かれる。こうして，トポスやゾーンは人の心をつかむ存在として，地域に対して多大な現在価値を付与してくる。

　最後に，地域デザイン全般においても，またスピリチュアルゾーンデザインにおいても，価値を発現するためにはコンテクスト転換が不可欠であることを確認しておきたい。過去から存在していたトポスに新たな地域価値を付与したのが，新たに構築されたコンテクストであることを，われわれは決して忘れてはならない。このことは，まさにコンテクストのコンテンツに対する優位性を示している。

注
1）浄土のもともとの意味は，仏国土つまり仏さまの国とか世界ということであった。ここは清らかな幸せに満ち，そこに生まれるとどんな苦しみもないところである。
2）極楽浄土では苦楽を受けることになっている。具体的には八苦・十楽であるとされている。苦には，例えば生苦，老苦がある。楽には，例えば聖衆来迎楽，蓮華初開楽がある。
3）東京都千代田区の北東部の地域のことを表している非公式名称である。かつての神田区であるが，合区によって神田という地域はなくなっている。
4）ロマンティック街道に関する論述は，クラブツーリズム株式会社の添乗員である真田麻里子氏によるドイツ旅行中の説明から着想を得たものです。心より御礼申し上げます。
5）ドイツでは観光道路と言われる道路のひとつである。道路というよりは，観光スポットをつなぐルートのような存在であると考えるのが適当である。
6）古代ローマ帝国の首都であるローマのことを意味する。
7）かの著名なアッピア街道などと同様な位置付けにあった国家レベルの街道であった。
8）ルートヴィヒ2世（Ludwig II）は，第4代バイエルン国王である。その在位は1864年から1886年である。彼は神話に魅了され，長じては建築と音楽に破滅的浪費を繰り返したため，狂王の異名を与えられた。
9）神聖ローマ帝国の選帝侯の一人であった。なお，彼は1356年から，この呼称を使用した。
10）ハイデルベルク城址に残る2つの伝説であり，悪魔の一噛みと騎士の跳躍が描かれている。

11）南ドイツのシュヴァーベン地方で発祥したヨーロッパの貴族であり，君主の家系である。
　　これはルーマニア国王も出した一族でもある。
12）ここでは，木彫の鞭打たれる救い主が特に著名である。
13）市場のドイツ語表記である。ここには，市庁舎やギルドハウスが，この広場に面して
　　立地していることが多い。

参考文献

網野善彦（1994）「無縁・公界・楽」『増補　無縁・公界・楽』平凡社選書，pp. 116-131。
石井正人（1993）『中世牧歌の楽園とアジール　ラテン的要素とゲルマン的要素の対立と
　　統合過程』渓水社。
「地球の歩き方」編集部（2004）『改訂版地球の歩き方　ドイツ　2004〜2006 年版』ダ
　　イヤモンド・ビッグ社。
中川元（2006）『思考のトポス』新曜社。
原田保（2001）「教祖に体化された超常的パワー」原田保編著『場と関係の経営学　組織
　　と人材のパワー研究』白桃書房，pp. 113-153。
原田保（2012）「コンテクストデザインの戦略的意義」原田保・三浦俊彦・高井透編著『コ
　　ンテクストデザイン戦略　価値発現のための理論と実践』芙蓉書房出版，pp. 13-20。

はじめに〜本書の流れと今後の展開に向けた課題形成

　前章までで，スピリチュアリティおよびその類似概念の解説，そしてスピリチュアルゾーンに対する ZTCA デザインモデルからの議論，これらを踏まえた多くの事例からの地域価値発現方法の理解に向けた考察，さらにはスピリチュアルゾーンとスピリチュアルトポスのパワーコンテクストからの分析などが行われた。

　具体的には，まずプロローグで，ゾーンデザインとは一体いかなるものかについて考察し，これを踏まえたスピリチュアルブランディングに関わる 3 つの要素(神秘，秘教，神話)からのアプローチ，そしてとりわけゾーンデザインとトポスデザインの関係，そしてスピリチュアリティをはじめとする関連概念についての定義が行われた。

　続く第 I 部では，スピリチュアルゾーンのブランディングとデザインのための理論構築の議論が行われた。具体的には，ひとつが「スピリチュアルゾーンデザインの研究視角」，いまひとつが「スピリチュアルデザインの理論フレーム」の提示であった。そして，これらを分析視角としながら，第 II 部から第 IV 部では個性的な事例についての議論が行われた。ここでは，前述した 3 つのアプロ

ーチによって3分類された全国にちりばめられた注目すべき12の事例が紹介
された。

　続けて，スピリチュアルゾーンデザインによる地域価値の発現をパワーコン
テクストからのスピリチュアルゾーンデザインに対する考察が展開されること
になった。

　ここでは，いよいよ最後の今後の課題を提示する段階が訪れることになった。
そこで，本書を締めくくるにあたって，これらの議論から導出できる今後のス
ピリチュアルゾーンデザインの研究，あるいはこれを捉えた地域デザイン全般
に関わる研究の前進に向けて多様な課題形成を試みる。具体的には，第1にス
ピチュアルゾーンデザインが活用できる新たな領域の獲得，第2に異なるコン
テクストを保持する複数トポスと複数の異なるコンテクストを保持するトポス，
第3に地域デザインにおけるスピリチュアリティと経済的な視点からのスピリ
チュアリティ，第4に地域に期待されるトポスとゾーンの吸引力の場と関係か
らの考察についてである。

　これらの論述によって，スピリチュアルゾーンの地域価値発現のための手法
としての精度の向上を追求したい。もちろん，宗教と深く関わるテーマを取り
扱うため，一定の配慮を払う必要もある。しかし，それでも，宗教に関わるト
ポスをそれがある地域のために戦略的に活用することは，地域価値の発現のた
めには意義深いことである。また，このスピリチュアルゾーンデザインの研究
は，ゾーンとトポスをめぐる地域デザインに関わる広範な理論研究に対しても
多大な貢献ができる。

(1)　スピリチュアルゾーンデザインが活用できる新たな領域の獲得

　今回の研究は，われわれの研究活動範囲が国内に限定されていたために，ス
ピリチュアルなトポスが神社・仏閣に限定されてしまっている。神社の場合に
は，日本に固有なローカルトポスであり，日本のスピリチュアリティと地域と
の関係における日本的特徴についてはかなり理解が深まっただろう。しかし，
スピリチュアリティを広範に語るためには，西洋や中東を中心に，広くかつ歴

史的に根付いている教会やモスクのトポスとしての地域や人々への強力な影響
力の行使に関する考察も欠かせない。

　今後は，世界遺産に認定されている著名な教会やモスクの調査と，これらの
スピリチュアルトポスとしての地域や人々への影響力についての考察が期待さ
れる。また，宗教の差異から現出するスピリチュアルトポスの特徴に関する比
較分析の議論も不可欠になる。世界中をみれば，地域に見出される特定の小さ
な宗教に関わるローカルなスピリチュアルトポスが数多くあることから，これ
らスピリチュアルトポスについてもスピリチュアルゾーンデザインの研究領域
になる。

　例えば，四国八十八箇所霊場巡りのような複数の小さなスピリチュアルトポ
ス群は，それぞれに個別のトポスのパワーの及ぼす範囲を超えてひとつの大き
な塊として機能する。これにより，全国的，あるいは世界的な広がりを持って
多くの人々にひとつのまとまった多大なスピリチュアルなパワーを人々に行使
するスピリチュアルゾーンを形成している。このような小さなトポスの集合体
が形成するゾーンについても，研究対象として大いに興味深い。重要なのは，
これらのゾーンにはグローバルなパワーが内包されるということである。

　このようなゾーンは，多くの場合には街道，水路，また近年では鉄道網など
で構築される線形型のゾーンを形成することが多い。観光視点から捉えれば，
発着が別のトポスになる直線型と，発着が同じである周遊型の 2 つの形態があ
る。前者にはトリップ型の旅行による人々の吸引が，後者にはツアー型の旅行
による人々の吸引が期待できる[1]（原田・鈴木，2015）。

　このようなゾーン形成については，第 16 章において紹介したドイツのロマ
ンティック街道が好事例である。ロマンティック街道では，そこにある多様で
強力なスピリチュアルトポスに代表されるいくつかのトポスがひとつのまとま
った塊として機能することで，単独のトポスでは考えられないほどの多大な地
域価値を発現している。ロマンティック街道の場合には，北から南へ，または
南から北へという直線的なトリップ型と，南から南に，そして北から北へとい
うツアー型という，2 つの形態が同時に設定できる事例である。

　今後は，グローバルに強烈な吸引力を保持するスピリチュアルゾーンとして，例えばエルサレム[2)]やバチカン[3)]のような宗教都市としてのトポスに対する研究が欠かせない。これらのトポスは，そのパワーによって世界中から数多くの人々を吸引する装置のような存在になっている。ここでは，トポスがゾーンであり，ゾーンがトポスとなる強烈な統合力のある特殊なスピリチュアルな地域が現出している。これらの都市はすべてがスピリチュアルなコンテクストで語ることができるため，トポスとゾーンが一体化している地域である。おそらく，このような地域が人々に対するもっとも多大な吸引力を保持している。

　近年のスピリチュアリティに対する人々の関心が高まっている状況を踏まえれば，今後は宗教とはあまり関係のない聖なるトポスへと，スピリチュアリティの研究対象領域を拡大することも大事になる。周知のように，例えばアニメに関わるトポスや映画に関わるトポスなどは，海外からも数多くの人々を吸引できるほどのパワーを保持していることもあり，これらのトポスをスピリチュアルトポスとして捉えた研究も不可欠である。

　本節では，新たな研究領域として3つの領域の紹介をすることができた。これらの領域においてスピリチュアリティを考察することは，スピリチュアルトポスやスピリチュアルゾーンの研究を行う上で，地域価値の発現を可能にするものとしてきわめて有益な効果を現出することが予見される。これらの新たな課題は一覧にまとめると以下のようにあらわせる。

　☆「海外のスピリチュアルトポスやゾーンの研究と，これらの日本のトポスやゾーンとの比較研究」

　☆「内外の線形ゾーン，とりわけ巡礼街道，水路，鉄道網に関するスピリチアルゾーンやトポスに関わる研究」

　☆「アニメや映画に見られる非宗教的なゾーンやトポスに内在するスピリチュアリティに関する研究」

⑵　それぞれに異なるコンテクストを保持するトポスと複数の異な
　るコンテクストを保持するひとつのトポス

　地域価値を発現するためには，多様なコンテクストによるゾーンの高付加価
値化が必要になる。繰り返しになるが，3つのゾーンデザインの方法とは，お
おむね以下のようになる。すなわち，第1が例えば世界遺産に代表される切り
取り型のゾーンデザイン，第2が例えばスピリチュアルゾーンに代表される追
加型ゾーンデザイン，第3が例えばアートゾーンに代表される編集型ゾーンデ
ザインである。こう考えれば，スピリチュアルゾーンは追加型ゾーンデザイン
によって構築されるゾーンである。

　追加型とは，トポスのパワーが多大である場合には，そのパワーを活用して
ゾーンを追加的に拡大できるという考え方に立脚する方法である。前章で紹介
したロマンティック街道の事例で説明するなら，おおむね以下のようになる。
例えば，各トポスの中で中心的なトポスである「城」は，多大な観光客に対す
る吸引力を保持する。前述した3つのトポスをひとつに束ねることで，結果と
して統合化されたパワーは巨大になり，これらの統合化されたトポス群はひと
つの都市というような狭域ゾーンをはるかに超える3つの都市を包含したロマ
ンティック街道という広域ゾーンを構築できる。これは，そこにあるトポスの
数だけ追加的に統合していくことで，個々のトポスとは比較にならないほどの

図表-1　トポスの追加によるゾーン形成

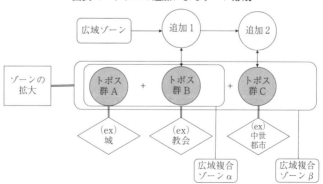

広域ゾーンの設定が可能になることを示している。また，城とは異なるトポス群，例えば教会群や中世都市群を追加していくことで，より魅力的な広域ゾーンが形成されることになる（図表-1）。

　このように，異なる狭域ゾーンが何らかの形態で統合できるような相性のよいトポスが統合できれば，それぞれに異なるコンテクストによって地域価値の発現が期待されるトポスをまるごと統合することによって，個々のトポスの吸引力を超えたゾーンの吸引力が地域価値の増大を現出することができる。このような戦略的なアプローチが，コンテクスト統合やコンテクスト連携などによる地域価値の増大を可能にする。この効果については十分には検証されていないが，前述のロマンティック街道にはこれにかなり近い状態が読み取れる。そこで，わが国においても，このようなコンテクスト統合やコンテクスト連携による広域ゾーンの構築を模索することが期待される。

　また，このコンテクスト統合や連携については，ロマンティック街道のように，スピリチュアルなトポスどうしの統合や連携のみならず，アートトポスや世界遺産トポスとの統合や連携も行える。これは，スピリチュアルトポス同士の統合や連携が同種統合型モデルであるのに対して，異種統合型モデルともいうべきコンテクスト統合や連携である。実際に，ロマンティック街道およびその周辺地域には，世界遺産も，教会も，博物館も揃って存在しており，またひとつのトポスがこれら3つの要素を併せもっていることも多い。今後は，このような方法をわが国のゾーンデザインに活用すべきであろう。

　ここで確認された今後の課題は，以下のように2つにまとめることができる。

　☆「複数のトポスのコンテクストが異なるトポスの複合化によるコンテクスト統合・連携ゾーンデザインの研究」

　☆「単独や複数にある複数コンテクスト複合型トポスを活用した複合コンテクスト統合型ゾーンデザインの研究」

⑶ 地域デザインにおけるスピリチュアリティと経済的な視点からのスピリチュアリティ

地域デザインが地域価値の発現を指向するのであれば，この地域デザインがいかにスピリチュアリティを捉えるべきかという問題が生じてくる。これへの解は，われわれはスピリチュアルトポスの保持するスピリチュアリティ自体の宗教性を問うのではなく，あくまでもトポスの経済的活用についての効果を問うことである。われわれは，スピリチュアリティが，単に人々をそれぞれの地域に吸引するパワーに着目しており，その宗教的な内容や格式には関心を持つことはない。そうでなければ，宗教間の対立や，それぞれの立場での宗教の階層性の存在に巻き込まれるからである。われわれの立場でいうならば，宗教自体は神道でも仏教でもよいのであり，また仏教における宗派は曹洞宗や天台宗であってもあるいは浄土真宗であってもよいことになる。世界に目を向ければ，キリスト教でもイスラム教でもよい。そればかりか，すでに確立した伝統的な宗教のみならず，まだ未確立な新興宗教であってもよいことになる。もちろん，宗教ではなくとも，何らかの神秘主義[4]に依拠した思想や運動であってもまったく差し支えない。

そうなると，スピリチュアリティは，神秘的なメッセージを人に対して発信している主体における宗教上の特性とも関係なく考えることができる。それは，われわれがあくまでもスピリチュアリティを地域により多くの人を吸引するた

図表-2　スピリチュアリティの地域デザインの研究対象

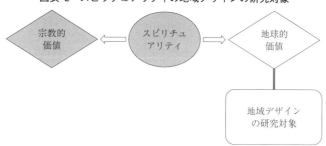

めのツールと見なしているからである。そのためには，格式の高いスピリチュアリティが見出される宗教が望ましいとはいえ，特定の宗教がよいとは考えないし，また宗教の主宰者が優れているからその発信するスピリチュアリティが優れているとも考えてはいない。それゆえ，スピリチュアリティを地域価値を発現させるひとつのコンテクストとして活用するが，宗教性そのものの評価は行わないし，また宗教的なレベルでの連携も行わない。

　その意味では，スピリチュアリティは，地域デザインにおいて地域価値を発現するためのひとつのツールとして期待されていることになり，スピリチュアルトポスはそれがある地域に対しては多大な地域価値を付与する可能性が高いトポスであるとして期待される（図表-2）。

　地域デザインにおいては，地域における経済的な効果の側面からスピリチュアリティを捉えた分析や構想をすることが研究面のミッションになる。地域デザインでは，このような経済学的な観点からのスピリチュアリティの研究が期待されている。今後対応すべき課題を整理すると，おおむね以下のようにまとめられる。

　　☆「地域デザインから捉えたスピリチュアリティの定義づけと，地域価値発現への活用方法の確立」
　　☆「スピリチュアリティに対する経済学的アプローチによる地域経済に対する影響力の科学的想定」

(4)　地域に期待されるトポスとゾーンの吸引力の場と関係からの考察

　地域価値の発現については，場と関係から捉えた価値発現に関わる考察を行うことによって，その本質をパワー論と結び付けて考えると，人々の吸引力に大きく依拠していることがわかる（原田，2001）。地域価値を発現するためは，トポスの価値を活用してそれがあるゾーンの価値を増大させるか，あるいはゾーンの価値を活用してトポスの価値を増大させるかという2つのアプローチが考えられる。もちろん，これらのいずれが効果的なアプローチであるのかについてはケース・バイ・ケースである。

図表-3　地域デザインの対象としてのゾーンとトポスの関係性

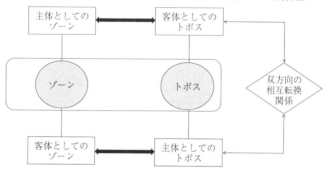

　いずれにしても，地域価値の発現は，それぞれに分析対象であるトポスやゾーン自体の問題であると同時に，これら2つの場（狭域と広域）における相互の関係性の在り様から現出する。そうなると，トポスとゾーンは，それぞれに地域価値の発現に向けて場と関係から価値を効果的に引き出すための相互に主体と客体になる存在である。そうであれば，このような観点からの考察は，今後の地域デザインの研究に対して重要な課題になると思われる（図表-3）。

　この場と関係をめぐる議論で大事なのは，主体の客体へのパワーの行使であることと，それらのパワーが位置する場の特性が生み出されることを認識することである。また，そのパワー関係は，刻々と変わる状況に影響されてすぐに変化してしまう。地域が人を吸引するということは，他地域の人々に対する影響力の行使の結果であり，そしてこの人々に対する影響力はトポスやゾーンがあるそれぞれの地域に見出される政治的，宗教的，芸術的パワーによって大きく左右される。

　もうひとつの大事な点は，地域におけるゾーンとトポスをめぐる関係形態の変化や，それらが位置するそれぞれの地域特性からも，それらの影響力の形態や規模が大きく影響をうけていることである。つまり，場と関係をめぐるパワー論の研究が地域デザインにとっては大事である。

　これらを整理すると，今後の課題としては以下のようにまとめることができ

る。

　☆「トポスとゾーンのパワー行使の相互関係の研究と，両者のパワー統合の
　　　方法論」
　☆「トポスとゾーンの影響力の構成要素と，これらの相互関係形態の分析」

おわりに〜場と関係から構築される地域の吸引力

　以上のスピリチュアルパワーをめぐる議論から，地域価値の発現を指向する
ためには，地域デザインへの場と関係からのアプローチが大事になることが理
解できたであろう。ここで大事なのは，地域デザインからパワー論を捉えるの
か，それともパワー研究から地域を捉えるのかという問題への対応である。

　結論を急げば，両者を同時並行的に行っていくことが必要である。地域デザ
インを起点にして考えればパワー研究が手段になるし，パワー研究を起点に考
えれば地域研究が手段になる。今後は，地域デザインにおけるパワー研究とパ
ワー研究における地域研究の統合が期待される。これこそが，インテグレイテ
ィッドスタディーズとしての地域デザイン学に期待される研究方法である。

　重要なのは，地域デザインにおける実践の知の重視に関わる課題である。そ
うなると，今回は主要トポスとゾーンの関係であるが，これからはこれらから
価値発現をプロデュースするアクターが重要になる。また，価値を発現するに
は，そこに多くの人が訪れることが条件になるが，彼らはもうひとつのアクタ
ーということになる。

　前者にはとりわけドラマツルギー5)の発現が，後者にはコンステレーション
の発現が強く求められる。また，前者のドラマツルギーは後者のコンステレー
ションを発現するための前提条件である。つまり，スピリチュアルゾーンデザ
インとは，スピリチュアリティを捉えたトポスをめぐる人々へのコンステレー
ション形成のためのドラマツルギーによって現出する地域価値発現のためのプ
ロデュース行為になる。

注

1）旅行形態は，大きく往復型のトリップ，周遊型のツアー，着地がないレジャーにわけられる。
2）現在はイスラエルの首都であるが，ここはキリスト教，イスラム教，ユダヤ教の聖地として知られている。
3）正式には，バチカン市国である。ここは，ローマ教皇庁によって統治されるカトリック教会と東方典礼カトリック教会の中心地であり，総本山である。
4）ブラヴァツキーの神智学でも，シュタイナーの神秘学でもよい。
5）H. G. ブルーマー（H. G. Blumer）による社会学的アプローチによれば，ドラマツルギーとは，ヒトの間の社会的相互作用を対象とし，その対象をアクターの視点により把握しようとするものである。

参考文献

原田保（2001）「教祖に体化した超常的パワー」原田保編著『場と関係の経営学 組織と人材のパワー研究』白桃書房，pp. 113-153。
原田保・鈴木敦詞（2015）「地域デザインとライフスタイルを捉えた旅行ビジネス理論」原田保・板倉宏昭・加藤文昭編著『旅行革新戦略』白桃書房，pp. 114-154。

編著者プロフィール

原田　保(はらだ　たもつ)
　　ソーシャルデザイナー，地域プロデューサー。
　　早稲田大学政治経済学部卒業，米国シアーズ・ローバック社研修出向。㈱西武百貨店取締役企画
　　室長等を歴任する。その後，香川大学経済学部教授，多摩大学大学院教授等を経て，現在は(一
　　社)地域デザイン学会理事長，文化学園大学服装社会学部特任教授等を務める。著書，論文多数。

立川　丈夫(たちかわ　たけお)
　　1940 年生。専修大学経営学部卒。
　　現在，逗子開成学園理事長。横浜商科大学名誉教授。
　　論文，著書多数。

西田　小百合(にしだ　さゆり)
　　現職：東海大学政治経済学部准教授

執筆者プロフィール

板倉　宏昭(いたくら　ひろあき)
　　現職：香川大学大学院地域マネジメント研究科教授

河内　俊樹(かわうち　としき)
　　現職：松山大学経営学部・大学院経営学研究科准教授

佐藤　茂幸(さとう　しげゆき)
　　現職：山梨県大月市立大月短期大学教授

鈴木　敦詞(すずき　あつし)
　　現職：りんく考房，芝浦工業大学非常勤講師

立川　大和(たちかわ　やまと)
　　現職：CG&Web クリエーションワーク・講師

照井　敬子(てるい　けいこ)
　　現職：NPO 法人 Liko-net 理事長

宮本　文宏(みやもと　ふみひろ)
　　現職：日本ユニシス株式会社組織開発部人財イノベーション室室長

【監修】

一般社団法人 地域デザイン学会 （理事長 原田保）

　2012年1月設立。2015年6月一般社団法人化。日本学術会議協力学術研究団体。

　地域振興や地域再生を，産品などのコンテンツからではなく知識や文化を捉えたコンテクストの開発によって実現しようとする学会である。地域デザインを知行合一的に展開することで，インテグレイティッド・スタディーズとしての地域デザイン学の確立を指向している。

地域デザイン学会叢書　4
スピリチュアリティによる地域価値発現戦略

2017年1月10日　第1版第1刷発行　　　　　　　　　〈検印省略〉

　　　　　　　　　　　　監　修　一般社団法人 地域デザイン学会
　　　　　　　　　　　　　　編著者　原田　　保
　　　　　　　　　　　　　　　　　　立川　丈夫
　　　　　　　　　　　　　　　　　　西田小百合

発行者　田中　千津子　　〒153-0064　東京都目黒区下目黒3-6-1
　　　　　　　　　　　　　電話　03（3715）1501 ㈹
発行所　株式 学 文 社　FAX　03（3715）2012
　　　　　会社　　　　　　http://www.gakubunsha.com

©2017 Harada Tamotsu, Tachikawa Takeo & Nishida Sayuri　Printed in Japan　印刷　新灯印刷
乱丁・落丁の場合は本社でお取替えします。
定価は売上カード，カバーに表示。

ISBN 978-4-7620-2690-4

一般社団法人
地域デザイン学会 監修

地域デザイン学会叢書 3

安全・安心革新戦略

地域リスクとレジリエンス

神話にすぎない**安全と安心**
　　決して信じてはいけない集団幻想

　　　　　　いずれ必ず来る**危険と不安**
　　　　　　　決して逃れられない事故や災害

原田　　保
中西　　晶　編著
西田小百合

A5判:上製　272頁
定価(本体3100円+税)
ISBN:978-4-7620-2558-7

地域とそこに暮らす人々にとって「安全・安心」とはいかなるものか、そしてこれを獲得するにはいかなる思想を持つべきかについて考察し、さらに「安全・安心」を可能にするための施策の提言を行う。